入門・アメリカの司法制度

陪審裁判の理解のために

丸山 徹

プロローグ

　日本人は陪審制度に立脚した米国の司法制度をきちんと理解する必要がある。なぜなら日本は陪審制度を取り入れることを決定し、「シロウト」の市民が、人を裁くことに参加する「裁判員制度」に移行するからだ。
　陪審制度の変形である裁判員制度は 2009 年 5 月から実施される。裁判員制度の実施をにらんで 2006 年から一部の刑事裁判で、検察官、弁護士、裁判官が事前に協議して証拠と争点を整理し、裁判の迅速化を図る「公判前整理手続」が行われ始めた。検察庁は 2006 年 7 月から一部の検事取り調べを DVD に録画する試みを始めた（同年末までに 12 件について実施）。法曹人口を飛躍的に増やすため、法科大学院（ロースクール）も開校した。これらは裁判員制度を前提とした司法制度改革であり、すべて米国の司法制度に範をとっている。
　これ以外にも、日本で進められている司法制度改革は米国にならったものが多い。「犯罪と司法制度」という観点から見ると、日本の社会は米国を模倣し、追随しているかのようである。日本社会が米国化し、それに伴って犯罪が多様化、凶悪化しているのに日本の司法制度は旧態依然としている。これを打開するため日本は、米国の司法システムに学び、その最も良質な部分を取り入れることに活路を見い出そうとしている。
　なぜ、この時期に陪審制度導入なのだろう。陪審制度は、司法の民主化につながるのだろうか。米国の司法制度の「移植」が日本社会の安定に寄与するのだろうか。その答えを探すには、本家本元の米国の陪審制度を知り、それを支える司法システム全体を正確に理解することが必須である。本書は、その最も簡便で包括的なガイドとなる。
　私は 1993 年 11 月から 3 年 3 カ月、ニューヨークのマンハッタンに住んで、記者生活を送った。この間、ニューヨーク地下鉄乱射事件、オクラホマシティ連邦ビル爆破事件、バトンルージュで起きた服部君射殺事件の民事裁判、大和銀行巨額損失事件の判決公判などを取材した。ニューヨーク市警で

検挙率ナンバーワンの警察官にインタビューしたり、クイーンズで起きた日本人殺人事件を発生から有罪判決まで取材して担当検事や、判事に話を聞いた。ヘロインの密輸ルートを探るため麻薬取締局の捜査員に同行取材し、ミャンマーの麻薬王「クンサー」を起訴した元女性検事にインタビューした。チェーンギャング（鎖の足枷）を復活させたアラバマの州刑務所に行って受刑者に話を聞いた。オクラホマ州刑務所で死刑執行を取材、ペンシルベニア州刑務所では、無実を訴える死刑囚とガラス越しに会見した。デトロイトに赴いて「死のドクター」と言われたケボーキアン氏と会ったり、不治の病の妻を安楽死させ、実刑判決を受けたマンハッタンの男性に長時間インタビューしたりした。「ミリーシャ」と言われる反政府武装市民に会いにモンタナ州とミシガン州の山奥に行ったり、バージニア州にあるFBIアカデミーで、新人研修に一日つきあったこともある。これらの体験が、執筆の原動力になった。

＊

　この本は、ひとりのジャーナリストが実体験を基に米国の司法制度について感じた素朴な疑問を、ひとつひとつ地道に解明した集大成である。私は、できるだけ専門語を使わないで、分かりやすく書くことに努めた。そして間口の広いこのテーマを、できるだけ多くの事例と新しいデータを使って具体的に、かつ正確に紹介するよう努力した。学術書とは違うが、レベルは落としていない。お手軽なハウツー本とは一線を画す。
　司法界の関係者はもちろん、米国の司法システムの全体像を知りたいと思っている学生やビジネスマンに読んでもらいたいと願っている。また、米国という国の成立ちに司法がどのような役割を果たしたか、そしてこの国の政治、経済の底流にある法的メカニズムはいかなるものか。それらに興味があるすべての人に、この本を読んでほしいと思う。

米国の司法システムの基本知識は、米国の政治、社会、文化に対する一層深い理解に役立つ。否、それなしでは、米国の政治や経済を十分に理解することはできないはずだ。司法制度は想像以上に米国人の日常生活に浸透し、その行動や言動を律している。

　映画、テレビドラマ、ノンフィクションやミステリーのファンや翻訳家にも一読を勧めたい。字幕や日本語訳で簡略化されたり、意味不明の難解だったりする部分は、司法制度や法律に関する用語、表現であることが多い。本書を通読すれば、それらの疑問の多くが解消し、原書で読む際にも、難解な法律的記述や描写に困惑することもなくなるだろう。

　この十数年、円の対ドルレートは140円から80円まで変化したが、本書では円換算値を分かりやすくするため1ドル＝100円に統一した。

2007年5月

丸山　徹

入門・アメリカの司法制度—陪審裁判の理解のために

プロローグ ………………………………………………………… i

第Ⅰ部
陪審裁判 Jury Trial

 1. 陪審裁判 ……………………………………………… 3
 2. なぜ陪審制度なのか ………………………………… 9
 3. 大陪審 ………………………………………………… 18
 4. 評決と判決 …………………………………………… 23
 5. 説示 …………………………………………………… 30
 6. 事実認定 ……………………………………………… 36
 7. 評議 …………………………………………………… 45
 8. 陪審裁判の具体例 …………………………………… 52

第2部
刑事法 Criminal Law and Procedure

 9. 刑事手続の原則 ……………………………………… 61
 10. 司法取引 ……………………………………………… 67
 11. 逮捕から起訴まで …………………………………… 82
 12. 裁判の進行 …………………………………………… 91
 13. 犯罪の類型 …………………………………………… 95
 14. 死刑 …………………………………………………… 102
 15. DV規制法 …………………………………………… 112
 16. ストーキング規制法 ………………………………… 116
 17. 少年法 ………………………………………………… 122

第3部
司法機関 Law Enforcement Organization

 18. 裁判所と判事 ………………………………………… 129

- *19.* 連邦最高裁判所 ……………………………………… 139
- *20.* 検察 ……………………………………………………… 149
- *21.* 弁護士 …………………………………………………… 156
- *22.* FBI ……………………………………………………… 162
- *23.* 警察官と保安官 ……………………………………… 171
- *24.* 刑務所 …………………………………………………… 177
- *25.* 法医学者 ………………………………………………… 183

第4部
民事法 Civil Law and Procedure

- *26.* 民事訴訟 ………………………………………………… 191
- *27.* 懲罰的賠償 ……………………………………………… 197
- *28.* 差止命令 ………………………………………………… 206
- *29.* セクシュアル・ハラスメント …………………… 209
- *30.* 独占禁止法 ……………………………………………… 215
- *31.* 服部君裁判 ……………………………………………… 221

第5部
アメリカ法の諸相 Characteristic of American Law

- *32.* 憲法 ……………………………………………………… 233
- *33.* 制定法とコモン・ロー ……………………………… 238
- *34.* 安楽死 …………………………………………………… 243
- *35.* 銃規制 …………………………………………………… 252
- *36.* 法廷テレビ ……………………………………………… 259
- *37.* 弾劾 ……………………………………………………… 263

アメリカの司法制度を学ぶための文献 ……………… 270
エピタフ出典一覧 ……………………………………………… 274

エピローグ ………………………………………………………… 276

第 I 部

陪審裁判
Jury Trial

I

陪審裁判

陪審は、平均的に無知な12人の人間で構成されている。
ハーバート・スペンサー

事実認定は陪審

　米国に限らず、どの国でも司法界は優れてプロフェッショナルな世界であり、とりわけ判事（裁判官）は、法律の知識、解釈、運用についてはプロ中のプロであると自認する存在である。

　多くの国では裁判で有罪か無罪かを決めるのは、判事である。証拠と証言を吟味し、検察側と弁護側のどちらが主張する事実が正しいのか判断を下す。これが、事実認定である。そして有罪の場合、量刑を決めて、被告人に言い渡すのも判事だ。判決とは、事実認定と量刑を合わせたものであり、判決は法律のプロである判事の専権事項とされている。

　ところが、米国では、事実認定をするのは陪審といわれる6人から12人の市民の一団である。法律とさほど縁のない普通の市民が、多くの裁判で有罪か無罪かを決めるのだ。基本的に事実認定は陪審、量刑は判事という役割分担がなされている。

　合衆国憲法は、すべての国民に陪審裁判を受ける権利を保障している。憲法修正6条は刑事訴追を受けた被告人が、公正な陪審による裁判を受ける権利を保障、修正7条は、民事でも陪審裁判を受ける権利を保障すると明確に規定している。米国では、連邦裁判所、州裁判所を問わず、禁固・懲役1年以上の重罪は、陪審裁判が原則である。

　陪審（Jury）は通常、12人で構成されている。ひとりひとりを陪審員（Juror）と呼ぶ（日本の新聞や文献で、Juryを「陪審団」と表記しているの

を見かけることがあるが、間違いである。弁護団という言葉に対応させてつくられた間違った訳語だ。陪審は、それ自体で「複数の陪審員から成る組織」という意味を持つ言葉である。陪審団と言えば、複数の陪審を意味する)。

　陪審は、もうひとつの陪審である大陪審（Grand Jury）と区別するため小陪審（Petty Jury）と呼ばれることもある。小陪審は「トライアル・ジュリー」または「ペティー・ジュリー」、大陪審は「グラン・ジュリー」である。

　小陪審から説明しよう。ここでは刑事裁判の陪審を例に挙げる。繰りかえしになるが陪審制度を理解する上で最も重要な点は、裁判の事実認定、すなわち被告人が有罪か無罪かを決めるのは陪審であるということだ。法律の素人である市民が陪審員に選ばれ、彼らの話し合いで、判断が下される。

陪審は最低6人

　刑事裁判の陪審は通常12人で構成される。陪審裁判を受けるのは米国市民の権利である。これを放棄し、判事による裁判を選ぶこともできる。判事の席を判事そのものに例えてBenchということがあるが、判事による裁判をベンチ・トライアル（Bench Trial）という。

　憲法に陪審の人数の規定はない。1970年、連邦最高裁は、6人で構成される陪審裁判の正当性が争われた訴訟で「6人以上なら憲法に抵触しない」という判決を言い渡した（Williams v. Florida）。その際、最高裁は「陪審が12人で構成されているのは、歴史的偶然である」と述べた。これは英国の陪審が12人で構成されたことを米国が受け継いだだけで、特別な意味はないということである。

　その8年後、連邦最高裁は同種の訴訟で「5人で構成される陪審は違憲」という決定を出した。それ以来、「陪審は6人以上でなければならない」と

＊米国の裁判は「原告対被告」の形で表される。ウイリアムスがフロリダ州を相手に起こした裁判は「ウイリアムス対フロリダ」。連邦検察がグリーンという人を起訴した裁判は「米国対グリーン」（U. S. Government v. Green）。カリフォルニア州がシンプソンを起訴した裁判は「カリフォルニア州の州民対シンプソン」（People of California v. Simpson）。しかし同じ裁判なのに一方が上訴すると、名称は「上訴人対被上訴人」となり、順序が逆転する。

【陪審の宣誓】公判開始を前に宣誓する陪審員たち。2001年10月11日フロリダ州デート地裁で（写真提供：ロイター＝共同）。

いう基準ができた。上限については、判例も明文規定もないが、米国における小陪審の上限は事実上、12人である。

　ここで、陪審の構成を整理しておこう。連邦裁判所の刑事裁判の陪審は12人、民事裁判は6人である。州の裁判所の場合は、刑事裁判が通常12人、重罪ではない刑事裁判の陪審は、6人でよいとする州もある。州の民事裁判の陪審は6人から12人だ。

陪審選定

　陪審は一般の市民から選ばれる。通常は、選挙人登録名簿、自動車免許登録名簿などから裁判所が無作為に抽出した人に調査票を送る。調査票を受け取った人は、必要事項を記入して必ず裁判所に返送しなければならない（これには強制力があるわけではなく無視しても刑罰などはない）。裁判所は調査票を調べ、以下の項目に当てはまる人を陪審候補から除外する。

　①米国の国籍を持たない者、②年齢18歳未満、70歳以上の者、③当該管

轄地域に1年以上住んでいない者、④過去に懲役1年以上の刑事事件で訴追、または有罪判決を受けた者、⑤心身障害者。

　1993年から97年までニューヨークのマンハッタンに住んでいた時、自動車の免許を取得した1年後に、裁判所から陪審の調査票が私の自宅に郵送されてきたことがある。上記の項目のうちに①該当することを記して返送したことは言うまでもない。

　このほか弁護士、医師、軍人など特定の専門職に就く人が免除されることがある。州によって異なるが、最近は、よほどの理由がなければ免除を認めない方向になりつつある。「忙しいから」という理由を認めれば、不公平になるし、陪審のなり手がいなくなってしまうからだ。裁判所は返送された調査票を基に、除外・免除項目に該当しない市民の名簿を作る。これが陪審候補の台帳になる。裁判所は、裁判ごとに台帳から無作為に選んだ候補者に召喚状を送る。召喚状を無視すれば、多額の罰金を科せられる（しかし、実際に罰金を徴収することは、ほとんどない）。

　候補者は指定された日に裁判所に赴き、面接を受ける。これをボア・ディール（Voir Dire）という。「真実を話す」という意味のフランス語である（英米法の辞典などは「予備尋問」としているが、これは陪審選定を目的としたインタビューであり、被疑者を取り調べる「尋問」という訳語は、ふさわしくない。以下では、あえて「予備質問」にした）。

陪審員の免除

　普通、予備質問はこんなふうに行われる。ある事件（たとえば殺人事件）の公判期日が決まると、その日に陪審員候補者が裁判所に呼び出される。1回につき、50人から100人が集められる。面接は、その裁判を担当する判事が主宰し、事件担当の検事と被告人の弁護士が同席する。

　判事は、家庭の事情、病気、仕事の多忙など、さまざまな理由を考慮して、候補を陪審から除外する。さらに、面接で得られた情報を基に、公平な判断ができないとみなした候補を除外する。これを理由付き除外（Challenge for Cause）という。公平・無私が陪審員の基準である。被疑者の家族、親戚、友人、同僚など関係者は、客観的な判断ができないので除外

される。過去に友人、近親者の中に殺人事件など刑事事件の被害者がいる人も通常、同じ理由で除外になる。理由付き除外は、検察、弁護の双方が申し立てることが可能で、正当な理由があると判断すれば、判事は、無制限に除外することができる。

　1995年当時、米国人のジャーナリストからこんな話を聞いたことがある。ニューヨーク市のブルックリンに住んでいた彼女は、州裁判所から陪審員候補として召喚された。対象事件は、最近ブルックリンで起きた殺人事件だったが、彼女は、たまたま、その事件を発生から被疑者逮捕まで取材した。そのことを面接で判事に話したところ検察、弁護の双方から除外を申し立てられ、結局、陪審員を免除されたというのだ。当該事件を詳細に取材した記者は、双方にとって、不適切な陪審員とみなされたわけだ。

　このほか、検察、弁護の双方は一定数の陪審候補を理由なしで一方的に、除外する権利があり、これを行使して自分に有利な陪審が選ばれるようにする。これを絶対忌避（Peremptory Challenge）という。その数は州によって違う。連邦事件の裁判の場合は、殺人のような重罪については検察側が6人、弁護側が10人である。

　このようにして数十人の中から、12人の正規の陪審員と4人程度の補充の陪審員（Alternate）が選ばれる。長期化が予想される裁判の補充は10人から12人になることもある。除外や補充を考えれば、面接のため候補を100人呼んでも決して多くはないのである。補充の陪審も最初から最後まで審理を傍聴する義務がある。評議が始まった時点で最初の12人が陪審を続けていれば、評議には参加せず、お役御免になる。選ばれた陪審員に対し判事は「あなたは法廷の規則に従って、法廷に提出された証拠に基づいて真摯な評決をすることを誓いますか」と呼び掛ける。陪審員たちは手を上げて「誓います」と宣誓し、任務に就く。

　陪審を選ぶこれらの一連の過程を陪審選定（Jury Selection）というが、陪審選考の初日がいわゆる初公判である。普通は陪審選定が数時間で終わり、早ければ、その日から公判が始まる。検察側・弁護側双方の忌避の応酬で紛糾し、陪審を選ぶのに数日間かかることもある。正規の12人の陪審員の中からリーダー役の陪審長（Foreperson）が選ばれる。

一度陪審を務めれば以後2年から3年ぐらいは、陪審義務から逃れられる。面接で理由付きで免除された人、あるいは理由なしで忌避された人も同様である。

陪審員の日当
　連邦裁判所が陪審員に払う日当は、30日目までが1日40ドル、31日目以降は50ドルで、ガソリン代など交通費と駐車料金が実費で支払われる。州裁判所は、これより低額のケースが多く、カリフォルニア州は一律15ドル、アイオワ、メーン州などは同10ドルだ。テキサス州は初日ゼロ、2日目以降が40ドル。マサチューセッツ、コロラド州は3日目までがゼロ、4日目以降が50ドルである（いずれも交通費、駐車料金は実費支給）。

2

なぜ陪審制度なのか

> 判事に依存しすぎる裁判システムは怠惰と機能不全を招くだけではなく、腐敗を生む。判事の善し悪しだけで結果が決まるような頼りない可変システムに、われわれの一身を賭けてはならない。
>
> ウィリアム・ドワイヤー

専制政治への防御装置

　米国の陪審制度を理解する上で最も重要なことは、陪審裁判を受ける権利が憲法に規定されているということである。なぜ、最高法規に規定されているのか。これを探ると、建国の父祖である憲法の起草者たちが、陪審に託した期待と役割が明らかになる。

　起草者のひとり、第三代大統領のトマス・ジェファソンは、陪審の意義を次のように解説した。

　「陪審は、憲法の原則を政府に守らせるために人間が考え出した唯一の有効な方法である、と私は考えている」。

　最初にこれを読んだ時、「何とおおげさな意義付けだろう」と思った。しかし、陪審の存在意義を米国の独立の歴史と並行して考察した時、陪審の本質をこれほど的確かつ明確に位置づけた言葉はないことが分かった。

　英国の植民地支配から脱し、独立を果たした建国の父祖たちは、1688年の英国の名誉革命後につくられた歴史的文書「権利の章典」（Bill of Rights）に規定された市民的自由と人権擁護条項を米国憲法に盛り込もうとした。その目的は、独立後の米国に専制政治が敷かれないようにすることである。

　米国の憲法（Constitution of the United States）は独立宣言から約11年後の1787年9月に制定された7章から成る「原憲法」と、その後新たに追加された修正27カ条から構成される。追加された27カ条を修正条項

(Amendments) という。これらは原憲法の条項を修正したものではなく、完全に独立した追加条項である。

重要なのは1791年12月に制定された修正1条から同10条までの10カ条である。米国人は、これらの10カ条を特別に「権利の章典」（ビル・オブ・ライツ）と呼ぶ。実際、10カ条は、英国の権利の章典のエッセンスを抽出したもので、原憲法が立法、行政、司法の三権分立をうたい、各機関の権限、役割を定義した上で、連邦政府と州との関係を規定しているのに対し、もっぱら人権と市民的自由に関する権利を定めている。

連邦主義者への反論

ビル・オブ・ライツが原憲法に組み込まれなかったのには、理由がある。憲法は、当初アメリカ連邦に参加した13州のうち11州の代表が署名したことによって発効したが、そこに至るまでに、連邦政府（中央政府）の権限強化を唱えるアレグザンダー・ハミルトン、ジョン・アダムスら連邦主義者（Federalist）と、州および個人の権利の拡大を訴えるジェファソン、ジェームズ・マディソンら州権・人権論者との間で、深刻な対立があった。「英国の権利の章典と同様の基本的人権擁護を明文規定として憲法に盛り込むべきだ」という州権・人権派の主張に対し、連邦主義者は「『ビル・オブ・ライツ』は暗黙の前提になっており、わざわざ盛り込む必要ない」と反論した。

連邦主義者は、人権規定を除外した憲法をつくりたかったのである。為政者にとって、過剰な人権規定は足かせのような存在である。最高法規である憲法に、政府の統治行為の妥当性を国民が直接審査できるような条項を盛るのは、自分で自分の首を絞めるようなものだ。連邦主義者にとってビル・オブ・ライツは、まさにそのような条項であった。しかし州権・人権派の執拗な要求で、両者の間に「権利の章典は原憲法に盛り込まないが、あとで別に制定する」という妥協が成立した。原憲法制定から4年後に、それが実現した。

陪審制度の導入は、この時、ビル・オブ・ライツの一部として盛り込まれた。ビル・オブ・ライツは、政府の圧政を抑止するとともに、国の不当な強権発動に対する市民の抵抗権を担保したともいえる画期的な内容だ。そこに

は最高法規に具体的な人権条項を盛り込まない限り、国家権力の暴走を阻止することはできないという建国の父祖たちの思いが込められている。

共同体の常識を提示

ここで先のジェファソンの言葉を読み返すと、その含蓄の深さが理解できる。陪審制度は、政府が市民的自由を尊重し、不当な弾圧をしていないかどうかをチェックする法的装置として最適であるというジェファソンの評価は、文字通りのもので、決しておおげさではない。民主制という政体は、三権分立によって初めて可能になる。そして司法部門の独立は、陪審制度を導入することによって達成できると、ジェファソンは考えていたのである。

同じことを連邦最高裁のバイロン・ホワイト判事（在任1963年～1993年）が、きわめて直截な表現で指摘している。自ら執筆した1968年の判決で同判事は「憲法の起草者たちは、歴史と自らの経験から、根拠のない容疑をでっち上げて政敵を葬り去る横暴や、自分より高い地位の権力者の声にあまりにも簡単に従う判事から身を守る手だてが必要であると考えた。刑事被告人に陪審裁判の権利が与えられたのは、政府による圧制を防ぐためである」と陪審の意義を説いた（ダンカン対ルイジアナ州）。

さらにホワイト判事は陪審選考にからむ違憲訴訟の判決（テイラー対ルイジアナ州、1975年）の中で、陪審の役割を実に分かりやすく解説した。

「陪審の目的は、恣意的な権力行使に対する防衛、つまり、過度に野心的で誤った検事や、過剰に条件反射的で偏見を持ったプロの判事の反応に対抗して、あるいは優先して、共同体の常識的な判断を提示することである」(The purpose of a jury is to guard against the exercise of arbitrary power — to make available the common sense judgment of the community as a hedge against the overzealous or mistaken prosecutor and in preference to the professional or over-conditioned or biased response of a judge)。

簡潔明瞭な位置付けである。米国は陪審制度を憲法に盛り込むことによってそれを司法制度の主柱に据えたのである。

司法への市民参加

　陪審制度が導入されたもうひとつの理由は、司法への市民参加を保障するためである。行政、立法、司法の三権分立は、民主政治の基本とされる。大統領をはじめ中央政府や州などの自治体の首長、そして議会の議員はいずれも選挙で選ばれ、民意が反映されるが、それと同様に、司法部門への市民参加、民意の反映が、陪審制度にほかならない（一部の州の裁判官は、選挙で選ばれるが、連邦裁判所の裁判官は、大統領が指名し、連邦上院議会の承認で決まる）。

　司法への市民参加という思想は、法律の専門家や司法機関に市民の運命を決める判断を独占させるのは危険であるという司法観に由来する。これは専制政治への防御という役割と表裏一体をなすものである。

　陪審制度が敷かれた3番目の理由としては、任意の共同体（コミュニティ）で起きた犯罪や訴訟は、そのコミュニティの成員によって処理されるべきであるという考え方である。ホワイト判事の言葉を借りれば、法律のプロに代わって「共同体の常識的な判断」を示すことだ。陪審裁判は、通常、犯罪が起きた地域を管轄する裁判所で行われるが、多くの場合、被告人は当該地域の住民であり、陪審員は全員、その地域の住民である。陪審制度の根底には、地域で起きた犯罪は、判事に頼らず、地域の住民が責任を持って裁くという思想がある。陪審員を務めるのは市民としての義務であるとともに、大きな責任を伴う行為であるという共通認識は、ここから自然と生まれてきた。

冤罪防止

　4番目に挙げられるのは、誤判、冤罪の防止である。刑事事件の被告人は、有罪になれば、最悪の場合、死刑である。死刑を免れても、通常は、有期刑に処せられ、数日から数十年、または終身と幅はあるが、一定期間、刑務所で過ごさなければならない。金銭の支払いで済む民事罰（賠償責任）と違って、刑事罰を受けた人は物理的に拘束され、外部との接触を断たれ、精神的にも隔絶した状況の下に置かれる。社会的名誉もはく奪されるケースが多く、その人の一生を大きく変えてしまうインパクトがある。それを決定す

る陪審の責任は、きわめて重大である。だから、原則として全員一致でなければ、結論（評決）は出せないという高いハードルが設定された。

陪審制度の利点としてよく挙げられる「冤罪の防止」は、この高いハードルから帰結されるものだ。それを象徴するのが英国の法律学者、ウィリアム・ブラックストーン（1723年～1780年）の「ひとりの無実な人間を誤って苦しませる（有罪にする）より、10人の有罪の被告を無罪にするほうが、ましだ」という言葉である。陪審制度は、検察の不当な逮捕・起訴があった場合、市民による裁判でその不当性を暴き、無罪にするということが想定されている。その意味で陪審は市民にとって、冤罪という谷底に落とされることを防ぐ安全網（セーフティ・ネット）としても機能している。

パワー・エリートへの対置

ここで、「陪審裁判」の項（本書3頁）の冒頭に掲げた「陪審は、平均的に無知な12人の人間で構成されている」というハーバート・スペンサーの言葉の意味をあらためてかみしめてみたい。私は当初、この言葉に陪審制度への懐疑とシニシズムを読み取っていたが、浅薄な理解だった。この言葉は、陪審がデモクラシー（民主制）そのものであることを示している。

選挙による代表制、三権分立、言論の自由などのシステムと原則を導入しても、民主制は、パワー・エリートといわれる集団の統治になるのが現実である。

米国の社会学者ライト・ミルズ（1916年～1962年）は第二次大戦後、米国の国家的政策がきわめて少数の指導的地位にある人々によって決定され、実施されてきたと説いた。彼が挙げたのは①大統領と中核的閣僚および、その補佐官（政治エリート）、②巨大企業の所有者と経営者（経済エリート）、③高級軍人（軍事エリート）である。その数は500人に満たないとされた。これらの人々がトップ・エリートとして基本的政策と運用の原則を決める。ライト・ミルズによれば、これは、専制政治とは違う。彼らは民主制における最高指導者の集団である。強大な権力を行使するが、憲法を尊重し、市民的自由に配慮しながら、オープンな形で政策を実施する。秘密警察に反対し、話し合いによる妥協を重視する。

ライト・ミルズは、トップ・エリートの下に中間レベルの実務的なパワー・エリートがいると位置づけ、連邦の上下両院議員、知事、市長、ロビイスト、判事、政党の党首などを挙げている。私はこの中に検事、弁護士、FBI捜査官、高位警察官も含まれると思う。なぜなら「法と秩序の維持」という国家政策は、判事を含めたこれらの司法エリートが担っているからである。

司法エリートの支配体制に打ち込まれた「くさび」が陪審である。その役割は、エリートの判断や決定に「普通の人々」の見方や疑問を対置させ、彼らの慢心や独善をシロウトの感覚で正すことである。陪審は、プロやエリートたちの慣習やしきたり、あるいは、思考法に無知であるからこそ、それができるのである。

パワー・エリートは無謬ではない。その影響力が巨大であるがゆえに、失敗の反動は大きく、時に、破滅的でさえある。「平均的に無知な12人」がそれをチェックすることが期待されている。陪審制度は単に司法制度の一要素ではなく、米国の民主制を支えるシステムそのものである。

陪審制度への批判

陪審制度にも問題がある。その利点として挙げられた上記の諸点がそのまま批判につながる。

まず市民参加がうたわれながら、陪審義務を逃れようとする市民が多いことである。

1998年、カリフォルニア州リバーサイド州地裁は、リバーサイド郡の陪審マスター名簿78万2201人に召喚状を送ったが、面接のため裁判所に来たのは、44万9358人だった。召喚率は57％。地裁は、この中から選んだ陪審員で、同年746件の裁判を行った。同州マリン郡の場合は、2万3644人に召喚状を送り、1万1722人が応じた（召喚率49％）。この中から選んだ陪審員で126件の裁判を行った。

カリフォルニア州の郡の中で最大人口のロサンゼルス郡は、320万人に質問票を送った。回答したのは33万8137人。これによって6315件の裁判が行われた。有資格者が陪審を務める割合は大都市では1割前後、それ以外

の地域でも5割から6割程度であることが分かる。

陪審員を務めれば、自分の仕事は休まなければならない。免責職種もあるが、社会で重要な地位にいる人ほど、陪審義務を忌避している。その結果、無職の人、定年退職者、専業主婦といった人たちが陪審員の多くを占めることになりがちである。

ワン・デー・ワン・トライアル

このため連邦、州政府は、陪審への参加を促進するさまざまな政策を実施しているが、最も力を入れているのは裁判の迅速化である。「裁判の進行」の項（本書91頁）で詳述するが、陪審裁判は準備に多くの時間をかける。検察と弁護側が公判に先立って折衝し、証拠を整理し、争点を明確にした上で、本番に入る。「公判前手続」と呼ばれるこの過程が、裁判の迅速化を実現する上で極めて重要な要素になる。これを徹底すれば、多くの陪審裁判は短期間で終わるからである。

陪審裁判の件数全体からみれば、殺人事件などの大型裁判は少数で、酒酔い運転、暴行などの単純な事件のほうが多い。このため裁判のスケジュールを調整すれば、単純な事件の陪審裁判の多くは一日で終わる。カリフォルニア州は、「ワン・デー・ワン・トライアル」（1day／1trial）をスローガンに掲げ、市民に陪審義務の遂行を呼びかけている。同州は、召喚に応じた市民が陪審選考で、忌避された場合も、一回の陪審義務を果たしたと認め、召喚に応じやすい体制をつくっている。

殺人事件などの裁判も、公判前整理の効率化によって通常1週間から2週間で終わる。何百日もかかる裁判もあるが、これは例外中の例外である。

もうひとつは、陪審義務を逃れようとする市民への働きかけである。判事が、陪審選考の面接でねばり強く説得したり、正当な理由もなく召喚に応じない人に多額の罰金を科したりするなどの措置もとられている。

陪審制度見直し論

市民への負担が大きいという理由で陪審制度の見直し、ないしは廃止を求める議論は建国当時からあった。その中で多いのは、無差別ではなく、一定

の条件を満たした市民から陪審員を選び、陪審の質を高めるという議論だ。俗にブルーリボン陪審と呼ばれる。教育程度が高く、社会的名声があり、財産家であることなどが基準になる。これに類似した修正案がプロ陪審である。陪審員を職業とする市民の組織をつくり、有給でかれらに陪審裁判を担当させるというものだ。しかし、これらは、プロの集団である司法界に「シロウト」の感覚や常識を注入するという陪審制度の本来の趣旨に逆行するもので、大きな共感は得られていない。

　見直し論議の重点は、陪審制度の機能についてである。あとで詳述するが、刑事事件の陪審裁判で検察側に要求される証明度が高いために、凶悪犯が無罪になり、正義が果たされないという批判が多いのは事実である。実際、被告人の有罪について12人のシロウトを納得させるだけの証拠を示すことは、検察にとって常に大きな負担である。弁護士の巧みな抗弁によって有罪であるはずの被告人が、無罪放免になり、陪審制度が悪用されているという批判が後を絶たない。

　こうした批判を受けて提案されているのが、全員一致ではなく、10対2、9対3などで評決を決めるという多数決制への移行だ。ニューヨーク州地裁のハロルド・ロースワックス判事は、全員一致の原則を廃止するよう訴えている。

　「1　陪審裁判」で紹介したように、全員一致は陪審制度の必要十分条件ではない。連邦も州もそれぞれの議会が法律を修正すれば、多数決制へ移行することは可能だ。オレゴン州など2州が、死刑犯罪以外の刑事裁判の陪審評決を多数決にしている。しかし、今のところ、追随する州はなく、連邦レベルではその機運すらない。評決は全員一致でなければならないという国民的合意があるがごとくである。

陪審制度廃止論

　陪審廃止論も間歇的に浮上する。後述するシンプソン裁判のような事例が起きると、ここぞとばかり陪審制度の「欠陥」をあげつらい、司法制度の脆弱性の原因はすべて陪審制度にあるといわんばかりのヒステリックな議論が巻き起こるが、国民的論議に発展せず、自然消滅していく。理由は簡単。

200年以上続き、米国の司法制度の中心として根付いた陪審制度の廃止を唱えることは、米国の存立基盤そのもの否定することになるからである。ビル・オブ・ライツに明確にうたわれている陪審制度を廃止しようとする論議や運動が、広がらない根本的な理由はここにある。

陪審制度を廃止するには、憲法の修正が必要だが、その壁はとてつもなく高い。かりに「陪審廃止案」なる法案が連邦議会で提起されたとして、これが成立するためには、連邦上下両院のそれぞれ3分の2の賛成と全州の議会の4分の3の賛成が必要になる。20世紀以降、手続的な憲法改正ならいくつかあるが、核になる条項が改正手続によって廃止されたり、追加されたりした例はない。ましてや、ビル・オブ・ライツの条項が廃止されることは、考えられない。

陪審制度を唱導する元判事で弁護士のウイリアム・ドワイヤーは、その著書『権力を人々の手中に』"In the Hands of the People"で、こう書いた。

「選挙で選ばれる公職者が民意をないがしろにしている中、政府権力のユニークな分散である刑事裁判の陪審は、旧式になったという批判とは裏腹に、重要性を増している」。

民主制の鏡

陪審制度は、民主制の下で、その機能を最も良く発揮し、民主制も陪審制度を取り入れることで、その力と輝きを一層増すのである。米国にとって陪審制度は、民主制が機能しているかどうかを映す鏡でもある。だから、予見できる将来、米国で陪審制度が全廃されることはありえない。

ドワイヤーによると、米国では毎年150万人が、陪審員を務めている。多くの無名の市民が、静かに黙々と陪審義務を果たし、米国の民主制を支えている。この冷厳な事実こそ、民主制下で、陪審制度が重要な役割を果たしていることの最も雄弁な証拠である。

3 大陪審

> 検事が要求すれば、大陪審はハムサンドでも起訴するだろう。
> **ニューヨーク州地裁のある判事**

48州が維持

　小陪審が通常12人で構成されるのに対して大陪審は通常16人から23人で構成されている。人数が多いから大陪審と呼ばれる。警察などの捜査当局が逮捕した被疑者を起訴するかどうかを決めるのが大陪審の役割である。

　憲法修正5条は「何人も大陪審による告発または起訴がないかぎり、死刑に値する罪や重罪の責任を負わされることはない」と定めている。したがって連邦地検が扱う重罪事件（禁固1年以上の罪に当たる事件）で、被疑者が否認している事件を起訴するかどうかを決めるのは連邦大陪審である（それ以下の軽犯罪はすべて連邦検察が起訴する）。連邦大陪審は、連邦地検の管轄区ごとにあり、小陪審と同様に管轄区の住民の中から連邦地裁の判事によって選ばれた陪審員が、起訴の是非について協議し、決定を下す。

　連邦大陪審のほかに州の大陪審もある。各州が、州地裁の管轄区ごとに独自に大陪審を組織している。州の大陪審の陪審員は州地裁の判事が管轄区の住民の中から選ぶ。連邦最高裁の見解によると、修正5条の大陪審の規定は連邦政府だけを拘束し、州を拘束するものではない。2007年5月現在、48州が大陪審を維持している。廃止したのは、コネティカット、ペンシルベニアの2州だけだ。

審理内容は非公開

　大陪審の審理に参加するのは陪審員と検事および裁判所の速記者だけであ

る。そして大陪審員の選考にかかわった判事が、その大陪審の総括判事になる。協議には参加しないが、大陪審員の解任、入れ替えや法律問題についての判断を下すなど全体を統括する。

大陪審では、検事が陪審員に対して、事件の概要を説明し、被疑者を起訴するよう説得する。その際、陪審員は、検事に質問したり、証拠の開示を求めたりすることができる。また、検事が喚問した証人に質問することもできる。それによって起訴するかどうかを決めるのである。

検察にはすべての証拠を提出する義務はないが、大陪審が要求すれば、手持ちの証拠はどんなものでも提出しなければならないという建前になっている。また、大陪審が独自に証人を喚問することもできる。その場合は、検察の了解と総括判事の承認が必要になる。大陪審が自ら捜査を主導することもできる。これは大陪審が検察から完全に独立して捜査に専念するもので、「大陪審の暴走」（Runaway Grand Jury）と言われるが、極めて例外的であり、1990年以降はない。

大陪審は非公開である。証人の証言内容や検事・大陪審員とのやりとりなど協議内容はすべて速記者によって記録されるか、録音されるが、その内容は、一切公表されない。陪審員がそれらを第三者に話したり、メディアにリークしたりすることは厳禁である。違反すれば、捜査妨害とみなされ、陪審員を解任され、罰金刑を受けるほか、場合によっては、起訴され、禁固刑など実刑を受けることもありえる。大陪審の陪審員には、永久に秘密保持の義務が課せられる。ジャーナリストが陪審員に取材することも違法である。それが判明した場合、ジャーナリストは司法妨害容疑で逮捕されるともある。まれに協議内容の一部が被疑者の弁護側に明らかにされることもあるが、総括判事が許可した場合に限られる。

地味な大陪審

大陪審は、メディアで報道されることはあまりない。陪審員の守秘義務が徹底し、法律上、秘密のベールで覆われているからである。大陪審が話題になった数少ない例として、1972年のウォーターゲート事件がある。ワシントン・ポストのカール・バーンスタイン記者は、民主党選対本部に侵入して

逮捕された「鉛管工グループ」を起訴した大陪審の陪審員名簿を割り出し、ボブ・ウッドワード記者とともに陪審員に直接取材した。これ自体違法だが、当時の総括判事は、この行為をなぜか、不問に付した。

　もうひとつの例として、1996年1月、クリントン大統領のホワイトウォーター土地取得疑惑に関連してコロンビア特別区の連邦大陪審が、ヒラリー夫人を証人として召喚したことがある。ファースト・レディが大陪審に召喚されるのは前代未聞であり、当日、ワシントン連邦地裁の正面玄関前に多数の報道陣が詰めかけた。証言を終えたヒラリー夫人は、証言内容には触れず、「大陪審の質問にはすべて正直に答えた」と述べた。

被疑者の反論は認められず

　大陪審制を理解するポイントとしてもっとも重要なことは、大陪審は捜査機関であるということだ。当たり前のことだが、大陪審の進行中に、どんな証拠が提出され、どんな証人が証言し、その内容がどんなものであるか、直接的に知ることはできない。検察が、起訴を勝ち取るため、自分に有利な証人を立て、その証言がいい加減なものであっても、被疑者側は、それを知ることも、チェックすることもできないのである。

　小陪審が原則として全員一致の採決で有罪・無罪を決めなければならないのに対し、連邦大陪審では過半数（原則として12人以上）の同意があれば、起訴を決めることができる。病気などで陪審員が欠席する場合に備え、大陪審の定数（Quorum）は16人と決められている。最低16人が出席しなければ、協議をすることはできない。16人しか出席できない場合、起訴には12人以上の同意が必要になる。

　同じ23人の大陪審でもカリフォルニア州ロサンセルス郡は、起訴には14人以上の同意が必要であると規定しており、州によって異なるが、全員一致ではなくでも良いということでは共通である。

　大陪審員の資格要件は、18歳以上の米国市民で当該管轄区内に1年以上住んでいることだが、70歳以上の高齢者や警察官、弁護士など一定の職に就く人は免除され、過去に重罪で有罪判決を受けた人は除外される。いったん大陪審員に選ばれたら、通常1カ月から1年務めなければならない。大

陪審は検察の召集に応じて開かれる。頻度は、週に1回から2回程度だ。大陪審が、結論を出す期間は小陪審に比べ短いのが普通である。

人口が多く、事件が多い管轄区では複数の大陪審が組織され、毎週一定の曜日に定期的に開くこともある。たとえばA、B、Cの大陪審がそれぞれ任期1カ月で組織され、Aは毎週火曜日、Bは水曜日、Cは木曜日に集まり、事件を処理していくという具合だ。ひとつの大陪審が、数件から数十件の事件を起訴することになる。

大陪審員に対する日当は連邦の場合、40ドルプラス交通費、州は地域ごとに異なる。たとえば、カルフォルニア州ロサンゼルス郡は25ドルプラス交通費を支給する。

大陪審の部屋は地裁庁舎の奥まったところにあるのが普通である。小陪審の部屋が法廷に隣接しているのとは対照的に、地下や最上階にある。別館を設けているところは、たいがい別館に大陪審の部屋を設置している。部屋には窓がなく、防音壁になっているなど外部からうかがい知れないようになっている。

問われる存在意義

大陪審の本来の役割は、検察が示すさまざまな証拠を審査し、被疑者を起訴するのに必要かつ十分であるかどうかを吟味し、政府権力の横暴を阻止することにある。素人の市民を捜査に関与させることによって捜査当局の独走に歯止めをかけ、市民の自由を守ることが、大陪審に課せられた役割である。

しかし、21世紀の今日、大陪審の趣旨が生かされているとは言い難い。検察の主張をほぼ100％認める大陪審は、時代遅れの機関になったという認識が定着してきている。起訴までに時間がかりすぎ、莫大な費用がかかるわりには、独自性が薄く、検察をチェックするというより、検察の起訴にお墨付きを与える機関になっている。

検察は、住民の代表である大陪審が起訴したという形式をとることによって、捜査への批判を回避することができる。多くの州が、不能率であるにもかかわらず大陪審を廃止しないのは、大陪審というフィルターを通すことに

よって、検察の独走という批判を回避できるからであろう。

大陪審が検察の「下部機関」になってしまった理由としては、素人集団である大陪審が、捜査のプロである検察に対抗する情報収集力と、それを評価する能力がないことが挙げられる。両者の能力の差は、時代を追うごと大きくなり、もはや大陪審が独自に動く余地がほとんど、なくなってしまった。

起訴は手続的に、検察が起訴状の原案をつくり、大陪審が署名するという形をとる。これがいわゆる起訴（状）（Indictment）である。逆に大陪審が独自に捜査し、文書をつくり、それに検察が署名したものが告発（状）（Presentment）である。しかし、大陪審が独自の捜査によって刑事事件を告発した例は20世紀後半からほとんどなくなった。さらに大陪審が告発状を作成しても、検事の署名がなければ、告発できないことになっている。実際、告発状による大陪審独自の起訴は皆無に近く、起訴権は事実上、検察が独占している。これも大陪審の力を低下させた理由である。

英国は1933年に大陪審を全廃した。時代の変化によって無用の長物となったという認識が定着したためだ。大陪審はしばしば、検察のラバー・スタンプ（Rubber Stamp）と批判される。検察の主張をそのとおり認め、自動的に起訴状原案にゴム印で承認のハンコを押す大陪審が多いからだ。

評決と判決

> 犯罪で裁かれる人々への過剰な慈悲心は、しばしば、さらなる犯罪を生み出し、その犠牲となって殺されなくても良い人が殺されることがある。最初から慈悲心ではなく正義を優先していれば、罪のない人が殺されることはなかった。
>
> **アガサ・クリスティ**

評決の形態

陪審の最終判断を評決（Verdict）という。評決の形態は、有罪評決、有罪ではない評決（無罪評決）、評決不成立の3種類しかない。48州と連邦の刑事裁判では有罪、無罪とも陪審の全員一致が必須条件である。評決が全員一致でなければならないという法的根拠はない。連邦最高裁は、評決が全員一致である必要はなく、多数決でも良いという見解を出している（Apodaca v. Oregon, 1972）。ルイジアナ州は死刑を求刑された被告人の裁判は全員一致、それ以外は12人中9人以上、オレゴン州は第1級殺人事件の裁判は全員一致、それ以外は、12人中10人以上の同意で、それぞれ評決が下せる。

陪審は、評決に達すると法廷に戻り、判事に結論を告げる。通常、判事が陪審長に「○被告は○罪について有罪ですか、無罪ですか」と尋ね、有罪ならば「ギルティ」無罪なら「ノット・ギルティ」と陪審長が答える。弁護側、検察側のいずれかが望めば、残り11人全員に評決の確認させることができる。判事が陪審員の名前をひとりずつ呼び「○さん、これはあなたの評決ですか」と尋ね、陪審員が「はい、これは私の評決です」と答える。これを「投票結果調査」（Jury Poll）という。

全員一致の結論が得られない場合（上記2州では9人または10人以上の一致した判断が得られない場合）、評決は不成立となる。これをミストライアル（Mistrial）あるいはハング・ジュリー（Hung Jury）という。この場合

は、新たに陪審を選び、裁判をもう一度やり直さなければならない。

一審無罪は無罪確定

　刑事裁判の一審で陪審が無罪評決を出した場合、検察側は上訴できない。日本では検察が一審の地裁で負けても、高裁に控訴できるのとは対照的に、米国では検察が陪審裁判の一審で敗訴した時点で、被告人の無罪が自動的に確定する。これは、市民である陪審が無罪と認定した事件を、公権力が蒸し返すことを許さないという思想が根底にあるが、法的には、同一の事件で同一の人物を二度裁くことを禁じる憲法の規定が根拠になる。憲法修正第5条に次の規定がある。

　「だれも同一の犯罪について二度も生命や身体の危険にさらされてはならない」（No person shall be subject for the same offence to be twice put in jeopardy of life or limb）。この条文から「二重の危険」（Double Jeopardy）という法律用語が生まれた。つまり、陪審裁判では、被告人が一審で有罪になったら上級裁に上訴できるが、検察側が負けたら、上訴は許されないのである。

　ただし、二重の危険の原則が適用されるのは、刑事事件だけだ。あとで詳述するが、服部君射殺事件やO.Jシンプソンの殺人事件の刑事裁判では、被告人は、いずれも無罪になったが、事件にからんで起こされた民事訴訟で敗訴した。実際には、同一の事件で二度裁かれる可能性がある。

　また、いったんは無罪になったが、その後新たに決定的な証拠が発見されるなど捜査の進展があれば、同一事件で、同一被告人が二度起訴されて裁かれることはあり得る。しかし通常、一審で敗訴した刑事事件を検察が再捜査することは、ほとんどないので、米国では、刑事裁判の一審無罪は、事実上、無罪確定である。

評決を受けて量刑

　判決は、陪審の評決を受けて判事が言い渡す。英語ではJudgmentあるいは、Decisionという言葉が使われる。Rulingという言い方もある。離婚訴訟などの判決をDecreeというが、刑事裁判の判決を指す言葉としては使わ

れない。

　判決は基本的に陪審の評決を確認するものであり、有罪評決に対しては有罪判決、無罪評決に対しては無罪判決が出るのが普通である。有罪判決を出した場合、判事は量刑の言い渡し（Sentencing）をする。

　量刑には刑期が確定した定期刑（Definite Sentence or Determinate Sentence）と刑期が確定していない不定期刑（Indefinite or Indeterminate Sentence）の2種類がある。

　たとえば「禁固15年」という量刑は定期刑、15年〜20年あるいは15年から終身刑など幅を持たせるのは不定期刑である。

　不定期刑は広く行われている。その背景にあるのは、裁判所に刑を決める権限を一任するのは、効果的な受刑者の矯正を図るという意味合いから望ましくないという思想である。

　不定期刑はリベラルな思想が浸透する米国東部の州に多く、判事が暫定的な刑を決め、実際の刑期は仮釈放審査委員会（Parole Board）が決定するという制度を取っている。仮釈放審査委員会は、州や市などの自治体の刑務局が任命した司法関係者、学識者などで構成され、受刑者の更生の程度を随時評価し、刑期満了前に仮釈放するかどうかの決定権を与えられている。たとえば禁固25年から終身刑の不定期刑を受けた被告人は、通常25年の刑期を務めた後に仮釈放の権利が発生する。

　25年1カ月あるいは30年で仮釈放される場合もあるし、死ぬまで出所できない可能性もある。それを決めるのは仮釈放審査委員会であり、委員会が早期に仮釈放の決定をした場合、担当判事はその判断に異議を唱えることはできても、自分の意見を強制することはできないとされている。

　最近は不定期刑をやめ、定期刑に移行する州が増えている。そのため、刑を満期まで務めることを義務づける法律を施行する州も増えた。

　通常、定期刑の場合は、仮釈放の権利は満期の3分の1を務めた時点で発生するとされている。これを適用すると禁固・懲役30年では最短10年で仮釈放になる。州によっては終身刑を懲役30年と同一に扱い、10年で受刑者を仮釈放してしまうケースも、少なからずある。これを悪弊として問題視する世論の高まりから、最近では言い渡された刑期を満期までを務めるこ

とを強制する州も出てきた。

　これを強制的量刑（Mandatory Sentence）という。刑期中は、仮釈放、恩赦を一切認めないという厳しい量刑で、その判断を判事に一任しているのが特徴だ。これを州レベルで実施するためには、州議会で独自の法律を可決する必要がある。このような州では判決の際、判事が「刑期を100％つとめ、仮釈放はなし」とような条件をつける。

　執行形態で見た場合、量刑には、実刑判決（Imprisonment Sentence）と執行猶予判決（Suspended Sentence）の二種類がある。実刑とは、禁固・懲役を伴う刑。執行猶予判決とは、刑務所における受刑を免除する判決で、保護観察処分（Probation）がつくケースが多い。

　判事は、罰金の代わりに住んでいる地域で公園の清掃などの地域奉仕活動（Community Service）を命ずることもある。実刑か執行猶予にするか、あるいは刑期をどの程度にするかの判断は、かなりの程度判事の裁量に任されている。被告人に減刑を与える相応の理由があれば、判事は職権で量刑を低くできるし、逆に、重くすることもできる。前者を減刑事由（Mitigating Factor）、後者を加重事由（Aggravating Factor）という。しかし同じ罪で起訴された被告人の量刑に著しい差があるのは、不公平という理由から、量刑を全国で平準化しようという動きもあり、司法省が量刑委員会という専門家集団に委託してつくった「量刑のガイドライン」という分厚い参考書があり、これに従って量刑が下されることが多い。

　保護観察処分になった場合、被告人は一定期間、保護監察官（Probation Officer）の監督下に置かれる。定期的に保護監察官のもとに出頭し、住んでいる場所から離れないなどの義務と制限が課せられ、その期間、良好な態度を続ければ、刑期満了となる。

合算刑と同時進行刑

　刑の算定方式で見た場合、量刑は二種類ある。重罪犯は複数の罪で起訴され、各々が有罪になるケースが多い。これをどう扱うかで、刑期に大きな差が出るのである。

　すべての罪の量刑を合算した刑を合算刑（Consecutive Sentence）、複数

評決を告げる陪審長（左端）。2006年7月26日、テキサス州ヒューストンの裁判所（写真提供＝AP Images）

の罪を同時進行させる刑を同時進行刑（Concurrent Sentence）という。

たとえば、銃不法所持、窃盗、殺人の3つの罪で同時に起訴され、それぞれ1年、2年、25年の量刑を言い渡された被告の刑期は合算刑の場合は28年、同時進行刑の場合は25年になる。

1994年5月ワールド・トレードセンター爆破事件の一審で4人の被告人は、ニューヨーク連邦地裁で、それぞれ240年の禁固刑を言い渡されたが、これは合算刑の典型である。これは、凶悪犯罪で有罪になった被告人を絶対に仮釈放させない予防措置ともいえる。これらの被告人は刑期の3分の1を務めた時点で、すでに80年が経過しており、死ぬまで刑務所で過ごすことが確実である。

米国では、ほとんどの量刑は同時進行刑で言い渡され、合算刑は例外的である。有罪の評決を受けた凶悪犯に対して、判事が「仮釈放は認めない」という判決を出すことができるし、実際そうした判決が出ている。

評決と異なる判決も

ごくまれに、判事が評決とは異なる判決を出したり、陪審に自分の判断どおりの評決を命じたりすることがある。判事は職権で陪審評決を覆し、それを無効とすることができる。これをジャッジメント・オブ・ノット・ウィズ

4 評決と判決

スタンディング・ヴァーティクト（Judgment of Not Withstanding Verdict）という。ラテン語で Non Obstante Verdicto と表記されるので、NOV と略称される。評決無視判決と訳される。

これは、陪審が法廷に提出された証拠と証人の証言によらず、偏見に満ちた、感情的な評決を出したと判事が判断した場合に、職権によって下される逆転判決である。

その場合、通常は陪審が出した有罪評決を無効とし、あらためて無罪判決を出すというケースが多い。

その逆、つまり無罪評決を覆し、有罪判決を出すという例は、ほとんどない。NOV は、不合理な有罪評決を受けた被告人を救済するという色彩が強いからである。

陪審が、検察の立証に合理的疑いが残るのに有罪評決を出した場合、判事は、評決を無視し、自分の判断で判決を下すことができるのである。既に述べたようにこの背景になるのは、「疑わしきは被告人の利益」にという考え方だ。

ふたつ目は、判事が陪審に対して評決を指示する判決で、指示評決（Directed Verdict）と呼ばれる。NOV が評決の後に出されるのに対して、指示評決が出るのは陪審が評決を出す前である。通常、被告人を有罪とする決定的な証拠がないなど検察側の立証があまりにもずさんだと判事が判断した場合に出される。

判事はその時点で審理をストップし、陪審に対して無罪の評決を出すよう命令、これを受けて陪審は形式的に無罪の評決を出すという形をとる。

陪審が事実認定とともに量刑を決めることがある。死刑のかかった裁判（Capital Case）では、連邦とすべての州で、被告人を死刑にすべきかどうかの判断を陪審にゆだねている。まず被告人が有罪かどうかを決める陪審裁判が開かれる。有罪の評決が出た場合は、被告人に死刑を下すかどうかを決めるため同一の陪審による新たな陪審裁判が開かれるのである。この陪審裁判で「死刑が妥当」という評決が下され、判事がそれを追認する判決を出し、かつ被告人が上訴しなければ、死刑が確定する。州レベルでは最後に知事の承認が必要になる。

上訴

　一審から二審へ、あるいは二審から最終審へ異議申し立てをすることを上訴（Appeal）という。日本では地裁から高裁へ上訴することを「控訴」、高裁から最高裁に上告することを「上告」と区別しているが、英語ではいずれも Appeal（上訴）である。刑事裁判で有罪評決を言い渡された被告人は、通常、判事に対して NOV 判決を出すように求める。それがだめなら再審の申し立てをする。判事がそれを認めず、有罪判決を出せば、それを受け入れるか、上訴するしかない。通常、州地裁の上訴案件は州高裁で扱われ、州最高裁で確定する。連邦地裁の上訴案件は連邦高裁を経て連邦最高裁で確定する。しかし憲法問題がからむケースでは州裁判所から連邦高裁へ上訴されることもある。上訴は常に受理されるとは限らない。十分な理由がなければ、ふるいにかけられ、多くは受理されない。

　死刑判決は例外である。州地裁、連邦地裁で死刑判決を受けた被告は、二審を飛び越して、それぞれ州最高裁と連邦最高裁に上訴できる。これは被告人の希望の有無にかかわらず行われる自動的上訴である。非常にまれだが、州最高裁で死刑が確定しても、憲法問題がからむ場合には連邦裁判所に上訴する道が開かれている。

5

説示

> 説示は、分かりやすい用語を使った短い能動態の文章とし、内容も簡潔でなければならない。
> **セントルイス連邦高裁のホームページ**

陪審裁判の指針

　判事は評決を前に陪審に対して陪審裁判の心構えを告げる。一部が陪審選定の時に行われる。陪審員候補に対する面接の際、判事は、これから公判にかけられる事件について概要を告げ、有罪・無罪の判断を下す際の注意点を説明する。そして、公判が始まる前か終了後に、さらに念押しの意味で行われるのが普通である。言うならば、陪審裁判のマニュアルだが、説示は原則として口頭で行われ、書面化されて陪審員に渡されることはない。

　説示が不十分だったり、不適切だったりした場合、それを理由に上訴審が一審判決を破棄したり、やり直しを命じたりすることがあるから、判事は、必要十分な説示をすることに腐心する。説示は、陪審裁判においてきわめて重要な要素である。

　連邦地裁には巡回区ごとに定型説示（Pattern Instructions）が用意され、判事はこれを基に必要に応じて修正、加筆して独自の説示を作成する。州裁判所にも、それぞれ定型説示がある。

　検事と弁護士は公判終了後、判事に「これだけは陪審に説示してほしい」という内容を要請することができる。判事は、自分の判断で、それらを書き加えることがある。説示は判事が読み上げるだけで、通常、印刷したものを陪審に渡さない。陪審が要求すれば、特別に渡される。中には事細かに注意事項を列挙して、手引きとして陪審に渡す判事もいる。対応はばらばらで、どうするかは判事の裁量に任されている。

状況証拠も有効

　以下は、カリフォルニア州サン・マテオ地裁で2004年6月1日、スコット・パターソン被告の裁判に際して、アルフレッド・デルーチ判事が陪審に行った説示の概要である。説示は、検察側の冒頭陳述が始まる前に行われた。罪状は第一級殺人罪。この裁判では陪審がメモをとること許された。

　「陪審のみなさん、あなた方に託された裁判に関連して、注意しなければならない幾つかの問題について、これから指示を与えます。まず、必要なのは、事実関係を確定することです。事実は、裁判で明らかになった証拠に基づいて決定しなければなりません。それ以外の情報源に依拠してはなりません。事実とは、証拠によって証明された事柄、あるいは検事と弁護人が事実であると合意し、それについて争わない事柄を指します」。

　「証拠は証人の証言、文書、物質的なものから構成されます。ある事柄の存在や不存在を証明するために法廷に提出されたものも証拠になります。公判における検事と弁護人の発言は証拠ではありません」。

　「証拠は直接証拠と状況証拠に分かれます。直接証拠は、ある事実を直接証明するもので、それ自身で事実を構築することができるものです。状況証拠は、別の事実からの推論によって証明される間接的事実です。推論は、証拠によってうち立てられた別の事実あるいは事実群から論理的かつ合理的に導き出されたものです」。

　「事実は直接証拠だけで証明されるとは限りません。状況証拠によって証明されることもあるし、両者の組み合わせによって証明されることもあります。直接証拠と状況証拠は、ともに立証の手段として認められます。最初からどちらかに重きをおくという評価のしかたは正しくありません」。

　「ある訴因について状況証拠から相反する合理的結論が導き出され、一方が被告人の有罪を示し、もう一方が無罪を示すならば、あなたがたは無罪を示す解釈を採用しなければなりません」。

証人の信頼性の判定者

　「法廷によって制限された証拠は考慮の対象としないでください。また法廷に出されることを拒絶された証拠がなぜ拒絶されたか、その理由を憶測し

てはいけません。
　法廷で真実を述べると宣誓した人は、すべて証人です。あなた方は、証人の信頼性と証言の重要性を決定する唯一の判定者です。証人の信頼性を判断する基準として次のことを考慮して下さい。
　①証人が述べる問題についてどの程度見たり、きいたり、あるいは気がついたりする機会があり、その能力はどの程度あったか
　②証人が述べた問題についてどのくらい記憶力、伝達力があったか
　③証言内容の性格や質
　④証人の表情、動作や話し方
　⑤偏見、利害、またはその他の動機の有無
　⑥以前の証言内容との矛盾
　⑦証人の重罪前科の有無
　証人の証言内容に矛盾があった場合、あるいは、他の証人の証言と矛盾した場合、さらには複数の証人同士の証言に矛盾があった場合、必ずしも当該証人が信頼できないということにはなりません。記憶の誤りは普通のことですし、勘違いはよくあることです。2人の人が同じ出来事を経験して、異なったことを見たり、きいたりすることもあります。注意しなければならないのは、矛盾が重要な問題に関連しているのか、些末なものにすぎないのかを判断することです。証人が重要な問題に関して、意識的にうその証言をした場合は、その証人の証言の信頼性を全否定してもかまいません」。
　「証人に対する検事や弁護人の質問に異議が認められた際、その答えがどんなものだったかと推測してはいけません。また、異議の理由についても推測してはいけません。証人に対する憶測を含んだ質問を真実であると推定してはいけません。質問は証拠ではありません。また証人を多く立てた側が真実をより多く証明していると判断してはいけません」。
　「次に、あなた方が認定した事実を、私が指示する法律にあてはめてください。あなた方がその法律に賛成であるか反対であるかにかかわらず、法律に規定されていることを受け入れ、それに従わなければなりません。また、その法律について検事と弁護人が交わした議論が、わたしの指示と食い違っていたとしても、わたしの指示に従ってください。

公判中、家族を含むだれとも裁判について話をしてはいけません。裁判についての新聞、テレビ、雑誌、インターネットなどの報道を読んだり、見たりしてはいけません。公判が終わるまで、陪審員同士で裁判について話をすることも禁止します。陪審員が裁判について話ができるのは、公判が終わり、12人全員がそろって評議を行うときに限ります」。
　「メモを取ることを許可しますが、メモ用紙は閉廷や休廷の際、陪審員席に残し、法廷の外に持ち出してはいけません。メモは記憶を補完するものです。メモすることに気を取られて、公判のやりとりを注意深く聞くという本来の陪審員の任務をなおざりにしてはいけません。メモを取らない陪審員はメモを取った陪審員の主張に影響されず、自分の記憶に基づいて判断を下すべきです。評議の際、両者に食い違いが生じたら、いつでも公判記録を取り寄せ、確認してください」。

推定無罪の原則

　「被告人に対する同情や偏見に左右されてはいけません。被告人が逮捕され、起訴され、裁判にかけられたという事実を根拠に、被告人に対して偏った見方をしてはいけません。これらの事実は、被告人の有罪を証明するものではないからです」。
　「みなさんもよくご存じの通り、刑事裁判における被告人は、有罪が証明されるまで無罪であると推定しなければなりません。被告人が有罪であることが十分に証明されず、合理的な疑いが残るときは、被告人は無罪評決を受ける権利があります。合理的疑いとは、単に可能性のある疑問ではありません。なぜなら、人間に関するあらゆる事柄には、ある種の可能性のある疑問や想像的疑問が付き物だからです。すべての証拠を全体的に比較検討した後、起訴事実の真実性についてどうしても確信が持てないという感情が陪審員の心に残ることがあると思います。それが合理的疑いです」。
　「合理的疑いの余地なく被告人が有罪であることを立証する義務は、検察にあることを認識してください。推定無罪という原則は検察の上に、大きな重石として置かれているのです」。
　以上の説示は、詳細にわたり、分量も多い。通常は、これよりも短く、内

容も簡単だが、ポイントは、①公判開始時点で被告人は無罪であるとみなすこと（推定無罪の原則）、②立証責任は検察にあることを認識する、③検察が合理的疑いの余地なく被告人の犯行を立証したと判断すれば有罪、検察側の立証に合理的疑いが残ると思えば、無罪と判断する——の3点である。これらが過不足なく、分かりやすく示されていなければならない。

重要なのは③の有罪の証明の基準、つまり事実認定の原則である。この説示でも、きちんと説明されているが、この基準をどう説明するべきかという問題は、説示において最も重要な要素である。

なお、2009年から日本で実施される裁判員制度では、説示が義務づけられていない。裁判員が適正な判断をすることができるかどうか不安が残る。

陪審の無効裁定

ところで陪審は、説示を無視することができるのだろうか？　陪審が事実認定だけではなく、法律問題にまで踏み込み、説示を無視した決定を出すことを「陪審の無効裁定」（Jury Nullification）＝ジュリー・ナリフィケーションという。陪審の拒否権（Veto Power）と表現することもある。

米国が英国の支配を受けていた当時、英国が制定した不当な法律で裁かれた被告人を陪審が無罪にしたという歴史がある。事実認定では有罪と判断しながらも、法律そのものが悪法だから、無罪にするという論理である。米国独立後も、禁酒法時代（1920～1933年）に同法で起訴された密売業者を陪審が無罪にしたことがある。禁酒法は憲法修正という形で最高法規に盛り込まれた。陪審は当時、憲法の条項を認めないという評決を出したのである。

奴隷制が敷かれていたころ、逃亡奴隷をかくまったり、手助けしたりした者は、「逃亡奴隷法」に基づいて起訴されたが、裁判で陪審は、同法そのものが不当であると認定して、被告を無罪にしたこともある。説示を無視し、政府・議会が制定、施行した法律を違法とするからまさに拒否権である。

デルーチ判事が「あなた方がその法律に賛成であるか反対であるかにかかわらず、法律に規定されていることを受け入れ、それに従わなければなりません」と説示したのは、無効裁定をしないよう警告したものだ。さすがに殺人事件の裁判の陪審が「殺人罪を認めないから無罪にする」という評決を出

すことは考えられない。

　陪審選定の際、説示に従わないことを表明した陪審員候補は除外されるし、評議開始後に、それが明らかになった場合も判事は、その陪審員を解任することができる。実際、スコット・パターソン判事の評議中、陪審長が解任された。評議をまとめるという役割を十分に果たさず、他の陪審員の話を詳しくメモし、自分でも独自の調査をして本を書こうとしていたらしい。このほか、陪審員としてふさわしくない行為をしたとしてふたりが解任され、補充の陪審と交替させられた。21世紀の今日、ジュリー・ナリフィケーションは起こりにくい状況にある。

　しかし米国における陪審制度の歴史を考慮すると、陪審は今でも実質的に拒否権を行使する権限を持っている。専制政治、非民主的政府への対抗装置として機能する陪審は、行政がつくった条例や規則、州や連邦の法律そのものを裁くパワーを託されている。

6

事実認定

> 私の考えでは、真実とは、ありそうにもないことをすべて排除した後に残る、ありそうなことの集積である。
> **アーサー・コナン・ドイル**

立証責任

　裁判において被告人の有罪を立証する責任は検察にあり、被告人は自ら無罪を証明する義務を負っていない。この点を理解しないと陪審裁判の本質が見えてこない。

　弁護側が被告人の無実を立証できればそれにこしたことはない。多くの場合、それは非常に困難なことだ。強大な国家権力を背景にした強制捜査、捜査員の大量動員、国家が独占する膨大な個人情報とデーターベース、捜査機関同士の協力・共助などの広域ネットワーク、DNA検査などの高度な鑑定能力。どれひとつとってみても、弁護側は検察にかなわない。少なくとも、対等に勝負できない。だから弁護側が行うのは、検察側の立証の欠点を徹底的に突き、陪審に疑念を持たせることである。検察側の立証に合理的な疑いを生じさせることに全力を注ぎ、それによって無罪評決を得ることに努める。ほとんどの場合、それが弁護側にとって唯一の戦略である。

　検察は、被告人が罪を犯したことを12人の陪審員に確信させなければならない。それに失敗したら負けであり、被告人は無罪になる。捜査がいい加減だったり、違法な捜索で証拠を収集したり、証拠と情報管理がお粗末だったりすると、弁護側にそこを突かれ、有罪評決を得られる裁判に負けてしまう。後に紹介するシンプソン裁判がその典型である。

合理的疑いとは

　検察は公判で、陪審が抱く合理的疑いをすべて理解できるように説明しなければならない。起訴事実の主要部分を合理的疑いの余地なく証明する義務がある。それによって陪審は検察の描いた起訴事実を事実として認定し、有罪と判断する。これを「合理的疑いを超えた証明」(Proof beyond a reasonable doubt) という。連邦最高裁によると、これは1798年以来、米国の刑事裁判のおける有罪証明の基準となっている（英語の直訳の「合理的疑いを超えた証明」は分かりにくいので、以後は実質的意味を表すため「合理的疑いの余地のない証明」とする）。

　逆に言えば、検察の立証に合理的疑いが残る時、陪審は検察が描いた犯行のシナリオを事実と認定しない。その場合、陪審は検察が「合理的疑いの余地のない証明」に失敗したとみなし、無罪の評決を出す。これが陪審裁判の原則である。

　有罪と無罪の境界をつくる「合理的疑い」とは何か。結論から先に書くと、米国の司法世界で「合理的疑い」と「有罪の証明」についての統一見解は、ない。いくつかの定義はあるが、驚くべきことに、明確なものは、何もないのである。

　両者の定義が最高裁で争われた1994年の「サンドバル対カリフォルニア州」と「ビクター対ネブラスカ州」を例に挙げて、この問題を検証してみよう。

　【事件概要】サンドバル被告は1984年、麻薬取引に絡んで2人の男を銃で殺害、それを警察に通報した男性を殺し、さらに、それを目撃した男性の妻も口封じに殺したとして第一級殺人罪で起訴された。カリフォルニア州地裁の陪審は死刑評決を出した。その際、陪審は「合理的疑い」の意味について次の説示を受けた。

　「合理的疑いは次のように定義されます。それは単なる可能性のある疑いではありません。なぜなら、人間に関するあらゆる事柄と、モラル・エビデンス（Moral Evidence）に依拠しているものは、すべて、ある程度、可能性のある疑いや想像的疑いの対象になるからです。そのような中で、すべての証拠を全体的に比較、検討したあとに、起訴事実の真実性について揺るぎな

い確信を持てないという実感、あるいはモラル・サートンティ（Moral Certainty）に達することができないという心の状態が合理的疑いです」。

何だがよく分からない難解な説明である。このケースでは有罪を証明する証拠は十分にあり、逆転無罪はありえない状況だった。被告人は事実関係を争わず、説示に異議をとなえた。問題にしたのはモラル・サートンティとモラル・エビデンスいう言葉である。文字通り訳せば、「道徳的確信」と「道徳的証拠」。サンドバル被告は、これらの言葉が、①陪審に対して合理的な分析・検討で事実を認定して有罪・無罪を判断するのではなく、モラル（道徳・倫理）で有罪・無罪を認定しても良いという誤解を与えた、②合理的疑いの余地のない証明より低い水準の証明で有罪を認定しても良いという誤解を与えた――と主張し、不当な説示によって有罪を認定されたのは、法の下の平等を保証した憲法修正14条違反であるとして州最高裁に上告したが敗訴し、連邦最高裁に上訴した。

百年前の用語で定義

モラル・エビデンスとは、主として人間の証言に基づく証拠で、それ自体で事実を証明できない証拠である。これは19世紀の英国と米国で一般的だった証拠法の用語で、20世紀後半の米国では、もはや古語に近い言葉だ。モラル・サートンティとは、モラル・エビデンスによって証明される高度に可能性の高い事象を指し、「揺るぎない確信」という意味で使われた言葉だが、20世紀後半の時代にあっては、歴史的用語の範疇に属するような古めかしい言葉だ。実は、これは1850年マサチューセッツ州最高裁のレミュエル・ショー判事による「合理的疑い」の定義である。これが一種の定型になり、100年以上にわたって、連邦、州を問わず多くの判事が判で押したように、この定義を借用してきた。

1984年当時の陪審員が、130年前のこれらの言葉を正確に理解していたがどうかは、きわめて疑わしい。まったく分からない人もいたに違いない。オックスフォード英語辞書によると、19世紀、モラル・サートンティは「あらゆる合理的疑いの余地がないほど高度な蓋然性（がいぜんせい）」と理解されていた。つまり「揺るぎない確信」と同義語であり、「合理的疑いの

余地のない証明」を表す言葉だった。しかし時代とともに意味が変わり、1983年版のランダムハウス英語辞書は、この言葉を「強い蓋然性（がいぜんせい）に基づく確信」と定義している。後者の方が明らかに蓋然性の程度は低い。したがって陪審が、20世紀後半におけるモラル・サートンティの意味を正確に理解していたとしても、「揺るぎない確信」より低いレベルで被告人の有罪を認定しても良いと受け取った可能性があるという被告人の主張には、説得力がある。

　しかし最高裁は7対2でサンドバル被告の主張を退けた。判決を書いたオコーナー判事は、「モラル・エビデンス」が現代の言葉として日常的に使われているとは言えないと認めつつ、陪審が、この言葉を「実証的証拠」という19世紀当時と違う意味に受け取った可能性はないと述べた。また、モラル・サートンティは19世紀当時とは違う意味に変化していることを認め、これを「合理的疑いの余地のない証明」の同義語として単独で使うことは、好ましくないとした。しかし、並行、同格的に定義されているan abiding conviction of the truth of the charge（起訴事実の真実性についての揺るぎない確信）という一節が「合理的疑いの余地のない証明」を説明する言葉として十分であり、全体として説示は適切で、合憲であるという判断を示した。しかし、これは、かなり、苦しい論理展開で、説得力に欠ける。

　同時に審理されたのが、ビクター対ネブラスカ事件である。

【事件概要】庭師として雇われたビクター被告が、雇用主の84歳の女性を殺したとして殺人罪で裁かれ、有罪になった。ネブラスカ州の定型説示に書かれた次のような一節が問題にされた

　「合理的疑いとは、合理的で慎重な人間が人生において重大かつ重要な取引をする時に、提示された事実を真実とし、それに依拠して決断することをやめたり、実行をためらったりするような疑いです（中略）。有罪証明に絶対的確信や数学的確実性は、求められていません。あなたがたは、事件の強い蓋然性、つまり被告人が有罪であることについて、どんな合理的な疑いも排除できるほど強い蓋然性があれば、それを基に有罪認定ができます。合理的疑いとは、州（検察）が示す証拠や事実、あるいは証拠が示す状況、または証拠の欠如から生じる現実で実質的（十分）な疑いを指すのであって、単

なる可能性や全くの想像、あるいは空想的な推測とは区別されなければなりません」。

　サンドバル事件の説示と比べれば、説明が行き届いているし、分かりやすい。しかし被告人は①「実質的（十分）な疑い」（Substantial Doubt）＝サブスタンシャル・ダウト＝という言葉が、量的な程度を強く示唆し、無罪認定に必要な「合理的疑い」の程度をより高く設定するもので、その結果、検察は程度の低い証明で有罪認定を勝ち取った②「強い蓋然性」（Strong Probability）という言葉は、検察側に課せられた立証の程度を低く設定するもの——と主張し、「被告人が二重に低い基準で有罪評決を受けたのは不当」と強調した。

　この主張は認められず、説示は合憲であるとの判決が出た。判決を書いたオコーナー判事は①についてサブスタンシャルには「想像ではない実質的な」という意味と「十分な程度に」という量を指す意味があると説明した上で、前者の意味ならば「合理的疑い」を修飾することばとしてふさわしいが、後者の意味なら疑いの程度が高すぎるとして、被告人の主張を認めた。しかし、説示は、他の部分で委曲を尽くして「合理的疑い」の内容を説明しており、全体として見れば、適切で、違憲ではないという判断を下した。さらに『『合理的人間が抱く疑問』という定義は、それまでの最高裁判決で一貫して是認されており、これが含まれているので説示は適切である」とも述べた。

　②についても、1895年の「ダンバー対米国」の最高裁判決で、ほとんど同じ文章から成る説示が合憲とされていることや、強い蓋然性の程度の説明として「どんな合理的な疑いも排除できるほど強い」という文言を入れていることを挙げ、合憲であるという判断を下した。

モラル・サートンティへの疑問

　ふたつの判決についてケネディー判事は、大筋で賛成したものの、「モラル・サートンティ」の使い方が「非常に問題で、擁護するのは難しい」と指摘し、この言葉は、「困惑以外の何物でもない」と述べた。モラル・エビデンスについても、「なぜこんな手に負えない言葉を説示に使うのか理解に苦

しむ。この言葉は、どのようにも受け取られ、説示全体を危険にさらしかねない」と批判した。判決に賛成したもののギンズバーグ判事はもっと率直に「モラル・サートンティ」という言葉は「アナクロニズム」と一蹴した。オコーナー判事の判決に反対意見を出したブラックマン、スーター両判事は、モラル・サートンティという言葉を含んだ説示は、無効にするべきだとの見解を表明した。

ギンズバーグ判事は「合理的人間に重大な決断をためらわせる疑い」という定義についても疑問を呈した。英米法では、任意の環境で自分の利益と他人の利益を守るため、常識的な知識と判断力を駆使して問題に合理的に対応する人を想定することがある。これを合理的人間という。そして合理的人間が抱く疑いを「合理的疑い」とする説明は、説示で広く行われ、最高裁も承認している。つまり「合理的疑いとは、合理的人間が抱く疑いである」という定義になる。

しかし多くの説示では、合理的人間とは何かが定義されていないし、この言葉自体、法律辞書の奥のほうに眠っている非日常的語彙、いわば業界用語であり、現代の陪審員にとっては、意味不明の言葉である。これは「合理的疑いとは、合理的疑いである」という自同律に等しく、法律家以外の普通の人には何の説明にもならない。

ギンズバーグ判事は、「結婚相手、仕事、住居などの選択は普通の人間にとって、かなりの不確実性とリスクを伴うもので、熟考を要するものだが、これを刑事裁判の判断と同列に置くことはできない」と述べ、両者を同一の水準とするのは、不適当であると結論付けている。つまり人生の重大事において人が抱く疑いは、刑事裁判で人を有罪にしたり、無罪にしたりする疑いとは、次元も性質も異なるということだ。

ギネスもびっくり珍妙定義

これに関連して、信じられないような実例をひとつ挙げよう。2004年2月、カリフォルニア州地裁のある判事が次のような説示をした。

「合理的疑いとは、理由のある疑いです。つまらない疑いではなく、単なる可能性のある疑いでもありません。可能性のある疑いとは、たとえば、自

分が明日、生きていないかもしれないという疑い、今夜、車に引かれて死んでしまうかもしれないという疑いです。なんと、恐ろしいことか。でもそれはひとつの可能性にすぎません。そのように考えることは合理的ではありません。われわれは、みな自分が明日も生きているという前提に立って、生活のプランを立てます。われわれは、休暇をとったり、航空機に乗って旅行したりします。明日も自分が生きているということに合理的疑いの余地がないから、それができるのです。私の場合は、6月にハワイへ休暇旅行に出かけますが、自分が確かに生きているということに合理的疑いを抱いたら、今からそんな先のプランは立てないでしょう」。

　ギネスブック入りの奇妙奇天烈な定義である。合理的疑いが何なのか、さっぱり分からない。「有罪の確信」と「4カ月後に自分は生きているという確信」を同列に論じ、両者は同じ水準にあるという説明は拙劣を通り越して、明らかに間違いである。同州高裁は「説示の逸脱」を理由に、一審判決の破棄と、やり直しを命じた。その理由が痛烈である。

　「当法廷は、陪審評議で陪審員に求められるのと同じ程度の真剣さで、人々が旅行を計画したり、航空便の手配をしたりするとは思わない。また、陪審評議と同じように人々が、賢明な努力の末、揺るぎない確信に達してから旅行を計画したり、航空券の手配をしたりしているとも思えない。ましてや、そのような人々が、合理的疑いとは何かということを認識しつつ、決定を下しているとは、到底思えない」。

　要するに、安い航空券を入手するのに必要な程度の知的エネルギーで、人の有罪・無罪を決めるのは、とんでもない間違いであるということだ。

四つの禁句

　「モラル・エビデンス」と「モラル・サートンティ」および「強い蓋然性」と「サブスタンシャル・ダウト」という言葉は、今や、説示における禁句である。このほか「心に重大な不確実性を引き起こす疑問」（a doubt that gives rise to grave uncertainty）という定義も、別の最高裁判決で、通常考えられている合理的疑問より程度が高いという評価が下され、罰点がついた。既に見たように「合理的人間が抱く疑問」という定義も、落第である。合理

的疑いと有罪の証明については、米国の学会や歴代の最高裁判事の間でも確たる合意はないのである。

だれもが反対しない正解としては次の定義を挙げることができるだろう。

「合理的疑いの余地がない証明とは、すべての証拠を注意深く、公平に検討した後に、被告人が有罪であることについて、あなたを堅く確信させる証明です。検察は、被告人が問われた起訴事実の真実性について合理的疑問の余地なく証明する義務がありますが、あらゆる疑問の余地なく立証することまでは求められていません。合理的疑いとは、理性と常識に基づく疑いで、単に憶測に基づくものではありません。すべての証拠を注意深く公平に検討した後、被告人の有罪を堅く確信した時、あなたは被告人を有罪とし、逆に無罪である真の可能性があると判断した時は、無罪としなければなりません」

以上は、標準的な連邦地裁の定型説示からいいとこ取りをして作成したものだが、「堅く確信させる」（firmly convinced）の代わりに「揺るぎない確信」（an abiding conviction）という表現を使うことも可能である。

刑事と民事の証明度の違い

ところで、刑事裁判の立証と比較すると、民事訴訟の証明の程度は、低くて良いとされている。これは「証拠の優越」（Preponderance of Evidence）といわれ、民事裁判の事実認定の原則である。実際、同じ殺人事件の被告人が、刑事裁判では無罪になり、民事訴訟では過失責任が認定され賠償命令を受けた例がある。それは、両者の証明度の違いに由来する。

絶対的確実性を100％とした場合、事実認定の程度は刑事裁判、民事裁判の順に低くなるが、それを定量的に表現することはできるのだろうか。シカゴ連邦高裁で1997年に出された判決で次のような見解が表明された（Binion v. Chater）。

「証拠の優越という基準は、『おそらくそうであろう』（more likely than not）というルール、つまり原告の言い分が50％以上正しいと判断したら、それを事実と認めるというルールである。合理的疑いの余地のない証明の基準は、もっと高い。おそらく90％か、それ以上である」。

現役の判事が、判決でこれほど率直な見解を表明したのはきわめてまれである。刑事裁判で有罪認定に必要な証明度はミニマム90％、民事訴訟の勝訴に必要なそれはミニマム50％というのがひとつの目安になる。しかし、これはあくまで目安であり、説示で告知する内容ではない。90％と言っても、人によって違うし、普遍的な科学的な基準として設定することは不可能である。もし、説示で定量的な定義をすれば、「90％の証明とは何か」という疑問が出され、混乱が生じて収拾がつかなくなるだろう。だれにも説明できないからだ。訴訟になったら、国（州）側が敗訴するのは必至である。

　それかあらぬか、「合理的疑いは自明の理であり、それ以上の説明の必要はない」という判事もいる。「詳しく定義すればするほど分からなくなり、陪審員に無用の混乱を与える」というのがその理由だが、これは大方の判事の本音である。事実、説示で「合理的疑い」の定義を避け、陪審員に質問されたら、口頭で答えるという横着な判事がいる。

　これ自体、違法ではないが、陪審裁判の核心部分である事実認定について、分かりやすい説明ができない判事、それを放棄する判事は、職務失格ではなかろうか。

　人を刑務所に送ったり、時に、死刑台に送ったりする決定の基準が、統一されていないという事実は、考えてみれば、不合理そのものだ。しかし、それが現実なのである。この現実は、神ならぬ人間が他人の運命を決定することの難しさ、恐ろしさを物語っている。陪審評議で、侃侃諤諤の議論になるのも、実にこの点である。

7

評議

> 合理的人間は世界に自分を合わせようとする。非合理的人間は自分に世界を合わせようとする。だから物事が進むかどうかは、非合理的人間の態度次第である。
> バーナード・ショー

評決理由の公表なし

　陪審は公判終了後、被告人が有罪か無罪かを協議する。これを評議（deliberation）という。評議の内容は、公式の記録としては、残らない。つまり有罪であれ、無罪であれ、その理由は公式には明らかにされないのである。評議の一部始終が録音されたり、議事録として残されたりすることもない。陪審裁判の下では、評決理由は明らかにされない。陪審はただ、有罪か無罪かを判事に告げるだけだ。

　ただ、陪審員が評議の内容を公表することは禁じられていない。評決が終わり、陪審員としての義務を解かれてからである。メディアの取材に応じたり、体験記を出版したりすることもできる。評議内容の公表を全面的に禁止する法案が連邦議会で審議されたことがあるが、実現しなかった。憲法修正1条の言論・出版の自由に抵触するというのが、その理由だ。

　陪審員が任意に第三者に語る「体験談」が、唯一の記録である。具体的に評議がどんなふうに行われ、陪審員が何を根拠に有罪・無罪の判断を下すのか、概観してみたい。ここでは12人の陪審員が全員一致の評決を求められる刑事裁判を扱う。

無記名投票

　評議で最初に行われるのは、陪審長を決めることだ。陪審長は互選されることもあるし、担当判事があらかじめ指名することもある。陪審長が決まる

と、多くの場合、ただちに被告人の有罪・無罪について無記名の投票をする。陪審員は既に公判のすべてを傍聴して、争点を理解し、心証を固めている。この投票で全員一致の結論が出れば、評議なしで評決に達する。しかし票が割れるケースが多く、そこから評議が始まる。

ある陪審裁判の評議

例として1998年8月ニューヨークのマンハッタンで起きた奇怪な殺人事件の陪審評議を紹介する。

この裁判で陪審長を務めたプリンストン大学助教授の歴史学者グラハム・バーネット氏が2001年に体験記"A Trial by Jury"(『ある陪審員の四日間』〔河出書房、2006年〕)を出版し、評議のもようを詳述した。同書に沿って、実際の評議を見てみよう。

事件は以下の通り。被告人の黒人男性(ここではAと呼ぶ)は、買春目的でエスコートサービスを頼み、ある「黒人女性」(Bと呼ぶ)と出合う。AはBの自宅に案内されたが、そこで、その女性が実はゲイの男性であることが分かり、仰天。2人の間にいさかいが起こり、AはBをナイフで刺殺した。検察は、Aを第2級殺人罪で起訴。弁護側は、AがBにレイプされそうになったため、やむをえず殺したと正当防衛による殺人という抗弁を展開し、無罪を主張した。公判は14日間かかった。

判事は、陪審に対し殺意を持った殺人であると認定するなら第2級殺人罪で有罪、殺意はなくとも人命軽視がはなはだしい殺人行為と認定すれば、やはり第2級殺人罪で有罪であると説示した。さらに単に激情にかられて殺したと判断するなら故殺で有罪、正当防衛を認めるなら無罪とするべきであるとも説示した。

評議は12人の陪審員が、それぞれの見解を口頭で表明することから始まった。陪審長を含め8人が正当防衛を認める見解を示唆し、4人が有罪という判断を示した。しかし、正当防衛を認めた8人のうち4人は、被告人を無罪にするべきではなく、何らかの形で罪を償わせるべきであるという見解を同時に表明した。これを受けて陪審長は、まず被告人の行為が正当防衛であったかどうかを論議することを提案。判事に対して書面で「もし被告人の

行為を正当防衛と判断したら、起訴事実は帳消しになるのか」という質問をし、「イエス」の回答を得た。1日目終了。

検察側証人のうそ

2日目は、現場の写真とビデオ映像、および現場で撮影されたAの事情聴取ビデオに加え検察側証人の証言記録やBの電話記録を取り寄せ、あらためて吟味した。その結果、「Bが殺害される前にBのアパートを訪ね、Aがふとんに横たわっていたのを見た」という3人の検察側証人（Bの友人）のうそを発見した。

男性証人のひとりは廊下でBと立ち話をしている時に、部屋の内部が見え、Aがふとんに横たわっているのを見たと証言した。他の2人もドアが完全に開いていない状況で、内部が完全見えたと証言、唯一の女性証人は「Aは性行為が終わって、満足そうな表情をしていた」とも証言した。しかし、現場を撮影したビデオを見ると、ドアが完全に開いていなければ内部が見えない構造になっている。ましてや廊下からはまったく見えない。現場を撮影したビデオを見て初めて分かった発見である。

また3人はAとBは普段からよく会っていて、「愛人関係」にあると証言したが、過去の電話記録をみると、両者は当日初めて会った可能性のほうが高いことも分かった。

犯行後のAを目撃したという証人の信用性も疑われた。当日未明に、Bのアパート近くで見た男について、この証人は法廷でAに間違いないと断定していたが、弁護側の反対尋問の際、4人の黒人男性の写真の中からAを選んでほしいと言われて、別人の写真を指した。この証人は、犯行時間帯の前にBのアパートに押しかけた。Bに「客がいるから出直してほしい」といわれ、2時間ぐらい時間をつぶしてから再び、Bのアパートに行ったという人物である。この証人にはコカイン中毒者の疑いがあった。陪審長は、殺したのはこの男ではないかという疑問すら抱いた。検察側の立証の核心部分を構成する証人が口裏を合わせたように虚偽の証言をしたことは、捜査そのものへの不信感を醸成させた。

正当防衛で論議

　陪審員たちは、検察側の立証について「合理的疑い」を持った。無記名投票を行ったところ、「正当防衛を認める」が8人、「認めない」が1人、態度未定が3人という結果が出た。しかし8人は依然、正当防衛を認めた上で、第2級殺人罪か故殺罪で有罪にするべきだと主張した。BはAが逃亡した時点で瀕死の状態だったことから「Aは救急車も呼ばず、Bを置き去りにして逃げたことについて罰を受けなければならない」と複数の陪審員が主張した。故殺にできないとしても過失致死などより軽い罪で有罪にしてもいいのではないか、という主張である。

　陪審長は「正当防衛を認めるということは、無罪と同じことだ。陪審が判事の説示以外の選択肢を設定し、決定を出すことは違法」と諭したが、ある陪審員は、陪審には拒否権があることを挙げ「判事の説示を無視してもいいことになっている」などと反論、議論が沸騰し、結論が出ないまま終了。

　3日目。「正当防衛を認めて無罪」という判断に大勢が傾く中、2人は強硬に有罪を主張し、陪審長は、ハング・ジュリーを覚悟した。有罪派の陪審員は「Aが正当防衛を主張するなら、自らそれを立証するべきではないか」と言った。言うまでもなく被告人には無罪を立証する責任はない。陪審長は「検察こそAの行為が正当防衛ではないことを合理的疑問の余地なく証明しなければならない。それができていない以上は、われわれは無罪にするべきである」と反論。他の無罪派の陪審員も「Aは無実ではないかもしれないが、検察の捜査はずさんで、有罪の証明が不十分」と同調したが、有罪派は自説に固執。

　4日目。両者のやりとりは感情的になり、見解が対立する陪審員の間では怒鳴り合いが始まり、泣きながらトイレに駆け込む女性の陪審員が出るなど険悪な雰囲気に。有罪派は自説を支える論理に乏しく、次第に声が弱まるが、通算10回目の投票でも無罪10、有罪2と進展は見られず、終了。

　5日目。情勢は、2人を説得して無罪評決を出すか、ハング・ジュリーとするかのどちらかになった。陪審長は、評議が最終局面に入ったことを強調し「立証責任は検察側にあり、その責任はとてつもなく重い。われわれがその立証に合理的疑問を感じるなら無罪にするべきだ。結論を出そう」と訴

え、全員に、あらためて問いただした。そして通算11回目の投票を行い、全員一致の無罪評決に達した。

裁判の成否握る証人

陪審員が有罪・無罪の判断を下す際、最も重視するのは証人の証言である。なぜなら、彼らにとって、法廷における証言（証人）が最も鮮明で間近に接することができる証拠であるからだ。内容だけではなく、その証言態度も重視する。服装、姿勢、言葉遣いなども評価の対象になる。

陪審員は指紋、血液、DNA鑑定など科学的証拠が決定的であることを認識しているが、それらを入手する過程、手段が不法であれば、証拠価値が台無しになることも理解している。証拠を扱う人間（捜査官、弁護士）や証人の信用性が低いと判断すれば、証拠そのものに疑いの目を向けることもある。

陪審裁判で検察、弁護双方に共通するのは、うその証言をする証人を立てることは、自殺行為に等しいということである。たとえ部分的に、あるいは大半について真実を語っても、うそが入り混じった証言は、真実を破壊してしまう。それは証人の信用性を低下させ、検察側にとっては立証の核心部分、弁護側にとっては反証の基盤を破壊する。多くの場合、陪審員は、法廷でひとつでもうそをついた証人の証言は、すべてうそとみなす傾向が強い。証人の信用性こそ、陪審裁判の成否を左右する最大の要素である。だから双方は、反対尋問で、それぞれの証人を攻撃し、信用性の低下を狙うのである。

名作映画の虚構

評議をドラマティックに描いたシドニー・ルメット監督の映画『12人の怒れる男たち』（1957年）は、最初の投票でただひとり無罪に投票した陪審員が検察側の立証の不備を次々に暴き、父親を刺殺したとして起訴された少年を無罪評決に持ち込む物語である。主演のヘンリー・フォンダが評議の中心になり、有罪を主張する11人を無罪の判断に変えていく展開が見所である。

これを意識して作られた映画 "We the Jury"（邦題名＝「告発文書2」、1996年）は、人気キャスターの女性が、家を出て愛人と暮らす夫を銃で撃ち、殺人罪で陪審裁判にかけられる物語である。検察は、計画的で殺意を持った殺人であったとして第1級殺人罪で起訴、弁護側は、夫の不実と虐待に耐えかね、激情にかられて行った故殺であると主張した。

評議の冒頭で各自が見解を表明し、故殺7人、第2級殺人2人、第1級殺人1人、無罪1人、態度未定1人という結果が出た。評議を進める過程で、被告人が深夜、愛人宅を訪れ、寝室で寝ていた夫の頭部を一発で撃ち抜いて即死させ、その場で冷静に警察に通報したことや、夫の暴力による虐待があったという主張の根拠が薄弱であることなどを理由に11人が第1級殺人罪に転じた。多数派が少数派の主張に引きずられ、当初打ち出された「軽い罪で有罪」という方向が、「最も重い殺人罪で有罪」に変わり、評決に達するというストーリーである。

いずれも優れた映画だが、評議の実態を反映していない。少数派が多数派の主張を覆して、形勢を逆転させるという事態は現実には起こらないからだ。評議は映画で描かれたようには、進まないのである。

最初の投票で方向決定

1950年代にシカゴ大学が陪審裁判に関する包括的研究を行った。それによると、現実世界では、評決の95％が最初の投票傾向で決まる。最初の投票で有罪の方向が出れば、評議はその方向で進み、有罪評決に至る。逆に無罪の方向が出れば、結局は無罪評決に達する。評議は、多数派が少数派を説得するか、少数派が多数派に歩み寄るかのいずれかの過程をたどる。少数派が多数派を説得するという展開はないのである。少数派が説得されず、歩みよりもせず、自説を貫き続けた時、評議はデッドロックに陥り、ハング・ジュリーになる。その率は約5％である。

陪審裁判の30％近くは、最初の投票で全員が一致し、評決が成立する。かりに100件の陪審裁判が行われた場合、約30件は最初の投票で評決成立、約65件は最初の投票で一致せず、評議後に評決成立。約5件がハング・ジュリーという内訳である。ハング・ジュリーは評議がほぼ尽くされた

時点で、少数派が4人以上いる場合に起こる。

　評議における少数派をホールドアウト（Holdout）という。大勢に逆らう抵抗者、留保する者という意味だ。抵抗者が4人以上の場合、少数派の陪審員は自分と同じ考えの陪審員が4人いることで、判断に自信を持ち、多数派の説得に応じないし、歩み寄らない傾向が強い。抵抗者が3人以下の場合は少数派の陪審員は、自分の判断に自信を持てず、妥協的な姿勢に傾き、説得に応じたり、歩み寄りを図ったりして、多数派の線での評決に同意する場合が多い。

8

陪審裁判の具体例

> カネがあるかどうかで、被告人が刑務所へ行くか、自由な人間として法廷の外に出るかが決まる。
> **ジョニー・コクラン**

砂田さん射殺事件裁判

　事実認定のコンセプトを実際の陪審裁判にあてはめると、どうなるか。対称的なふたつの例を挙げる。ポイントは、ふたつ。①立証責任は検察側にあり、陪審は検察側の立証に合理的疑いが残らないと判断すれば、有罪評決を出す、②弁護側の反撃によって検察側の立証に合理的疑いが残ると判断すれば、陪審は無罪評決を出す。砂田さん射殺事件は①、シンプソン事件は②の例である。

　1994年8月4日夜、ニューヨーク・クイーンズ区で日本人留学生、砂田敬さん＝当時22歳＝が自宅アパートの4階のホールで男2人に襲われ、銃で頭部を撃たれ病院に運ばれた後、死亡した。私は事件発生から裁判終結まで取材した。

　ニューヨーク州クイーンズ検察局は、同区内に住む黒人のアーモンド・マクロード、レジナルド・キャメロン両被告を第2級殺人罪、強盗罪などで起訴し、このうち銃を撃ったとされるマクロード被告の公判が1996年3月11日から、ニューヨーク州クイーンズ地裁で行われた。検察側は、被告人らが強盗目的で砂田さんを襲い、抵抗されたためマクロード被告が銃で撃ち、逃走したと断罪した。これに対して、弁護側は被告人にはアリバイがあり、犯行に使われたとされる銃が見つかっていないなど物的証拠が全くないことを挙げて、無罪を主張した。さらに、自白は強要されたもので、証拠にはならないという抗弁を展開した。

争点は、①弁護側が主張するアリバイが成立するか、②物的証拠がないのに犯行を立証できるか、③尋問のビデオは犯行を裏付ける証拠になるか。この3点である。

　被告人の母親が証言台に立ち「息子は犯行があったとされる日は終日、自宅にいた」と証言した。しかし弁護側はこれを補強する第三者の証言を示すことはできなかった。検察側は被告人のガールフレンドを証人として召喚。彼女は「当日の昼はマクロードとデートをした」と証言した。母親など近親者の証言は、通常、単独ではアリバイ証明にならないことや、少なくとも一日中自宅にいたという証言は信ぴょう性がないことが明らかなったことから、アリバイの抗弁は崩れた。

　問題は、犯行に使われたとされるピストルが見つからず、物的証拠がないことだった。マクロード被告は逮捕後の検事の取り調べで犯行を全面自供し、銃を捨てた場所も告白していた。しかし検察は、捜索で銃を見つけることができなかった。この事件には決定的な物的証拠が皆無だったのである。

ビデオ調書の証明力

　検察側の切り札は、取り調べの一部始終を録画したビデオテープだった。解剖所見によれば、銃弾は右目から入り、斜めに頭を貫通して左側頭部のあごの上付近に抜けていた。銃弾はコンクリートに当たり、跳ね返ってホールの壁に当たったとみられ、壁にはえぐられたような弾痕が残っていた。公判を担当したワソースキー検事は、被告人の自白と解剖所見が一致すると主張した。そして「被告人は、『あいつが空手の構えをして姿勢を低くしたので、右腕を上げて上の方から斜めにピストルを撃った』と自白した」と述べ、犯人しか知り得ない事実が告白されている、と強調した。「強制的自白ではなかったことはビデオを見てもらえば分かる」とも述べた。

　公判4日目、ハナフィ判事はこのビデオを陪審に見せた。陪審員全員が法廷から退席し、隣の陪審室で見たのである（傍聴者やメディアの記者には見せなかった）。

　公判は土日を除いて18日まで、実質8日間行われた。評議は、19日の午前中にも出るとみられていたが、陪審がビデオをもう一度見たいと要望した

ため午後に延びた。私は無罪か、ハングジュリーの可能性が半分以上あると思った。

　陪審室から出てきた陪審員は陪審長を先頭にして陪審席前に起立して整列した。ハナフィ判事が「第2級殺人罪で起訴されたマクロード被告は有罪ですか、無罪ですか」ときくと、陪審長が「ギルティ（有罪）」と答えた。物証が全くないのに陪審は、ビデオの証拠価値を認め、被告人が砂田さんを殺したと認定したのである。

秘密の暴露

　公判後私は、検察局で特別にビデオを見せてもらった。マクロード被告を取り調べたのは、女性の検事だった。弁護士は同席していなかった。「エレベーター内で何があったの？」という質問に被告人は「あいつが空手の構えをしたから撃ってやった」と答えた。「どうやって？」と検事がきいた。「姿勢を低くして、かかってこようとしたから、こうやったんだ」。そう言って彼は椅子から立ち上がり、ブロックするように左手を前にかざし、右手を頭の上に回す格好をした。「上から撃ったの？」と確認を求めた検事に被告人は「そうだ」とはっきり答えた。ビデオは、数時間におよぶ長時間録画で、被告人を正面から撮影し、自白の全容を収めていたが、ハイライトは、この部分だった。

　マクロード被告は、まさに「犯人しか知り得ない事実」を語っていた。これを「秘密の暴露」という。自白は、銃弾の入射角や貫通コースなど解剖所見ともほぼ一致する。しかも語っているときの様子を見れば、強制、誘導はなかったし、拷問もなかったことは明白だった。

　陪審は、このビデオを見て、有罪評決を出した。評議の時間は、昼食を挟んで約6時間であった。おそらく、この尋問ビデオを証拠とするかどうか最後までもめたのだろう。そして、ビデオが被告人の犯行を合理的疑いの余地なく証明しているという判断で一致したとみられる。

　もし捜査当局が、取り調べを録画していなかったら、陪審は「自白は強要されたもの」という弁護側の主張を受け入れた可能性が大きい。物証がない以上、検察側が敗北してもおかしくないケースである。少なくとも、全員一

致の有罪認定にならず、ハングジュリーになっていたと思われる。それを救ったのは「ビデオ調書」だった。

陪審12人のうち8人が黒人またはヒスパニックと呼ばれる中南米系の米国人だった。これは、犯罪が起きた地区の居住者の人種比率をほぼ反映しているものだ。

27日後の4月16日、ハナフィ判事はマクロード被告に懲役25年から終身刑の判決を言い渡した。また共犯のキャメロン被告は、司法取引に応じ、懲役3年9カ月から11年3カ月の実刑を受け入れた。

証拠保全ミスで敗北

もうひとつの例として、前妻ら2人を殺害したとして第1級殺人罪で起訴された黒人の元フットボールのスーパースター、O.Jシンプソンの裁判を挙げる。これは、米国における陪審裁判の功罪を最も劇的に浮かび上がらせ、多くの教訓を残した裁判である。

1994年6月12日、ロサンゼルスの高級住宅街にあるシンプソンの前妻ニコル・ブラウン宅で、ニコルとロナルド・ゴールドマンの惨殺死体が発見された。ロス市警は17日、被疑者として前夫のO.Jシンプソンを逮捕した。シンプソンは全面否認した。

公判は11月3日から翌年の9月28日にまで約11カ月続き、陪審は10月2日、無罪の評決を出した。この裁判は、警察、検察がシンプソンの有罪を証明する数々の決定的証拠を握りながら、その扱いを誤ったために、裁判に負けた典型例である。

警察は現場で血染めの左手袋を発見。血痕をDNA鑑定した結果、シンプソンのものと一致した。もう片方の右手袋はシンプソンの自宅の庭で発見され、そこに付着していた血痕のDNAはニコルとゴールドマンのものと一致した。さらにシンプソンの家に接する道路に駐車していた四輪駆動車(フォード・ブロンコ)の車内から血痕を採取。DNA鑑定の結果、両者はシンプソン血液と一致した。また、自宅の寝室で発見された靴下に付着した血痕もニコルのものと一致した。すべてシンプソンの犯行を100％証明する物的証拠である。

しかし、弁護側は、これがでっちあげであると主張した。シンプソンは事件翌日、任意で警察の取り調べを受けた際、警察による血液の採取に応じた。採取量は8ccだったが、鑑定のため検査に回されたのは、6.5ccだった。弁護側は、行方不明になった1.5ccが、血液採取後に現場とシンプソン自宅に出動した警察官によって、シンプソンの手袋、靴下などになすりつけられたり、特定の場所に撒かれたりしたと主張した。

　血液採取に立ち会った警察官が、採取したシンプソンの血を直ちに科学捜査研究所に回さず、ガラス容器に入れた血液を持ったまま、現場に行っていたことが明らかになり、でっち上げ説の根拠になった。またロス市警の科学捜査担当の捜査員が、事件当日の朝から午後にかけて現場で採取した血液などの証拠をきちんと管理せず、ガラス容器に入れたまま、炎天下の道路に駐車した警察車両の車内に長時間放置するなど証拠品のずさんな管理の実態も明らかになった。彼らが素手で証拠を集めていたことも判明した。弁護側は、現場で採取された血液などが「汚染された」と訴え、証拠能力は失われたとも主張した。

検察自滅のパターン

　常識的に考えれば、弁護側の主張はあまりに突飛かつ非現実的で、苦しい抗弁にすぎない。警察の捜査に多少、緩んだところがあったとはいえ、証拠をでっち上げたと思わせるほどいい加減な捜査はしていない。どう見てもシンプソンの有罪は動かない状況だった。

　しかし弁護側は起死回生のウルトラCを出し、でっち上げという主張が、突飛でも非現実的でもないことを証明した。事件翌日の未明、ロス市警の刑事4人が、ニコル邸から約3キロ離れたシンプソンの自宅に行った。前妻が殺されたことを知らせるのが目的だったとされ、令状はなかった。そのひとり、マーク・ファーマン刑事は、邸内の外に止められていた無人の白いフォード・ブロンコのドアノブに血痕のようなものがついているのを発見、さらに後部荷台に「シンプソン・エンタープライズ」と書かれた垂れ幕が置かれているのを見て、シンプソンの車と確信した。シンプソン邸の呼び鈴を押したが応答がなかった。この時点で、シンプソンは被疑者になった。邸内で

犯罪が起きている疑いがあるという理由で、ファーマン刑事は塀をよじ登り、邸内に入り、庭で血の付いた右手袋を発見した。ニコル邸の現場で発見された左手袋と対になるものだ。

しかし大手柄を立てたその刑事が、極め付きの人種差別主義者であることが暴露された。女性の脚本家とのインタビューで黒人を「ニガー」と何度も呼ぶ長時間テープが証拠として採用され、一部が法廷で再生された。弁護側が「発掘した」証拠である。検察側証人として出廷したファーマン刑事は、「過去10年、『ニガー』という言葉を使ったことはない」と宣誓証言していた。彼が検察側証人として法廷で行った証言の信ぴょう性はゼロになった。それだけではない、「彼ならでっち上げもやりかねない」という疑惑が一気に浮上した。

これによって形勢は完全に逆転した。ファーマン刑事は、憲法修正5条を盾に弁護側の反対尋問を拒否したが、これが「でっちあげ疑惑」を深める形になった。

これに加え弁護側は、被害者ふたりの遺体の状況から単独犯行は不可能で、複数が犯行にかかわっていた可能性が高いとする法医学者（コネティカット州検死局長）の見解を法廷で証言させた。検察側は有効な反論ができなかった。

無罪と無実の違い

公判が終わり、陪審は評議を始めてからわずか4時間で、無罪の評決を出した。いい加減な捜査、お粗末な証拠保全と稚拙な情報管理。検察は弁護側にそこを突かれ、勝てる裁判に負けたのである。弁護側の策略によって主要争点が人種問題にすりかわり、陪審は証拠よりも警察に対する反感と被告人への同情から無罪判決を出したという批判が出たが、これは検察側の弁解でしかない。定石とおり証拠を収集、管理していれば、簡単に有罪を勝ち取れるケースだったのである。

黒人女性の陪審員ブレンダ・モランは、評決終了後の記者会見で、評決過程を語った。最初の無記名投票の結果は、無罪10票、有罪2票だった。その後、証拠の再検討を全員で行った。約4時間後再度投票を実施したとこ

ろ、2人が有罪から無罪の判断に転じ、全員一致で無罪評決に達した。
　彼女は一貫して無罪に投票した。最大の根拠は、検察側証人の信用性である。裁判で、捜査に携わった複数の警察官が証言したが、その多くに陪審員の疑いの目が向けられた。特に、シンプソン邸で血染めの手袋を発見したファーマン刑事に対する信用性はゼロに近いもので、彼女は暗にファーマン刑事を指して「手袋はだれかが、意図的に置いたものだったと思う」と断言した。シンプソンは、法廷で、その手袋が小さくて手にぴったりとはまらないことを実演して見せたが、彼女は、これも無罪と判断した理由のひとつであると語っている。陪審員から総スカンを食ったもうひとりの刑事は、事件直後、シンプソンの了解を得て採取した血液を容器に入れたままシンプソン邸に行った主任捜査官だ。採取した血液は8cc、科捜研に回された時点で、1.5cc減っていたことが弁護側の調査で明らかにされた。減った分が、シンプソンに罪をなすり付けるために使われたことを疑わせる事実である。
　逆に、警察側のずさんな証拠管理を指摘し、「単独犯行の可能性は小さい」と証言した弁護側証人の法医学者の証言について彼女は信用性が高いと判断した。これらを合わせて無罪の根拠としたのである。他の陪審員も同様の見解から無罪に投票したと思われる。当初、有罪に投票した2人の陪審員が、無罪に転じた理由も同じである。
　ファーマン刑事が黒人差別を公然と行ったことが事実としても、それによってDNA鑑定の圧倒的証明力が覆されるわけではない。「山のような証拠」をただのガラクタにしてしまったのは、ただただ検察の無能・無力だったとしか言いようがない。
　一方、弁護側は警察による「でっちあげ」を立証できなかったが、やったかもしれないという疑念を陪審の心に深く埋め込むことに成功した。「警察が被告人を犯人に仕立て上げるために何か違法なことをやったのではないか」という合理的疑いが色濃く残った。それが、無罪評決の理由である。ある白人の陪審員は評決後、あるメディアに「シンプソンは2人を殺したと思う。が、検察はそれを合理的疑問の余地なく証明することができなかった」と述懐した。この言葉にすべてが象徴されている。シンプソンは無実ではないが、無罪になったのである。

第 2 部

刑事法
Criminal Law and Procedure

9

刑事手続の原則

> 被告人を違法な方法で有罪とすることは、本当の犯罪者と同じくらい私たちの生命と自由を危うくする。
> **アール・ウォーレン（第14代米連邦最高裁長官）**

修正4、5、6条の重要性

　米国の司法制度の根幹を理解するためには憲法の修正4条、修正5条、修正6条を理解することが必須である。これらの条項は、国家権力の不当な強権発動から市民を守るという趣旨で国の最高法規に盛られた。専制政治を防止し、権力犯罪に歯止めをかけるための条項であり、米国の刑事手続の本質が具現化されている。これらの規定があって初めて、陪審制度が可能になる。逆に言えば、陪審制度が十全に機能する法的環境をつくるためにこれらの条項が憲法に盛られたともいえる。

　修正4条は「不当逮捕の禁止」を定めている。ここで明確に規定されているのは、逮捕令状がなければ逮捕はできないこと、そして捜索令状なしで行われた家宅捜索によって得られた証拠は無効であるという点である。全文は以下の通り。

　「身体、住居、書類、所有物の安全を確保する人々の自由を不合理な捜索と押収によって侵してはならない。宣誓と確約によって裏付けられた相当な理由がなければ、令状は発行されてはならない。また、捜索する場所、逮捕する人および押収するものが特定されていなければ、令状は発行されてはならない」。

　これを補強する条項として、捜査当局による刑事被告人の取り扱いを定めた修正6条がある。

　「刑事訴追を受けた被告人は、訴追の内容と理由について告知される権利

を持つ。そして自分に敵対する証人と対決し、自分に有利な証人を強制的に出頭させ、自分を守るため弁護士の支援を受ける権利を持つ」。

　米国では警察による被疑者取り調べの席に弁護士が同席できる。その法的根拠は修正6条に由来する。資力のある被告人は、逮捕の段階から高額で優秀な弁護士を雇う。資力のない被告人は、公選弁護人（Public Defender）がつけられる。

　連邦政府と州政府は貧困な被告人（Indigent Defendant）に対して公費で雇った弁護士をつけなければならない。政府は、特定の弁護士もしくは弁護士事務所との間で契約を交わし、弁護を引き受けてもらうという形をとる。日本では2006年10月より、一部の事件について起訴前より国費で弁護士がつくことになったが、米国では、逮捕の段階からつけることができる。

　公選弁護人の報酬は州によって異なるが、時給20〜40ドル程度。死刑裁判の被告人の公選弁護人に対しては時給100〜300ドルが支払われる。公選弁護人は、民間の高名な弁護士に比べ、報酬が少なく、経験が浅い者も多く、さほど頼りにならないケースが少なからずあることは否めない。特定の政治的イデオロギーを信奉する弁護士団体や個人が無報酬で弁護を引き受けることもある。

黙秘権

　修正5条は、黙秘権の保障を定めている。

　「何人も刑事裁判で、自分が自分に対して不利な証人になることを強制されない」。これは「自己負罪拒否特権」と訳されているが、「黙秘する権利」と言い換えることができる。逮捕された被疑者が、取り調べに完全黙秘しても、それを理由に有罪の推定をしてはならないと定めたものだ。これは、陪審裁判にも適用される。被告人が、修正5条の権利を行使して、法廷で一切の証言を拒否できる。さらに、この規定は捜査当局に対し、拷問などの手段で容疑者の自白の強要することを禁じている。

　英語で黙秘することを「修正5条を使う」（Take the Fifth Amendment）と表現することがあるが、これは修正5条に規定された黙秘する権利を行使するという意味だ。

これらの条項を総括する規定として修正5条のデュー・プロセス規定（Due Process of Law）がある。
　「適正な法のプロセスを経ることなく生命、自由、財産を奪われることはない」。
　デュー・プロセスとは、公の組織、機関が人を罰するなど市民に大きな影響を与える行為をする時、それを正当化する法律的根拠が、形式的にも実質的にも厳格かつ完全でなければならないという規定である。米国の法体系を貫く原則である。
　あらゆる政府機関は、法律、規則、規定に基づく厳格な執行をしなければならない。そして法の適正な手続を経ないで決められた独断的、恣意的、差別的な法律、命令、指示は無効であり、それを強制することは、憲法違反である。修正5条はそう定めているのである。これは、警察、検察にとって捜査上の大きな壁であるとともに、最高の指針である。
　長い間、デュー・プロセスの解釈として一般的だったのは「法律や条例、規則の制定過程など手続的、形式的な側面がきちんとしていれば、違憲ではない」とする考え方だったが、第二次大戦以降は「制定の趣旨、目的など実体的な面も考慮しなければならない」という積極的解釈が支配的になった。

ミランダ・ルール

　これらの条項に基づき米国の刑事手続に「排除のルール」（Exclusionary Rule）という決まりが成立した。具体的には、現行犯を除いて、令状のない捜索・押収によって捜査当局が収集した証拠は無効とされ、被告人を有罪にする証拠として使えなくなるというルールである。
　さらにそれを一層強化する規定として1966年、ミランダ・ルールができた。レイプ容疑で逮捕されたアーネスト・ミランダという男が、修正6条の「弁護士の支援を受ける権利を与えられなかった」として、違憲訴訟を起こした。連邦最高裁は、ミランダ勝訴の判決を出し、次のルールを義務づけた（Miranda v. Arizona）。
　警察官は逮捕の際、被疑者に対して次の点をはっきりと告知しなければならない。①あなたには黙秘する権利がある、②供述は不利な証拠として使わ

れる、③警察官の取り調べを受ける際、弁護士の立ち会いを求める権利がある、④国が弁護士を雇ってあげることができる。原告の名前にちなんで、ミランダ・ルール（Miranda Rule）、あるいはミランダ警告（Miranda Warning）と呼ばれる。

　この告知を忘れると、逮捕が無効になり、それに基づく捜査によって得られた証拠も無効にされてしまう。これは警察官が被疑者を逮捕する際の最重要順守事項のひとつである。ミランダ・ルールを忘れたため、その後の被疑者の自供や供述が法廷で不採用になったというケースは実際にある。ミランダ・ルールは、わずかな手続ミスのために「真犯人」の釈放を許す悪法として、警察、検察など捜査当局には不評だが、デュー・プロセスを踏まない捜査は、違法とされてしまうのである。

　米国の司法界に排除のルールが浸透しているのは、警察官の捜査がしばしば強引で、人権を無視した違法捜査が少なくないことの反映でもある。実際、排除のルールを抗弁として使うのは、弁護側の最もポピュラーな戦術のひとつである。弁護側からみて、抗弁の余地なしという事件でも、警察のミスはひとつやふたつはみつかるものだ。それを誇張、極大化して「違法捜査」と主張するのである。私にはこんな経験がある。

　ニューヨーク市のマンハッタン北部にワシントン・ハイツと呼ばれる地区がある。マンハッタンの北部は一般にハーレムと呼ばれるが、その中でワシントン・ハイツはとくに「危ない地域」だ。1995年4月21日未明、覆面パトカーで警ら中の警察官が、ワシントン・ハイツの一角（176丁目とアムステルダム街の角）に二重駐車していたミシガン州ナンバーの車を不審車と見て近づいた。その瞬間、不審車のまわりにいた4人の男がトランクを持って一目散に逃げ出した。警察官は、不審車の中にいた黒人女性を任意で事情聴取、車のトランクを開けさせ、190キロのコカインと13キロのヘロインを押収した。

　女性はミランダ警告を受けた後、麻薬所持の現行犯で逮捕され、取り調べに対し、麻薬の運び人であったことを自白した。彼女はこれらの麻薬をニューヨークの組織に100万ドルで売り、20万ドルの手数料をもらうことになっていた、とも自白した。40分におよんだ詳細な自白はビデオに収められ

た。

　彼女はマンハッタン連邦地裁に起訴され、ビデオと押収された麻薬は証拠として法廷に提出された。逮捕された時の状況、押収された麻薬および自白の内容を考えれば、ほぼ完璧な立件であり、最高で終身刑、最低でも禁固10年の判決が予想された。

　ところが、連邦地裁の判事は、このふたつの決定的証拠を裁判から排除するという驚くべき決定を下した。「ふたつの証拠は違法に収集されたもので、犯罪を証明する証拠として採用できない」というのが、理由である。弁護側は「警察官がトランクを捜索した行為を正当化する合理的な理由はなく、それによって得られた証拠には排除のルールが適用されるべきだ」と主張し、判事はそれを認めたのである。さらに判事は「警察官の行為はワシントン・ハイツの住人、黒人に対する偏見と人種差別感から発しており、捜査は違法だった」とも述べた。これを聞いた時、私は、一瞬、耳を疑った。

　未明のワシントン・ハイツに、二重駐車をしている車がある。その回りを4人の男が取り囲んでいるという状況は、犯罪捜査に着手する十分な理由になる。麻薬取引の現場である可能性が非常に高いからだ。警察官たちが駐車違反を確認した上で、運転者に職務質問し、任意でトランクを開けさせて捜索したのは、セオリーに忠実な適法な捜査である。

　「米国には、おかしな判事がいる」と思った。これが違法というなら、麻薬犯罪捜査は不可能になる。そこに排除のルールを適用し、捜査が人権侵害であるというのは、ナンセンス以外の何ものでもない。

　検察の異議申し立てによって、翌々日、この判事は一転して判断を覆し、証拠をすべて採用する決定を下した。

　この裁判では、弁護側から見ても、排除のルールが唯一の抗弁であり、ほとんど苦し紛れの弁解にしかすぎなかった。が、判事はそれにやすやすと乗せられたのである。それ自体、排除のルールが有効な弁護戦術として多用されていることを物語っている。警察、検察にとってはわずらわしいルールであり、犯罪者を有利にする不当なルールとして悪評が高い。

　しかし、2000年6月、連邦最高裁はミランダ・ルールの合憲性をあらためて認め、その必要性を支持する判決を出した（Dickerson v. United

States)。「ミランダ・ルールの告知義務を果たさなくても証拠採用はできる」と判断した連邦高裁判決を全面破棄したのである。判決を書いたのは保守派の筆頭レンキスト長官（当時）である。ミランダ・ルールが、確固とした決まりであることを再確認したのである。

10

司法取引

> 司法取引の問題点は、量刑の値引きをすることだが、われわれは、現行のシステムでは達成できない量刑の迅速性、確実性、最終性を確保するために、値引きを行わざるを得ない。
> **ニューヨーク州地裁ハロルド・ロースワックス判事**

裁判なしの略式手続

　米国の司法制度には陪審と並んで、司法取引という、もうひとつの独特の制度がある。検察と被疑者（被告人）が交渉によって裁判なしで有罪の決着に持ち込む制度である。これを答弁取引（Plea Bargaining＝プリ・バーゲニング）という。「答弁」という言葉が法律用語としてなじみが薄いので、便宜的に「司法取引」と訳されている。実際の交渉は、弁護士と検事の間で行われる（司法取引は逮捕から判決直前まで、どの段階でも行われるので、当事者が被疑者だったり、被告人だったりする。以下の叙述では、便宜的に被告人あるいは弁護側と書く）。

　Plea は本来「訴訟」という意味の用語だったが、それから転じて、「被疑事実に対する答弁あるいは抗弁」という意味の法律用語になった。日本語の法律用語には、これに相当するものはない。Guilty Plea は有罪答弁、Not Guilty Plea は無罪答弁である。前者は基本的に被疑事実を認めて裁判なしで有罪を受け入れること、後者は被疑事実を否認して裁判で検察側と争うという意思表明である。司法取引は、その中間になるが、カテゴリーとしては有罪答弁の変型である。

　有罪答弁と司法取引は、裁判を省略して有罪を確定させる方法、つまり略式手続である。その手続は、かなりの程度、慣習化され、形式化しているが、そこに「取引」という要素がからんでくるのが特徴である。

司法の世界において「取引」という言葉には不快な響きがある。代わりに答弁合意（Plea Agreement）という表現を使うべきだという声が一部にあったが、プリ・バーゲニングという言葉は、米国の司法界に完全に定着している。これは、ある商品をめぐって売り手と買い手が、丁々発止のやりとりをして、価格を決めるのと同等の行為である。実際、警察官、検事、弁護士、判事たちは司法取引を指す言葉として日常的に、そのものずばり Deal（取引）という表現を使っている。

取引対象は訴因と量刑

　司法取引とは、被告人が裁判で受けると予想される判決より刑が軽くなるという期待の下に特定の罪について検察に有罪を認めることである。取引の対象になるのは、起訴罪名（訴因）と量刑だ。検察は、罪状に見合った罪で被告人を起訴し、最高刑を負わせたいと図る。被告人側は、できるだけ軽い罪、少ない量刑で済ませるべく反撃する。両者の軟着陸点を交渉によって探ることが、司法取引である。通常、検察側が、被告人に対し、一部の訴因を取り下げたり、縮小したりして、より軽い罪を認めれば、重い罪で起訴しないと持ちかけ、特定の罪について有罪を認めるよう迫る。この際、被告人がすべての罪で起訴され、裁判で有罪判決を受けた場合に想定される刑より軽くすることを検察側が約束する。被告人側がこれを受け入れ、両者の合意を判事が認めると、取引が成立する。

　連邦事件では、①検事と弁護人が交渉して合意した量刑を検事が判事に提案し、判事が承認、②同様に軽い求刑で合意、量刑は判事に一任という二つの形態がある。①は合意した量刑がそのまま判決になる。②は判事の判断で、求刑通りの量刑で判決が言い渡されることもあるし、それを上回ることもある。

　連邦刑事訴訟規則は、被告人と検事の交渉に判事が参加することを禁じている。ほとんどの州が①か②の形式を採用している。特異な例として、判事が検事と弁護士を呼び、量刑を提案、これに沿って三者協議で決めるという形をとる州もある。いずれにしろ、最終的に量刑を決めるのは判事である。検事と弁護士の取引の内容が余りに不穏当であれば、判事がその量刑を承認

せず、差し戻すこともある。

弱いケースは取引

　1978年、司法省が「米国における司法取引」という調査報告書を発表した。司法取引に関する初の包括的調査である。それによると、検察が司法取引に持ち込むのは以下のケースである。
　①証拠が弱く裁判になれば負ける可能性が高いケース（弱いケース）
　②起訴できる罪（訴因）が多数あるケース
　③被告人が未決囚として長期間、拘置されているケース
　④共犯者が減刑や免責を条件に主犯の罪状について有力情報を提供し裁判で検察側証人として証言することに同意したケース

　この中で、圧倒的に多いのが①と②だ。検察は、複数の訴因をひとつに絞ったり、その訴因を軽いものに下げて量刑を軽くしたりする取引を打診することが多い。検察は裁判に持ち込ませないために、必要なら大幅な値引きをする。弱いケースを起訴し、陪審裁判で無罪にされて「犯罪者」を野に放つより、量刑を半分に値引きしても有罪答弁を引き出し、刑務所に送り込んだほうがいいと考えるからだ。「パン半斤」論と言われる。Half a loaf is better than none（パン半斤でも、ないよりはまし）という格言から採られている。

　ケースが弱ければ、半値どころか10分の1に引き下げることもある。たとえば、第1級殺人、住居侵入、銃の不法所持容疑で逮捕されたAに対し、検察側が「第2級殺人罪で有罪を認めないか」と持ちかけたりする。連邦法とすべての州法で最高刑が死刑か終身刑とされる第1級殺人罪を裁判で有罪に持ち込むためには「明確な殺意の下に、事前に計画されたものであること」を検察が立証しなければならない。それには目撃証言や物的証拠が必須だが、決定的なものがない場合、検察側は、第1級殺人罪から一段落として第2級殺人罪にし、その他の罪は起訴しないとAに提案することがある。Aが受け入れれば、少なくとも死刑にならずに済む。その場合、Aは禁固（もしくは懲役）25年以上を受け入れなければならない。それでも取引が成立しなければ、検察側はさらに段階を下げ、故殺（マンスロータ―）や過失致死を提示して、取引を迫るかもしれない。その場合、10年から1年

ぐらいまで値引きされることがありうる。どのあたりで決着するかは、検察が持つ証拠の有効性で決まるが、検事の裁量と弁護側の交渉能力に負うところも多い。

90％は司法取引で決着

　軽犯罪は逮捕後の早い時期に、ほぼ100％司法取引で決着する。重罪は起訴後までもつれ込むことが多い。刑事手続の初期段階では、とりあえず否認しておき、検察の持ち札（証拠）の詳細が明らかになったところで有利な司法取引に持ち込み、裁判で勝てるという目算がついたら取引を拒否して裁判に持ち込む被告人もいる。司法取引は、逮捕から評議までのどの段階でもできるからだ。

　検察側は裁判で負けることはないという自信があれば取引はしない。殺人事件で、犯行の一部始終が監視ビデオに映っていたり、指紋や血痕のDNAが一致したりするなど物的証拠が万全であれば、被告人側に無条件で有罪答弁をするよう迫ることができる。検察側から見て100％有罪答弁を得られる事件は「一撃必殺のケース」（Dead Bang Case）といわれる。これは、量刑について検察の譲歩がないから、司法取引ではない。が、この場合でも被告人が犯行を全面的に自白し、反省していることが明白なら、減刑はしなくとも何らか便宜を図ることがある。たとえば「家族が住む所に一番近い刑務所に収監されるように手配する」といった便宜である。有罪答弁とはいえ、検察側が、自白を引き出すために何らかのインセンティブを与えることが多いので、陪審裁判に持ち込まないで処理されたすべてのケースは事実上、司法取引とみて良いのである。

　重罪であれ、軽犯罪であれ検察は、被告人が有罪答弁をした事件と司法取引が成立した事件を即座に起訴する。これをインフォメーション（Information）という。日本では交通違反などの軽犯罪がインフォメーションと似た略式裁判手続によって処理されることから、便宜的に略式起訴と訳している。これを受けて判事がただちに判決を出す。米国の刑事事件の約90％は、有罪答弁と司法取引によって処理されている。つまり、米国では裁判を経ない略式手続によって最終処分される刑事事件が圧倒的に多く、裁

判に至るケースは10%にすぎないのである。

　検察側のメリットは、裁判で敗訴することがなくなり、時間と費用の節約が図れること。司法取引事件について検察は基本的に追加捜査をしないし、証拠調べもしないことが多いので、捜査費用と人的資源を大幅に節約できる。弁護側にとっても裁判で負け、厳しい実刑判決を受けることがなくなるという利点がある。

司法行政の潤滑油

　司法取引は19世紀終わりから本格的に導入された。憲法違反という批判にもかかわらず、制度は急速に広がった。1971年、司法取引の合憲性が争点になった判決で、当時のバーガー連邦最高裁長官は「司法取引は司法行政の重要な要素」と位置付けた上で「起訴から処分までの時間の縮小に役立つ」と評価し、積極的に活用するべきであると評価した。

　連邦刑事訴訟規則に司法取引についての詳細な規定が盛り込まれたのは1975年。これ以降、司法取引は米国の司法制度に完全に定着した。これを廃止したら、すべての事件が裁判にかけられ、法廷はパンク、司法行政も麻痺し、予算も増大する。1970年、バーガー長官は「司法取引による決着率が10%減ると司法予算は2倍、20%減ると3倍に増える」と述べた。陪審裁判に比べると、司法取引のコストパフォーマンスは抜群なのである。1975年に司法取引を廃止したアラスカ州が5年後に復活させたのは、このためである。良くも悪くも司法取引は司法行政の潤滑油として機能している。

　司法取引は米国で発明された大量生産方式の司法版といえるかもしれない。刑事事件という半加工品がベルトコンベアーに載せられ絶え間なく裁判所に運ばれてくる。それらは検事、弁護士、判事の共同作業によって手際良く完成品に仕立てられ、正義という名の倉庫に納められる。その倉庫には「実刑の有罪」、「保護観察の有罪」、「執行猶予の有罪」という棚はあるが、「無罪」という棚はない。

　こうした正義の大量生産の構図は「アメリカのビジネスはビジネスである」というカルビン・クーリッジ大統領の有名な言葉を想起させる。米国に

おいては、司法もビジネスである。そこには派手なパフォーマンスやドラマはない。ただ機械的に着実に、事件が処理されていくだけである。

憲法違反との批判も

「司法取引は、脅迫や利益誘導によって有罪答弁を強制、人権を踏みにじる制度であり、憲法修正6条（陪審裁判を受ける権利）や憲法修正14条（適正手続）に抵触する」という批判は、当初からあった。しかし連邦最高裁は司法取引の合憲性が問われた訴訟で、その都度、合憲の判断を下している。

そもそも司法取引は、ビル・オブ・ライツ（憲法修正10カ条）の人権擁護規定を被告人が放棄するところに成立する。司法取引の際、検察は取引が憲法的諸権利の放棄を前提にすることを十分に説明し、被告人側の理解を得る義務がある。被告人が権利を追求すれば裁判になり、放棄すれば、司法取引に入るという建前になっているのである。だから司法取引は、人権侵害にはならず、憲法に違反することもないというのが最高裁の判断である。

連邦最高裁は1969年、次のような見解を出した。「司法取引は被告人が自己負罪拒否特権、陪審裁判を受ける権利、敵対証人と対決する権利を含むいくつかの憲法的権利を放棄することによって行われ、それ自体、有罪判決である」（Boykin v. Alabama, McCarthy v. United States）。このほか黙秘権、すべての証拠と証人を要求する権利、裁判で証言する権利も放棄することが、司法取引をする前提条件である。ただし、弁護士をつける権利は保障される（弁護士が関与しない司法取引は認められない）。

批判派が問題にするのは、裁判で有罪になった場合の実刑と司法取引による量刑の差を極大化させて、裁判になることを阻止しようとする検察のやり方である。自白する者には大幅な「値引き」をし、裁判で決着をつけたいとして被疑事実を否認する者には、最大限の求刑をするという報復的なやり方を裁量権の濫用であると批判するのである。

自主的判断なら合憲

確かに司法取引には「裁判を受ける権利を思いとどまらせる効果」がある

と最高裁も認めている。しかし、検事が、暴力、脅迫、欺罔（ぎもう）によって被告人を司法取引に誘導するのは違法だが、被告人が自主的な判断で選択するなら問題はないというのが最高裁の見解である。これが守られるかぎり、司法取引は合憲なのである。

　具体例を挙げよう。ケンタッキー州の検察が88ドルの小切手を偽造した罪で、ポール・ルイス・ヘイズを起訴した。ヘイズは過去に重罪のレイプと強盗で2度有罪になっていた。同州は小切手偽造罪を重罪とし、州刑法は罰則として懲役2年から10年と規定していた。同時に重罪で3度有罪になった者を終身刑にすることを定めた、いわゆる「三振法」を施行していた。検事はヘイズに「裁判に持ち込むなら三振法に基づき終身刑を求刑するが、司法取引に応じるなら小切手偽造罪だけで起訴し、懲役5年にする」と持ちかけた。ヘイズは拒否。陪審裁判が行われた結果、有罪評決が言い渡され、終身刑の判決が下った。ヘイズは「終身刑は司法取引に応じなかったことに対する報復的な量刑で、憲法修正14条に違反する」として最高裁まで争った。

　連邦最高裁は1978年、「裁判と司法取引の選択について被告人は、それぞれ、どのような結果になるか検事から事前に十分説明を受け、自らの意思により裁判を選択した」として、訴えを退けた（Brodenkircher v. Hayes）。

　これに先立つ1970年、最高裁は「司法取引における報復的量刑は違法」としつつ「被告人側が任意に、かつ事情を熟知して（Voluntary and Intelligently）行われたものであれば憲法に違反しない」という判決を出しており、ヘイズ判決はそれを再確認した形となった。さらに同判決は、「検事が有罪答弁を引き出すために被告人に減刑を示唆したり、約束したりして利益誘導を図ることは、人種や宗教あるいはその他の恣意的な理由によるものを除いて検事の裁量権の範囲内であり、合憲である」との判断を示し、司法取引をほぼ全面的に正当化した。

裁量権という魔物

　ヘイズのケースでは、終身刑を禁固（懲役）75年に換算すると、値引き率は15分の1で悪くはない。一方、否認して陪審裁判で争い、敗北した場

合の代償（否認料）は収監75年、検察が提示した刑（懲役5年）の15倍で、とてつもなく高い。これを報復的量刑ではないと言うなら、検事の裁量権の定量的な限界は、ないということだ。

　実際、司法取引における検事の裁量権は、事実上無制限である。だから、検事には裁量権を適切に行使するというモラルが最低限求められる。この点が担保されないと、司法取引はただの談合になってしまう。逆に言えば、司法取引は、悪用しようと思えば、いくらでも悪用できるシステムである。

　裁量権を悪用して、賄賂を取っていたとんでもない悪徳検事の実例がある。ウィンスコンシン州ウィネバゴ郡のジョセフ・ポーラス検事長は1998年から2000年にかけて自ら手がけた司法取引事件22件を不起訴にするか、刑を軽くするという便宜を図り、見返りに被告人の弁護士から合計4万ドル（400万円）の賄賂を得ていた。弁護士は、元検事で、検事長の部下だった。

　たとえば、同州では血中アルコール度0.18％の状態で運転して捕まった者には強制的に禁固刑が科せられるが、これを単なる無謀運転とし罰金刑にしてやり、2500ドルをもらうなど22件について各々の弁護料の半額を賄賂として受け取っていた。検事長は収賄と脱税の罪で有罪となり、2004年8月、禁固4年8カ月の実刑判決を受けた。

　判決は、この事件について「カネさえ積めば、実刑を免れることができる」という司法取引に関する誤ったサインを不特定多数の市民に与えた、きわめて重大な犯罪であると述べ、厳しい実刑を言い渡した。検事の裁量権の濫用は、司法取引の崩壊、ひいては司法システムそのものの瓦解を引き起こしかねない重大性を帯びている。

　自白にはおいしい取引、否認には「極大的量刑」という濫用に近い裁量権の行使は、厳として存在する。10分の1に値引きしてやると甘言でつり、さもなければ10倍の量刑で刑務所にぶち込むと脅されれば、被告人側は心ならずも司法取引に応ずることは十分にありうる。「司法取引は根本的に脅迫的、強制的なものであり、違憲」という評価を下している学者もいる。司法取引が、その一面を色濃く持つことは、否定できない。

　前記の司法省調査によると、イリノイ州クック郡のある地裁判事は、起訴

事実を否認して裁判に持ち込もうとする被告人を「時間と税金の無駄使いを強いる者」とみなし、その分、厳しい量刑を受けるのは当然のこと、と考えている。逆に、素直に有罪を認めて取引に応ずる被告人の刑は軽くする。前者は、検察と裁判所に無駄をさせることに対する「報復」であり、後者は無駄を省くことに対する「報償」である。ある判事は、「有罪答弁は更生の一歩の証しであり、それを評価して減刑にする」とも述べている。

司法取引という実務の現場では、法の厳格な適用という原則は薄れ、検事や判事の裁量と弁護士の交渉能力によって量刑が決まる。だから量刑が恣意的になり、結果的に不公平になるのは避けられない。

グリーンリバー連続殺人

具体例を挙げよう。1982年ワシントン州シアトル郊外のグリーンリバーの河川敷で女性の絞殺体が見つかり、以後1998年まで、同一犯の犯行とみられる50件以上の連続殺人事件が起き、「グリーンリバー殺人事件」として全国の注視の的になった。

被害者はいずれも家出、ヒッチハイク、売春などをしていた女性。2001年11月、警察当局は同州キング郡に住む塗装工のゲリー・リッジウェーを殺人容疑で逮捕。検察は、証拠が揃った4件について第1級殺人罪で起訴した。検察は、当初、死刑を求刑する方針だったが、リッジウェーから「終身刑にしてくれれば、すべて自白する」という司法取引を持ちかけられ、熟慮の末、これに応じた。最高刑を死刑としている同州で、4人を残虐に殺害した被告人に死刑を求刑しなければ、今後、殺人事件の被告人に死刑を求刑できなくなる、という理由から検察は当初、取引に応じなかった。しかし、被告人を死刑にすれば、4人以外の被害者の遺体は永久に見つからず、犯行の動機や方法の詳細を解明する機会も永遠に失われる。検察は、遺族の意向を確かめた上で、取引を決断した。結果、公判が延期され、約2年にわたる追加捜査によって検察は合計48人の殺害を立証し、あらためて起訴した。2003年12月、地裁判事は陪審の有罪評決を受けて「連続48回の終身刑とし、仮釈放は認めない」という判決を出した。

捕まった当時、リッジウェーは52歳。20年余りの間に少なくとも48人

を殺し、捜査の手から逃れてきた。検察は、70人から90人を殺した可能性があるとみているが、リッジウェーは「覚えていない」と追及をかわした。この男は、「最初から殺す目的で女性を襲った」と遺族を前に公判で証言した。ある段階からは、連続殺人の「記録達成」を意識していたふしがある異常な犯罪者だ。間違いなく米国史上最悪の殺人鬼である。そんな「怪物」にも司法取引は適用され、検事の裁量で終身刑に「値引き」できるのである。

捜査協力で減刑

　捜査協力型の司法取引にも触れておく。これは、ある犯罪の共犯者が裁判で検察側証人として主犯の犯行を裏付ける証言をするという条件で、検察が減刑を約束する取引である。

　例を挙げる。1996年秋、ニューヨーク市警三十分署の大掛かりな内部腐敗事件が摘発された。麻薬捜査を担当する複数の警察官が密売組織から押収した麻薬と現金を組織ぐるみで横領して山分けしたほか、その麻薬を密売組織に横流しして不正な金銭を得ていた。連邦地検が麻薬所持、譲渡などの罪で十数人を逮捕したが、証拠が弱く起訴はおぼつかなかった。そこで地検は逮捕した警察官のうち8人に減刑と引き換えに犯行の全容を自白するよう迫り、取引に成功。全員を起訴し、有罪を勝ち取った。8人の中で最も詳細な証言をした警察官の刑は保護観察4年、罰金2000ドル、ボランティア活動300時間という軽い刑だった。本来の罪のほか脱税、司法妨害、虚偽証言の最高刑を合算すると懲役48年。「おいしい取引」の典型だろう。

　減刑からさらに一歩踏み込んで、その罪については起訴しないと検事が約束するのが免責合意（Immunity Agreement）である。これは、無罪とは違う。被告人側が約束に違反すれば、免責は解除され、起訴されるからだ。汚職事件、麻薬密売事件、マフィアなど組織犯罪を摘発したり、難事件の突破口を開く捜査手法として多用され、大きな成果を挙げている。大規模な汚職事件では、免責という伝家の宝刀がなければ、巨悪の摘発は難しい。

　ロッキード事件で、検察庁は米国の検察当局にロッキード社のコーチャン前副会長への嘱託証人尋問を依頼した際、免責を付与した。同氏は米国の検事にすべてを話した。東京地検は、その尋問調書を証拠として裁判に提出し

【司法取引】48人を殺したことを認め、終身刑を受け入れる司法取引の合意書に署名するリッジウェー被告。2003年11月5日ワシントン州キング地裁で（写真提供：ロイター＝共同）。

たが、1995年の上告審判決で最高裁は、その証拠能力について「刑事免責は日本の司法制度とは相容れない」と述べ、全面的に退けた。日本司法関係者は、被疑者や被告人が自らの刑を免れるために、共犯者を売るという行為を「公序良俗に反する」として嫌っているようである。

免責に対する日米の認識差

しかし、警察や検察の捜査で、司法取引や事実上の免責は日本でも日常的に行われている。それはひそかに、時として隠微な形で行われている。それを表に出し、刑事免責を刑事政策の一指針として位置付ければ、免責・減刑制度を導入することは可能だ。

問題は倫理的な抵抗感であろう。たとえば、ここに殺人容疑で逮捕されたAとBがいる。被疑事実に軽重はないが、決定的証拠がなく、2人とも死体遺棄罪でしか起訴できない。そこでBを免責にし、犯行の全容を自白させ、それに基づいて物的証拠を確保。Aは起訴して無期懲役を求刑。Bは死体遺

棄罪で起訴し、保護観察付で釈放する。両方とも死体遺棄だけで起訴したらせいぜい2、3年の実刑だ。Aを一生刑務所に閉じ込めておくほうが、2人を短期間で釈放するより社会的正義が果たされ、社会はより安全になるというのが米国の発想。同じ悪行をしたのにBだけ許されるのは、「公序良俗に反する」と考えるのが日本だ。日本は、免責に関する刑事政策において世界のすう勢と逆行している。

司法取引による量刑と本来の量刑との間には相当の差がある。統計がないので一般化できないが、司法省調査に対してある判事は「5分の1になることもある」と述べている。もちろん、個別のケースごとに量刑は異なる。証拠が弱いケースは値引き率が高いし、中ぐらいのケースはそれなりに、強いケースは値引きが少ない。加えて双方の交渉能力も大きな要素だ。優秀な弁護士が無能な検事と交渉すると、値引きは大きくなる。これはスウィート・ディール（おいしい取引）である。逆に弁護士が検事に押されて、値引き率の低い取引に終わることもある。それはハード・ディール（きつい取引）だ。当然、不公平が出てくるが、憲法的諸権利が限定された法律の現場で行われる取引に、もともと法の下の平等という観念はないし、それを期待することもできない。

司法取引の世界には深い闇が横たわっている。裁判と違って、その過程は記録されないし、公開もされない。全体を監視し、評価する人や機関もない。論理と整合性は脇に押しやられ、非合理と不公平が前面に出てくる。何でもありうる世界である。

ビル・オブ・ライツに守られる陪審制度が米国の司法システムの光り輝く一面であるとすれば、司法取引は、その対極にある灰色の世界である。しかし両者は米国の司法システムという同じ銅貨のオモテとウラを形成し、相互依存関係にある。司法取引制度がなければ、陪審制度は十全に機能しない。逆に陪審制度が存在しているからこそ、司法取引が可能になるのである。両者はまさに表裏一体、二本の柱である。

ハーディング事件

捜査の手法として司法取引を利用することも広く行われている。その実際

を説明する。

　1994年1月6日ミシガン州デトロイトでフィギュアスケートのナンシー・ケリガン選手が練習中、何者かに殴打されるという事件が起きた。事件の首謀者とされたライバルのトーニャ・ハーディング選手は、検察側との間で、本件の傷害罪の共同正犯では起訴を免れる代わりに、もっとも軽い訴因の「司法妨害」で有罪を認めるという司法取引を行い、事件は「解決」した。これは「パン半斤」のケースである。

　この事件では、殴打事件の実行犯としてハーディングの前夫ら5人が逮捕されたが、事件を計画し、指示した容疑が濃厚な彼女自身には、捜査の手がおよばなかった。

　唯一の証拠は、「ハーディングが事件の黒幕だった」との前夫の宣誓供述書であった。宣誓供述書（Affidavit）は、強制ではなく任意の状況の下に行われた供述を書面化したものだ。しかも、宣誓した上で行われるため、その信憑性はきわめて高く、重要な捜査資料になる。しかし、捜査当局は、ひとりの宣誓供述書だけを決定的証拠として被疑者を逮捕、起訴に持ち込むことはできない。

　ケリガン選手襲撃事件では、ハーディングの関与を裏づける物的証拠は何もなかった。それらしきものはあった。ハーディングの手書きの紙片がワシントン州ポートランドの彼女の自宅アパート近くにあるパブのごみ箱から発見された。そこには、ケリガンが全米フィギュアスケート選手権に備えて練習したスケート場の住所と、彼女が投宿したモーテルの住所、部屋番号、電話番号が記されていた。

　ハーディングが練習場とモーテルに電話をかけ、ケリガンがそこで練習し、投宿していることを確認する電話をポートランドの自宅からかけていたことも分かった。

　しかしそれだけでは、彼女を逮捕できなかった。実際の襲撃事件はデトロイトで全米フィギュアスケート選手権が開催される直前に起きた。犯行現場はデトロイトの競技場だった。この紙片には、マサチューセッツ州ボストン郊外にあるケリガンの自宅近くにある練習場の住所などが記されており、本件とは結びつかなかったのである。

司法妨害罪で司法取引

そこで検察は、前夫に懲役2年を受け入れれば、ほかの件は一切不問にするという司法取引を持ちかけ、ハーディングの犯行を告白するよう求めた。この取引に応じた前夫は、①1993年末に襲撃が計画され、その概要を記した紙片は、その時に書かれた、②計画にしたがって襲撃が行われるはずだったが、うまくいかず、未遂に終わった、③実際の襲撃はその後に行われた——と告白した。しかし捜査当局は、裏づけとなる物的証拠を発見することはできず、ハーディングの逮捕は見送られた。犯人がわかっていながら、逮捕することができないというジレンマに陥った捜査当局が最後の手段として取ったのが、またもや、司法取引である。

ハーディングは、襲撃事件後、記者会見し、事件があった当日、犯行に前夫が関与していたことが分かっていたにも関わらず、それを捜査当局に通報しなかったと告白していた。しかし、彼女はみずからの関与については全面否定し、通報しなかったことで道義的責任は感じるが、刑事的責任を問われることはないと主張した。

検察当局は最後の突破口として、これを利用した。捜査上重要な事実を通報しなかったという行為を司法妨害罪と認定し、それについて有罪を認めれば、ほかの件では今後一切起訴しないという取引をハーディングに持ちかけたのである。

冬季五輪出場を3週間後に控え、彼女はこれを受け入れた。結果、ワシントン州マルトナ地裁は1994年3月16日、罰金10万ドル（1000万円）、保護観察3年、500時間のボランティア活動、障害者五輪基金への5万ドル（500万円）の寄付などを命じる判決を出した。

もし本件の傷害の共同謀議罪で有罪になれば、最高で懲役10年を覚悟しなければならなかったことを考えれば、彼女にとって有利な取引だったといえる。

本件では立件できず

ハーディングが突っ張り続ければ、捜査当局はおそらく立件そのものを断念せざるを得ない状況に追い込まれたであろう。その代わり、彼女に対する

メディアの追及が、一層厳しくなったに違いない。灰色のまま疑惑を残すより何らかの形で司法的決着をつけたほうが彼女には良かったのである。

　世間の風圧が高まる中、彼女は1994年の冬季オリンピックの女子フィギュアスケート米国代表選手として出場した。司法取引によって逮捕を免れたから出場できたのである。この司法取引によって米国は、暴力を使ってライバルを蹴落とした疑いのある選手をオリンピック代表選手にするという前代未聞の恥を世界にさらした。五輪でハーディングは8位、ライバルのケリガンは銀メダルだった。その後、ハーディングはフィギュアスケート界から永久追放されるという社会的制裁を受けたが、事件の真相は今も、闇に葬られたままである。

II

逮捕から起訴まで

> 政治家がアピールする「犯罪に対する戦争」に勝者はいない。なぜなら、この戦争の敵はわれわれアメリカ人であるから。
> **全国刑事訴訟委員会報告（1996年）**

逮捕状

　逮捕から起訴までは州によってやや異なるところがあるが、基本的には以下の通りである。殺人容疑で逮捕された45歳のギャングAと、器物損壊で捕まった20歳の大学生Bのケースについてそれぞれ、一般的な過程を説明してみる。

　ニューヨーク市のマンハッタンで起きた殺人事件について、警察が45歳のAという男を被疑者（Suspect）として特定する。Aはマフィアの構成員で、傷害容疑などの逮捕歴が数回ある。警察はニューヨーク州マンハッタン地裁に逮捕状を請求。逮捕状請求状をコンプレイント（Complaint）という。

　逮捕状請求状には捜査の過程で得られた情報の要約と関係者の宣誓証言（Affidavit）などが添えられ、Aが被疑者であることを示す相当の理由（Probable Cause）が盛り込まれていなければならない。地裁の治安判事は内容を読んだ上で、逮捕する相当の理由があると認めたら、令状（Warrant）を発行する（治安判事については「判事」の項〔本書132頁〕で詳述）。

　令状には逮捕状（Warrant of Arrest）、捜索令状（Search Warrant）、差押令状（Warrant of Attachment）などがあり、これらによって警察の強制捜査が可能になる。

　Aは以前、ニューヨーク市警の管内で傷害事件を起こして逮捕された前歴

があった。その前歴情報を基に、警察は、居所を割り出し、逮捕状を得て、Aの身体を確保する。逮捕の際はミランダ・ルールを徹底する。

ブッキング

逮捕後、Aは警察署で上半身、右横、左横の写真を撮られる。これをマグショット（Mug Shot）という。そして十指指紋を採取される。場合によっては、血液などを採取され、DNA鑑定にかけられる。Aには逮捕歴がある。犯罪歴を示す資料はファイルされて既に、警察にあった。今回の逮捕に関する情報がファイルに加えられる。

警察が、被疑者の身体を拘束し、その個人情報をファイルして保存することをブッキング（Booking）という。情報は、警察署のデータベースに記録され保存されるとともに、市警本部と州の犯罪情報センター（州が管理する前歴者のデータベース）に送られる。さらに同じ情報がFBIの全国犯罪情報センター（National Crime Information Center）にも送られる（前歴情報は、半永久的に保存される）。

Aは警察署で警察官の取り調べを受けるが、その際、憲法修正6条の権利を行使して、自分が依頼した弁護士を同席させることができる。さらに憲法修正5条の権利（黙秘権）を行使して、完全黙秘を貫き、すべてを弁護士に答えさせてもいい。自分に資力がない場合は、公選弁護人の助力を求めることもできる。費用は原則として無料。

日本では、警察が取り調べ中、弁護士であれ、だれであれ第三者の同席は認められない。だから、取調室は完全に密室になり、どんな取り調べが行われたのか、客観的に検証することはできない。弁護士が同席すれば、拷問や威嚇・脅迫による取り調べはできない。誘導尋問もできなくなる。弁護士は、被疑者に不利になる尋問方法について異議を唱え、被疑者に黙秘するよう指示することができるからだ。取り調べの客観性、任意性の度合いは、制度上、日本より米国のほうがはるかに高い。

通常、警察官ふたりが被疑者ひとりを尋問する。被疑者が犯行を認め、その詳細を語った場合、尋問を担当した警察官が自白調書を作る。自白内容を書面化しなければ、裁判で証拠として採用されないからである。

資料1　刑事手続の流れ

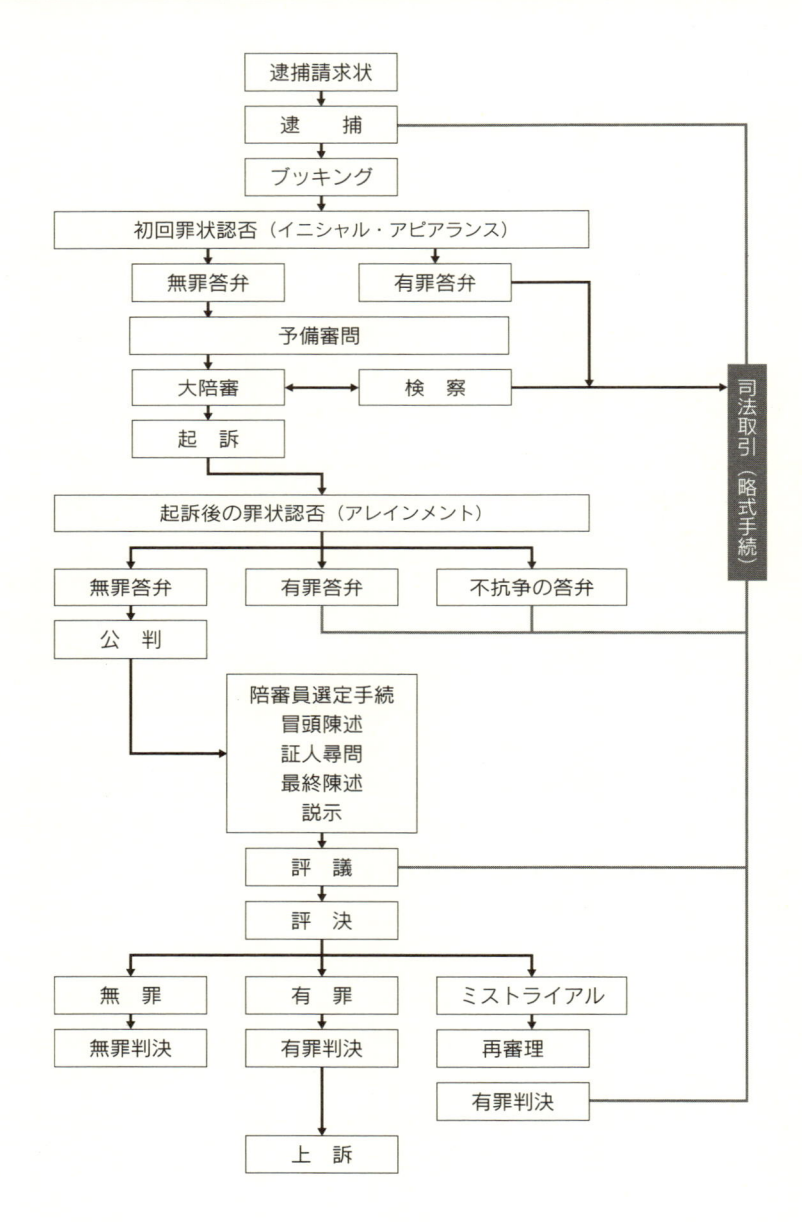

```
逮捕請求状
    ↓
   逮捕 ─────────────────────────────┐
    ↓                                │
  ブッキング                          │
    ↓                                │
初回罪状認否（イニシャル・アピアランス）│
    ↓         ↓                      │
  無罪答弁   有罪答弁 ────────┐       │
    ↓                        │       │
  予備審問                    │       │
    ↓                        │       │
  大陪審 ⇄ 検　察            │    司法取引（略式手続）
    ↓                        │       │
  起　訴                      │       │
    ↓                        │       │
起訴後の罪状認否（アレインメント）     │
    ↓       ↓       ↓        │       │
 無罪答弁 有罪答弁 不抗争の答弁 │       │
    ↓                        │       │
  公　判                      │       │
    ↓                        │       │
陪審員選定手続                         │
 冒頭陳述                              │
 証人尋問                              │
 最終陳述                              │
  説示                                 │
    ↓                                 │
  評　議 ──────────────────────────────┤
    ↓                                 │
  評　決                               │
    ↓       ↓         ↓               │
  無　罪   有　罪   ミストライアル     │
    ↓       ↓         ↓               │
 無罪判決 有罪判決   再審理            │
            ↓         ↓               │
            │       有罪判決 ─────────┘
            ↓
          上　訴
```

ビデオ調書

　調書（Statement）は、警察官が被疑者の話を要約して書く。被疑者はこれを読み、内容に誤りがないと納得すれば、サインをする。被疑者のサインのない調書は無効である。

　最近導入されつつあるのが、尋問をビデオテープや DVD に収め、これを自白調書とともに公判に提出するという方法である。ビデオは使わず、テープレコーダーに録音する方法もある。

　「ビデオ調書」や「録音調書」は、取調官が被疑者を怒鳴ったり、拷問したりして自白を強要したのではないということを陪審に示す方法として、最も有効である。録画・録音時間は、しばしば数時間におよぶことがあるが、ここで拷問や誘導もなく、被疑者が「犯人しか知り得ない事実」の告白（秘密の暴露）をすれば、ほぼ100％有効な証拠になるだろう（終身刑相当の犯罪の被疑者の尋問をビデオテープに収めることを義務付けているのはアラスカ、ミネソタ州。ニューヨーク・タイムズによると、2006年4月現在、全米の450の警察が、必要に応じてビデオ調書を実施している）。

　米国でも警察による取り調べに弁護士が同席するケースは多くない。被疑者が弁護士立ち会いの権利を放棄することが、少なくないからだ。逮捕された被疑者が、弁護士立ち会いで取り調べを受けるということを、たとえ告知されていても、それがどういう意味なのか、理解していない人もいる。さらに、電話一本ですぐ来てくれるような弁護士を持つ人は米国でも少数だ。

　取り調べに対してAは公選の弁護士を呼ばず、自分が属する組織に連絡した。組織は、顧問弁護士を派遣した。警察官の取り調べに対し、Aの弁護士は、核心に迫る尋問に対して、黙秘を指示、尋問は終了した。

　警察は一晩、署内の留置場にAを泊めた。翌日、警察官がAをともなって車で州地裁に赴く。Aは、前に垂らした両手をひもで縛られ、地裁の廷吏によって治安判事の法廷に連れていかれた。日本では警察が被疑者逮捕後、書類とその身柄を送る先は検察庁で「送検」といわれるが、米国では裁判所に告発される。

イニシャル・アピアランス

　裁判所の法廷に引致され、目の前に立たされたAに対して治安判事は「有罪か無罪か」"Guilty or Not Guilty"ときく。Aは"Not Guilty"（無罪）と答えた。これを罪状認否（Arraignment）＝アレインメント＝という。罪状認否は、身柄送致と同時に行われる。

　アレインメントは逮捕後と起訴後にそれぞれ1回ある。これが、罪状認否をめぐる混乱や誤解を生んでいる。このため逮捕後の罪状認否をイニシャル・アピアランス（Initial Appearance）として区別する方法がとられている。文字通り「逮捕されてから最初の法廷への出頭」という意味だ。これは逮捕容疑に対する罪状認否である。

　起訴後の罪状認否は、起訴事実に対する認否であり、これが本来のアレインメントである。しかし米国のジャーナリズムはしばしば両方にアレインメントという表現を使い、混乱が生じる原因になっている。罪状認否は2回あることを覚えておこう。

　もしAがイニシャル・アピアランスで、有罪を認めれば、自動的に検察に起訴される。あるいは有罪を認めて検察との司法取引に持ち込み、刑の減軽を図る。司法取引の項（本書67頁）で説明したように、この手続をインフォーメイションという。これは略式起訴状そのものを指す言葉でもある。司法取引が成立しない場合は、予備審問を経て、起訴、裁判という手続を進むことになる。

　さて、同じ日に捕まったBはどうなったか。Bは深夜、友人宅で酒を飲み、帰宅途中、酔って信号を石で割り、通報で駆けつけた警察官に逮捕された。逮捕時に抵抗したので、公務執行妨害容疑も加わった。警察官はBを署に連行する一方、保護者に連絡し、身元を確認した。Bは前科もなく初犯だった。普通なら、説諭した後に家に帰すが、今回は悪質だったという判断で、警察は型通り、写真と指紋をとり、ブッキングした。

　取り調べに対し、Bは犯行を認めてしきりに反省した。市内に住む両親は、署に駆けつけ、Bと面会した後、警察官から説明を受けて帰った。Bは両親が手配した弁護士と話をした後、その晩は、ブッキング・センターと言われるマンハッタンの拘置施設で過ごした。

【イニシャル・アピアランス】逮捕後、弁護士に伴われて裁判所に出頭し、罪状認否をする女性の被疑者。2007年2月6日、フロリダ州オレンジ地裁で（写真提供：ロイター＝共同）。

　翌朝、Bは解放され、弁護士とともに州地裁に赴き、治安判事の前で、有罪を認めた。治安判事は、本人が深刻に反省していることや、身元もしっかりしていて、逃亡するおそれもないことから拘置の必要なしと判断し、次回の地裁への出頭日と時間を示し、必ず来るように命じた。Bは、帰宅を許された。Bの犯行を記した書類が警察から州の検察局に回された。検察はBを自宅から再び検察に呼んで、取り調べ、略式起訴状を作成。その後Bは帰宅を許された。

　数日後、判事は指定日に出頭したBに刑を言い渡した。この種の犯罪は、だいたい罰金だが、場合によっては、損壊物の弁償と公園の清掃などコミュニティーへの奉仕活動などを命じられる。Bの刑事手続は、これで終わりである。

保釈と拘置

　一方、最初の罪状認否で無罪を主張したＡに対し、治安判事は、今後の取り調べに弁護士を同席させることができるなどＡに保障された権利をあらためて教え、本裁判に先立ち予備審問（Preliminary Hearing）を受ける権利があることも告知する。そして、Ａの保釈を認めるかどうかもこの場で決める。

　犯行を否認した殺人事件の被疑者が保釈を認められる可能性は、非常に低い。逃亡、証拠隠滅のおそれが多分にあるからである。保釈を認められるのは、犯行を認め、逃亡のおそれがない場合である。その場合でも、重罪被疑者は多額の保釈金（Bail）を払わなければ、保釈は認められない。

　保釈金は原則として現金だが、家の権利書などで代替することもできる。保釈金は、指定の日に裁判所に出頭することを約束する保証金である。約束を破り、逃亡すれば没収され、約束を守れば、返却される。保釈金なしで保釈されることもある。

　He was bailed in his own recognizance というのは、本人の確約により保釈金なしで保釈されたという意味だ。軽犯罪で、被疑事実を認め、身元がはっきりして、逃亡のおそれがないと判断すれば、治安判事は、通常、保釈を認める。

　保釈金を立て替え、保釈手続をしてくれる通称ボンズマン（Bondsman）という業者がいる。正規のビジネスである。ボンズマンから借りた金は利息をつけて返さなければならない。

　Ａは保釈を認められず、マンハッタン地裁に隣接する拘置所に収監された。拘置所は、裁判で判決が出るまで被疑者（被告人）が収容される施設で、警察のブッキング・センターとは別の施設である。

　以上、逮捕からイニシャル・アピアランスまでは早ければ、24時間で終わる。刑事手続の法律には、明確な規定はないが、警察は、被疑者を最大限72時間以内に裁判所に送り、最初の罪状認否を終わらせなければならない。これは全国一律の基準である。

　したがって警察が被疑者を調べることができるのは最大3日間。1日の尋問時間を延べ10時間としても、全部で30時間ぐらいしかない。イニシャ

ル・アピアランスの終了以降、警察は、基本的に相手の同意がなければ、尋問できなくなる。

　日本の刑事訴訟制度では、警察は被疑者を48時間以内に検察庁に送検し、検察庁は送検から24時間以内に被疑者の身柄の勾留請求を裁判所にしなければならない。ここまでは米国と同じ72時間の持ち時間だ。しかし日本の検察は、必要があれば、裁判所の許可を得て、被疑者の勾留を最大限20日間延長できる。つまり日本の捜査当局は、逮捕から起訴まで通算すれば最大23日間、被疑者を勾留し、取り調べることができるのである。これはひとつの逮捕容疑についての規定で、異なる容疑で再逮捕すれば、再度勾留延長ができる。

　米国では、尋問のための勾留延長は認められていない。イニシャル・アピアランスで被疑者が犯行を否認すれば、それ以降、被疑者の同意を得ない限り尋問はできない。これ以降、刑事手続は原則としてすべて公開になる。

予備尋問

　イニシャル・アピアランスの次に行われるのが予備審問（Preliminary Hearing）だ。文字通り訳すと「予備的な、試験的な聴取」である。つまり本格的な裁判につなげるための判事による両当事者への事情聴取である。通常は治安判事が行う。予備審問は、裁判所が捜査に違法性がなかったかどうかを審査した上で、起訴するに十分な証拠があるかどうかを判断する刑事手続である。Preliminary Examination ともいわれることがその事情を示している。

　つまり告発された事件を、起訴できるかどうか審査することが、本来の趣旨である。捜査がいい加減で、起訴するに到底耐えないと治安判事が判断したら、告発は却下（Dismiss）され、被疑者は放免になる。

　そのために治安判事は、警察と被疑者（もしくはその弁護士）の双方から主張を聞く。捜査当局側が持っている証拠の一部が、明らかにされ、検察側の証人が証言することもある。この場合、弁護側は反対尋問を許される。

　予備審問によって、被疑者側は警察側がどんな証拠を持っているかある程度、検討がつく。相手に決定的な証拠があり、こちらが不利なら、司法取引

による決着を選ぶだろう。この場合、治安判事は、被疑者に対し、司法取引によって事件を決着させることを勧める。逆に、被疑者側が、勝てそうだと判断したら、本裁判に持ち込むことを選択する。

その意味で裁判の前哨戦ともいえる。メディアの取材が認められ、一般の人も傍聴できる。話題の大型裁判では、テレビ中継される場合もある。予備審問は、被疑者に与えられた権利であり、これを放棄することができる。その場合は、一気に起訴へ突入する。

アレインメント

予備審問の次が起訴（Indictment）である。ニューヨーク州は、大陪審を維持しているから、Aを正式起訴するのは大陪審だ。起訴後の最初の手続がアレインメント（Arraignment）である。これは起訴事実に対しての罪状認否である。判事、検事、弁護士、被告人の四者がそろった席で、検事が起訴状を読み上げ、被告人が判事に対し、起訴事実について有罪であるか無罪であるか答弁するのである。

罪状認否で被告人が、有罪を認める場合は"Guilty"、無罪を主張する場合は"Not Guilty"と答弁する。

このほかに、不抗争の答弁（Nolo Contendere）がある。有罪と同様だが、否定も肯定もせず、事実上有罪を認めるという選択である。不抗争の答弁には「裁判が長引くから便宜的に有罪を認める」という含みがある。検察が正式起訴するには、やや証拠が弱いと判断した時は、これを認める。

被告人は、陪審裁判が不利になると判断したら、権利を放棄して、判事による裁判を要求することもできる。司法取引は、逮捕から裁判までどの段階でもできる。陪審が評議に入っても、評決を出す前の段階なら、被告人側が有罪を認めて司法取引に入ることも可能だ。

12

裁判の進行

> 刑事裁判はロシアの小説のようだ。長たらしい導入部があって登場人物が陪審に紹介される。つぎに、たいしたこともない証人が次々に証言し、事態はややこしくなる。そしてようやく主人公が出てくるが、事態はますます複雑になり、ドラマが生まれる。そして陪審と傍聴者が、あきあきしてきた頃に、ペースが早まり、思い入れたっぷりの最終陳述というクライマックスになる。
>
> クリフォード・アービング

当事者主義

裁判において英米法は、いわゆる当事者主義をとる。これは、原告と被告人の両当事者が、裁判官の前で、互いの主張をぶつけ、論争によって勝敗を決するという手法である。

英語でアドバーサリ・システム（Adversary System）というが、直訳すると「敵対的システム」だ。「対審構造」とも訳される。対立する両当事者が公平な審判の前で勝ち負けを競うという意味である。かつて、剣やこぶしを使って行われた決闘が、裁判に衣替えしたのが当事者主義にほかならない。

これと相対するのが大陸法の糾問主義（Inquisitorial System）ないしは職権主義である。糾問主義は、ひとりの人間が検察官と裁判官を兼ねて事件を捜査し、判決を出す刑事訴訟手続だ。中世カトリックの異端尋問がその源である。これに対して、当事者主義は、検事を国（州）の代理人として一方の当事者にし、もう一方の当事者である被告人の代理人（弁護士）と対決させるシステムである。当事者を対決させることによって、真実がどこにあるか見つけだそうというのが、その趣旨である。

フランスなど欧州大陸の諸国では、糾問主義の変形である職権主義がとられている。検事と判事の権能を併せ持った予審判事が事件を捜査。被告人を有罪と判断した場合は、検察庁に送る。検察庁は、自動的に被告人を裁判所

に送り、陪審裁判にかけるというシステムである。予審判事が裁判所に送った段階で、事実上「仮の判決」が出ており、本裁判では、これを認めるか否かが争われる。予審判事に強大な権限を与えているのが特徴だ。

明治維新後の日本は、主としてドイツの法制度を取り入れ、裁判でも職権主義の予審制度が採用されていた。予審制度は、戦前の中央集権的国家体制を支える非民主的制度の象徴になり、第二次大戦後、日本は米国の指導により廃止した。そして刑事訴訟手続を大幅に変更し、裁判も当事者主義に変わった。

公判前手続

裁判は英語でトライアル（Trial）。日本語では公判または審理である。公判は、起訴後すぐに始まるわけではない。その前に検察側と弁護側は、複数の申立状（Motion）を担当判事に送付する。双方は、互いの申立状を読み、判事を交えて数回にわたり本裁判に先立つ公判前事前協議（Pretrial Conference）を行う。

事前協議の目的は、双方の証拠と主張を明確にし、「争点の整理」をすることである。申立状の交換と事前協議によって検察側の主張と証拠が明らかになり、弁護側がそれに反論することによって裁判の争点を絞っていくのである。

検察側が、一連の過程で証拠を明らかにすることをデスカバリー（Discovery）という。証拠開示と訳されている。弁護側は開示された証拠を検証し、裁判における弁護戦略を立て、証人を用意するなど準備を整えることができる。争点が明確になり、証拠が整理されることは判事にとっても、訴訟指揮がやりやすくなり、裁判が迅速に行われるというメリットがある。

事前協議で開示されない証拠は裁判で証拠として認められないのが原則である。検察、弁護の双方は手持ちのカードをすべて出し、それに対応して戦略を練り、裁判に臨む。しかし、これが厳密に守られているとは言い難い。双方とも、さまざまな理由をつけて相手側の要求する証拠開示を拒否し、必ずしもすべてを明らかにしない。事前協議は担当判事の執務室で行われ、公開されない。申立状の内容も公表されない。

排除のルールに抵触する証拠はすべて無効になり、法廷に提出できない。その判断は判事が行う。

　事前協議が終わる頃を見計らって、担当判事は陪審候補を裁判所に召喚し、必要な人数を選ぶ。陪審選定の日が初公判である。陪審が決まると、公判が始まり、土日と祝日を除いて、毎日行われる。

反対尋問

　公判は冒頭陳述（Opening Statement）によって本格的に始まる。2時間から3時間ずつ検事と弁護士が互いの主張の要約を陪審の前で発表する。そして双方が証人を立て、証人尋問を行う。法廷では証人をWitnessという。検察側証人は検事の質問に対して答えるだけでなく、弁護側の質問に対しても答える義務がある。その逆も同様である。これを、反対尋問（Cross-Examinations）という。被告人が証人になることもあるが、黙秘権を行使して証言しないという選択をすることができる。殺人事件などの被告人が、検察側の反対尋問で厳しい追及を受けることをおそれ、証言を拒否することが多い。

　双方からの質問に的確に答え、矛盾がなければ、証人の信頼性が高まるが、反対尋問で整合性に欠ける証言をすれば、信頼性は損なわれる。証人は宣誓の上で証言するため、うそをついたことが明らかになった場合は、偽証罪（Perjury）で起訴されることもある。検事、弁護士が、証人を誘導尋問することは許されない。証言を誘導したり、事件に関係のない質問をしたりすると、反対陣営から「異議あり」（Objection）と抗議が起こる。判事がそれを認める場合は「異議を認めます」、（Sustained）と述べ、異議を認めない時は、「却下します」（Overruled）と言う。該博な法律知識と柔軟な交渉力を武器に検事と弁護士が論戦を行う公判は、双方が全知全能を傾けた駆け引きであり、法律という枠組みを使った高度な知的ゲームともいえる。公判の最終段階は最終弁論（Summation or Closing Argument）である。通常は検察側が先にやり、その後に弁護側が行うが、逆の場合もある。

　裁判中、陪審員は原則としてメモをとることはできないが、判事の裁量で許されることがある。しかしテープレコーダーを持ち込んで録音することは

厳禁である。証人に質問することもできない。陪審員は、公判を受動的にきくだけである。非常にまれだが、判事が認めれば、陪審が犯行現場を見ることもある。誘拐など重罪の裁判で、検察側に決定的証拠がないような裁判では、証拠の評価方法など詳細な説示が行われる。陪審は説示後、直ちに評議に入る。評議は法廷とドアでつながっている陪審室で行われ、非公開である。

迅速な裁判

米国の陪審裁判の特徴は、短期即決である。争点が明確になっているから、多くの場合、陪審は法廷に提出された証拠を吟味し、証人の尋問を聴くだけで、心証を形成し、事実を認定することができるからだ。日本のように公判が数週間ごとに開かれ、一審判決が出るまでに数カ月、場合によっては1年以上かかるということは、基本的にない。

詐欺、傷害、銃刀法違反などの事件の公判は1日から3日程度で終わり、評議も1日、長くても数日で終わるのが普通である。殺人事件などの凶悪事件は通常、公判に約2週間、評議に1日から5日程度かかる。公判だけで、半年もかかるケースは、非常にすくなく例外的である。通常、陪審は公判中、帰宅を許されるが、裁判に関する新聞報道を読むことや、テレビニュースを見ることは禁止される。裁判に関することを家族や知人に話すことも厳禁である。

しかし、いったん評議が始まったら、通常、陪審は帰宅できない。短期間で評決が出ない場合は、全員ホテルなどに隔離され、毎日朝から裁判所の陪審室で評議を続行する。全員一致の評決が出るまで、この繰り返しである。

非常にまれだが、公判から評議が終わるまで、陪審がホテルなどに缶詰にされることがある。その間、新聞を読むことも、テレビも見ることも禁じられる。外部からの影響、圧力を完全にシャットアウトするためである。

O.Jシンプソンの裁判では陪審員は公判開始から評議終了まで266日間、ホテルに缶詰にされたが、これは例外中の例外である。米国史上最長の陪審裁判は、児童虐待をめぐって争われたカリフォルニア州のマクマーチン裁判。約2年2カ月かかった。シンプソン裁判が史上2番目である。

13

犯罪の類型

> 犯罪とは法的概念である。犯罪と犯罪的行為を分けるのは、法律に違反しているか、していないかということだけだ。
> **ローレンス・フリードマン**

重罪と軽犯罪

　ここでは連邦刑法の規定に沿って類型をみるが、その前に重罪と軽犯罪の違いを頭に入れておく必要がある。禁固か懲役1年以上の犯罪を重罪（Felony）、同1年未満の犯罪を軽犯罪（Misdemeanor）という。基本的に前者は、実刑によって罰せられる犯罪。後者は、罰金もしくは執行猶予、保護観察など実刑を伴わない犯罪である。

　犯罪の分類は日米ほぼ共通だが、異なることも少なくない。粗暴犯罪（Violent Crime）と知能犯罪に分けて紹介しよう。米国では、知能犯罪に相当する言葉としてホワイトカラーの犯罪（White-Collar Crime）という表現があるが、これは銀行、証券会社の幹部や社員のさまざまな違法行為を総称するもので、日本の知能犯罪よりは範囲が狭く、より限定的である。

　窃盗（罪）はLarcenyまたはTheftという。これは、実力を行使しないで他人の財産を盗む行為を指す（英語では、犯罪行為を表す言葉とその罪名が同じであることに留意）。この中には、スリ（Pickpocketing）や万引き（Shoplifting）が含まれる。盗んだ財物の価値や現金の額が大きい場合は、重窃盗（Grand Larceny）になり、刑罰が重くなる。小さい場合は軽窃盗（Petit Larceny）である。州によってはLarcenyに横領を含めるところもあるが、これは例外的である。

強盗と窃盗

強盗は Robbery という。財物を盗む意図を持って、暴力もしくは脅迫によって奪取する行為を指す。基本的に被害者から直接またはその面前で盗むことが強盗罪の成立要件である。その際、銃などの武器を使って被害者を脅かしたりすれば、罪が加重される。

これを加重強盗（Aggravated Robbery）という。犯罪者が強盗目的で他人の家に侵入したが、無人だったため、だれも傷つけずに金品を奪って逃げた――というケースでは強盗罪が成立しない。しかし単純窃盗の Larceny より明らかに犯意が悪質である。この場合は、Burglary（不法侵入、侵入窃盗）が適用される。これは本来、金品の強盗などを目的に夜間、他人の住居に強引に侵入した者を罰するために設けられた罪である。窃盗が既遂であるか未遂であるかに関係なく、他人の家に実力を行使して（たとえば鍵を壊すなどして）無断で侵入する行為自体を犯罪としたのである。この種の不法侵入は夜間に起きることが多く当初は、法律の条文にもその趣旨が盛られた。このため日本では「夜盗（罪）」と訳すことがあったが、正確ではない。侵入窃盗 は、夜間、日中を問わず成立し、建物だけではなく船舶、車両内への不法侵入にも適用される。当然ながら侵入窃盗は単純窃盗より刑罰が重い。

日本でいう暴行に相当するのは アサルト（Assault）である。この言葉は本来、戦闘における攻撃を指すが、法律用語では、威力を使って他人の身体に害を加える行為または危害を加えようとする行為を指す。したがって、実際に身体的危害を加える暴行だけではなく暴行未遂も 含まれる。暴行が既遂だったことをはっきりさせるためにアサルト・アンド・バタリー（Assault and Battery）という表現が使われることもある。あえて訳せば暴行傷害だ。危害の加え方が悪質だったり、被害者のけがや負傷の程度が大きかったりすると加重暴行（Aggravated Assault）になる。これは暴行にナイフや銃などの武器を使ったり、身体に著しい打撃を与えたりした場合に適用される。

謀殺と故殺

暴行によって相手を死にいたらしめた場合は、殺人になる。厳密に言う

と、人を死にいたらしめる行為を一般に ホモサイド（Homicide）といい、これに犯罪的要件が加わると殺人になる。殺人は犯意によって、分かれる。

　殺意を持って計画的に人を殺す行為を一般にマーダー（Murder）という。日本語で「謀殺」と表記されることもある。これは、事前謀議をした上での殺人という趣旨を盛り込んだ訳語といえるが、ここでは便宜上「殺人」を使う。これが第1級殺人（First Degree Murder）、第2級殺人（Second Degree Murder）に分けられる。俗にそれぞれマーダー・ワン、マーダー・ツーといわれる。

　第1級殺人は「もっとも悪質な殺人」と位置づけられている。基本的に殺意を持ち、かつ事前に計画を練り、それに基づいて人を殺すことを指す。事前計画がなくても、殺し方が非道、残酷であった場合も第1級殺人が適用される。さらに誘拐（Abduction）や放火（Arson）、強盗などの重罪を犯す過程で人を殺した場合も同じである。このほか多くの州では、逃亡中に警官、検察官、刑務官を殺害した被疑者に第1級殺人罪を適用する。連邦と多くの州では第1級殺人で起訴した被告人に死刑を求刑できると規定している。

　第2級殺人は殺意を持つが、計画性が1級殺人に比べて薄い殺人である。たとえば、人から物を盗もうとして抵抗され、殺してしまったようなケースだ。マーダーより悪質の程度が低い殺しを マンスローター（Manslaughter）という。日本語では故殺と訳されるが、なじみがないし、定着していない。計画性のない不法な殺人というほどの意味だ。殺人罪の構成要件の中でもっとも重要なのは殺意と計画性だが、両方ともないか、明確に立証できないケースを マーダーから一段下げて故殺とする。

　故意故殺（Voluntary Manslaughter）は、相手の挑発により激情にかられて殺してしまったようなケース。相手の挑発が著しく、同情の余地があるが、やむを得ない状況があったにせよ、殺人そのものを正当化する十分な理由がないとされる時などは非故意故殺（Involuntary Manslaughter）となる。

　さらに犯意が低いものとして過失致死（Negligent Homicide）がある。典型的な例は、誤って車で人を跳ねて死なせたり、衝突事故で人を殺したりしたようなケースである（酒酔い運転の事故では故殺が適用されることもあり

得る)。緊急な生命の危険から自己もしくは他人を守るためやむなく殺したという正当防衛が認められれば正当防衛殺人（Justifiable Homicide or Excusable Homicide）とされ、刑事責任を問われない。

知能犯罪

　知能犯罪の代表的なものは以下のとおりである。横領（Embezzlement）は、自分が管理運営しているものを、利己的な理由により不法に所有する行為である。高い地位にある者が、その地位に付与された権限を悪用して財物を目的外使用する行為を背任（Misappropriation）という。顧客の預金を管理する銀行員が客の預金を勝手に引き出して使ったら横領、会社の重役が、設備投資の資金を自分がつくったトンネル会社に流用し、その結果会社の業績が不振になったら、背任および横領になる。

　詐欺は Fraud。虚偽の事実を伝え、真実を隠すことによって他人をだまし、損害を与えることである。虚偽の宣伝のダイレクト・メールで客をだまし、現金や財産を詐取すれば、郵便詐欺（Mail Fraud）、電話やファクスを使って同じことをすれば、通信詐欺（Wire Fraud）になる。詐欺は俗語でスウィンドル（Swindle）とかスキャム（Scam）という。詐欺行為を Confidence Game といい、詐欺師をコンマン（Con Man）とかコン・アーティスト（Con Artist）などという。文書を偽造して他人をだませば、詐欺罪のほかに文書偽造罪（Forgery）に問われる。通貨の偽造（主として紙幣）は特別にカウンターフェイト（Counterfeit）といい、刑罰が重い。これには、株券などの証券および債券、あるいは小切手の偽造も含まれる。

　日本でネズミ講といわれる詐欺犯罪があるが、米国では俗にピラミッド（Pyramid）といわれ、詐欺罪の一類型である。1920年代にネズミ講の原理を初めて本格的に使い、不特定多数から金をだまし取った犯罪者として有名な Charles Ponzi の名前を取ってポンズィ・スキーム（Ponzi Scheme）ともいわれる。

　マネー・ロンダリング（Money Laundering）は、麻薬取引などで不正に得たカネを合法的なカネにすることである。資金洗浄という。すべての銀行は5000ドル（約50万円）以上の口座の所有者を、連邦の税務当局

(Internal Revenue Service＝IRS、日本の国税庁に相当）に届ける義務がある。脱税防止が目的だが、この情報はある程度、検察、警察、麻薬取締庁（DEA）に伝えられる。ここで不審な預金がチェックされ、捜査の端緒になる。麻薬取引業者は、これを避けるため預金を銀行から銀行に移して出所をわからないようにするほか、さまざまなテクニックを使って汚れたカネをきれいなカネにする。資金洗浄に銀行自体が協力することもある。たとえば、汚れた資金を銀行が預かり、手数料を取った上で、残りを銀行融資の形で麻薬取引業者に貸す。業者は融資を全額引き出し、このカネを堂々と使ったり、株式投資など合法的な投資に使ったりする。これによって、麻薬取引で得たカネは洗浄され、完全に合法マネーになる、という具合だ。もちろん発覚すれば、業者も銀行も罰せられる。

インサイダー取引（Insider Trading）もれっきとした犯罪である。株価急騰の要因になる未公表の内部情報を利用して、証券を売買し、利益を得ることを指す。日本と同様に、新規上場される予定の優良株を事前に不正に確保し、新製品の発表など極秘の情報をひそかに得た上で、事前に大量の株を買い、急騰後に売却して大もうけをすることは犯罪である。

恐喝はExtortion。脅迫または暴力を使って財物を奪い取ることである。ブラック・メール（Blackmail）ともいう。組織的な脅迫を表す言葉としてラケッティアリング（Racketeering）がある。

時効とポリス・コード

事件・事故の発生から一定の期限が過ぎたために法的手段に訴えることができなくなってしまうことを時効（Statute of Limitation）という。事件の民事の場合は訴訟権利の失効。刑事事件の場合は起訴権の失効で、公訴の時効という。連邦、州ともに殺人罪に時効はない（日本は25年）。アラバマ、アイダホ、ミシシッピ、ノースカロライナ、バージニアの各州はレイプを時効なしの犯罪と規定している。マンスローターの時効は10年。それ以外の多くの犯罪は3年から6年。軽犯罪は2年である。起算は当該犯罪が遂行され、終わった時点から行われる。被疑者が海外へ逃亡したことが明らかになった場合は、時効が中断する。

未解決事件、迷宮入り事件を Cold Case というが、どこの警察署でもコールド・ケースを集めたファイルがあるが、時効が完成するごとに、捜査対象から外され、お蔵入りになる。

　なぜ公訴時効があるのか。理由のひとつとして長期間たつと人間の記憶が薄れ、関係者も物故するなど事件が風化し、いつまでも困難な事件の捜査をすることは人と時間と公費の無駄になるという考えがある。しかし90年代後半から、主として DNA 鑑定技術の普及と進歩によってその考えは、見直されるようになった。カリフォルニア州は、レイプの場合、DNA 鑑定によって被疑者が明らかになれば、時効に関係なく起訴できるという一項を刑法に盛り込んでいる。同様の改正をした州が少なくない。

　警察官同士が無線で交信する際、さまざまなコードや略語が使われるが、刑法の条項の数字を借用したものが多い。主なものを挙げると、187（ワン・エイティ・セブン）＝殺人、207（ツー・オー・セブン）＝誘拐、261＝（ツー・シィクスティ・ワン）＝レイプ、261A（ツー・シィクスティ・ワン・エー）＝レイプ未遂。たとえば、「187 が起きた、現場へ急行せよ」、「被害者は 261 に遭ったと言っている」というように使う。その他にも武装強盗（217）、暴行（242）、酒酔い（390）、強盗（459）などがある。

　主なテン・コード（10 Code）も挙げておこう。10−1（テン・ワン）＝受信状態不良、10−3（テン・スリー）＝交信終了、10−4（テン・フォー）＝了解、10−5＝応答せよ、10−6＝交信停止、10−9＝繰り返す。テン・フォーは、航空機の交信でも使われるポピュラーなコードで、日常会話でも OK と同じ意味で使われる。

三振法

　「三振即アウト法」という法律がある。野球になぞらえて、重罪で有罪判決を3回連続受けた刑事被告人を自動的に「禁固・懲役 25 年から終身刑」にするという法律である。スリー・ストライク・ローと俗称されているので、「三振法」と略記する。

　1993年11月にワシントン州が住民投票で法制化を決め、施行したのが最初。続いて1994年1月にカリフォルニア州が議会で可決後、実施した。

もともとこの法律は、幼い娘を、レイプ・殺人の前科がある男に殺されたカリフォルニア州の男性が起こした住民運動がきっかけで生まれた。この事件の犯人は、少女をレイプして殺すなど過去２回重罪で有罪になり、服役していたにもかかわらず、仮釈放で「しゃば」に出された。その最中に再び少女をレイプし、殺したのである。通常なら、仮釈放などありえない犯罪常習者が、社会に出ている実態があらためて明らかになり、凶悪犯罪を重ねる可能性のある者を一生刑務所に閉じ込め、社会から隔離してしまえという世論が醸成された。三振法は、こうした世論を背景に施行されたのである。2006年6月現在、連邦と26州が同法を実施している。

　しかし、凶悪犯罪の常習者を長期間収監するという同法の趣旨が必ずしも生かされていない。典型的な例が1996年にワシントン州で起きた。過去2年間に祖父から350ドル、ピザ店から100ドルを盗み、窃盗罪で有罪判決を受けた35歳の男性が、保釈後サンドイッチ店に押し入り、150ドルを強奪して逮捕された。三振法が適用され、終身刑になった。「600ドル盗んで終身刑」である。

　三振法は40の犯罪に適用されるが、この中には単純窃盗や麻薬所持も含まれている。連邦と多くの州はマリファナ所持、使用、売買を「最高刑1年以上の重罪」としている。通常、マリファナ使用で実刑を受けることはない。罰金で済む。2回目は有罪判決を受けたとしても、執行猶予がつくだろう。しかし3回逮捕され、有罪になれば、自動的に禁固または懲役25年から終身刑という厳しい実刑を受けるのである。3回目については判事の裁量が認められない。強制的に25年以上の実刑になる。「将来の凶悪犯罪予備軍」としてマリファナ吸引者を刑務所に閉じ込めたところで、一体どんな効果があるのか、きわめて疑問である。

　三振法は憲法修正8条違反（残酷で異常な刑罰の禁止）であるとして違憲訴訟が起こされたが、2003年3月、連邦最高裁は合憲の判断を示した。

14

死刑

> 死刑によって犯罪を減らそうとするのは、慈善事業によって貧困を減らそうとするのと同様に本質的な間違いである。
> ヘンリー・フォード

恣意的な死刑制度に違憲判決

　G7（先進7カ国）といわれる諸国の中で、死刑がある国はどこか？　答えは米国と日本である。合衆国憲法は、その修正8条で「残酷で異常な刑罰」を禁じているが、死刑そのものは禁じていない。

　米国では死刑（Death Penalty）が1972年の連邦最高裁の違憲判決でいったん廃止されたが、1976年に復活した（死刑はCapital Punishmentともいう）。1972年、連邦最高裁はジョージア州の死刑制度について「恣意的かつ気紛れであり、憲法違反」との判決を下した（Furman v. Georgia）。このため同州と大同小異の死刑制度を設けていたその他の州の死刑制度も違憲とされた。

　それまでの各州の刑法は死刑について、詳細な規定を設けず、死刑の求刑と判決が検事と判事の「恣意的かつ気紛れな」裁量で行われていた。最高裁はこれが、法の下の平等と法の適正な手続を保証した憲法修正14条に違反すると断定するとともに、多くの州の死刑は憲法修正8条に抵触するとの判断を示した。

　この最高裁判決を受けて多くの州が刑法を修正し、死刑を適用する犯罪について詳細に規定した。さらに死刑判決に至るプロセスを明確にし、死刑判決を受けた被告人に上訴する権利を保証し、死刑の方法を「残酷で異常」ではないものに変えた。

　ジョージア州が死刑法を修正した後、死刑囚が再び同州を相手取り違憲訴

訟（Gregg v. Georgia）を起こしたが、1976年連邦最高裁は合憲の判断を下し、これによって死刑法を修正したすべての州の死刑が合憲とされたのである。

38州で復活

この最高裁判決を受けて死刑が復活した。2007年5月現在、38州が死刑制度を設けている。さらに連邦法の刑法の最高刑も死刑、そして軍法違反を裁く軍事法廷（軍法会議）における最高刑も死刑である。

しかし、最高裁はこれまで「どんな根拠に基づいて死刑が是認されるのか」という哲学的、思想的問題にはまったくこたえてこなかった。「それは立法部（議会）の仕事であって、司法部が判断する問題には、なじまない」というのが最高裁の一貫した姿勢である。議会は議会で「それは立法部の仕事ではない」と責任を回避し続けている。この問題に関するかぎり、日本も同じだ。つまり、米国と日本では死刑を実施することについて、真摯な哲学的、憲法的な議論が一切ないまま、死刑が行われている。これは大いに喧伝されるべき事実である。

英国、フランス、ドイツ、イタリア、カナダは死刑を廃止している。欧州のほとんどの諸国も死刑を廃止した（ロシアは死刑を停止しているが、廃止していない）。

欧州諸国の死刑廃止の論理は、こうだ。国が市民に対して「殺人は非合法」と説きながら、他方で死刑を是認するのは自家撞着である。死刑は国による殺人であり、すべての市民に基本的人権を保障した憲法に違反する行為である。要するに、国家が市民を殺すことを正当化する根拠はないという単純かつ明快な論理である。

欧州ではナチのユダヤ人虐殺という暗い歴史が死刑廃止の原点である。国に殺しのライセンスを与えたら、いつか国家による市民虐殺が起こるという恐怖である。さらに、誤判という深刻な問題がある。無実の人が死刑判決を受け、それが執行されたら、取り返しがつかない。

アメリカの市民団体である死刑情報センター（Death Penalty Information Center）の調べによると、1970～1997年の間、米国で誤判と判明した死刑

裁判で合計71人が無罪になった。多くは、一審で有罪となり、死刑評決（判決）を受けたが、二審以降の上訴審で証拠不十分、あるいは新証拠の発見により無罪と認定されたケースである。警察、検察側の見込み捜査と被告人側の弁護の稚拙さが相まって、冤罪の悲劇が生まれることが多い。

冤罪で死刑も

　1900年以降、無実の罪で死刑になった人は何人いるかという調査を2人の大学教授が共同で行い、1992年 "In spite of Innocence" という本にまとめたが、それによると23人が冤罪で死刑になっている。

　死刑の年間執行数で国際比較をした場合、米国は世界のワースト4だ。アムネスティ・インターナショナルによると、2004年の死刑執行数は中国3797人、イラン159人、ベトナム64人、米国59人の順だ。米国は中国やイランを「人権意識の低い国である」としばしば非難するが、死刑執行数で比較するかぎり、あまり大きなことは言えない。

　1989年12月、国連総会は死刑廃止条約を採択したが、米国は日本、中国、イラン、サウジアラビアなどとともに反対票を投じた。

　死刑廃止の国連条約に調印している国が加盟国の過半数に達していることを考えれば、死刑廃止は世界的傾向といえるが、米国では明らかに「逆コース」が進行している。

　この背景には、逮捕率低下や仮釈放制度の拡大などにより警察が無力化したという市民の批判といらだちがある。これに加え、リベラルな政策の浸透によって、冷酷な犯行を重ねた者たちが刑務所で生き長らえているという現実を前に、多くの人が、正義の名の下に凶悪犯罪者に死の制裁を科してほしいという願望を抱いている現実がある。

　地域別に見ると、南部と西部の全州が死刑を復活させている。ニューヨーク州を筆頭にリベラルといわる北東部の州にも死刑を復活させたところがかなりある。死刑を復活した州を羅列すると長くなるので、ここでは死刑制度をとっていない州を列挙する。アラスカ、ハワイ、アイオワ、メーン、マサチューセッツ、ミシガン、ミネソタ、ノースダコタ、ロードアイランド、バーモント、ウエストバージニア、ウイスコンシンの12州及びコロンビア特

【死刑制度】薬物注射による死刑執行に使われる処刑台。インディアナ州の連邦刑務所内で撮影（写真提供：ロイター＝共同）。

別区（首都ワシントン）である。

死刑適用犯罪

　死刑が適用される犯罪を Capital Crime または Capital Offence というが、その筆頭は警察官、刑務官、検事、判事殺しである。Cop Killer（警察官殺し）は最も重大な犯罪とされている。さらに2人以上の第1級殺人（殺意を持って計画的に2人以上を殺した場合）も死刑。重罪を2つ以上同時に犯した場合も死刑である。たとえば、レイプ殺人、誘拐殺人、強盗殺人、放火殺人などだ。軍法では、国家機密漏洩罪の最高刑が死刑だ。

　ただし、犯行当時18歳未満の少年を死刑にすることはできない。2005年3月、連邦最高裁は、18歳未満の未成年に対する死刑を違憲としたミズーリ州の最高裁の判決を「きわめて妥当な判断」として支持する判決を出した（Roper v. Simmons）。

　このケースは、仲間2人とともに民家に押し入った17歳の高校2年生

が、この家の女性に目撃されたことで犯行がばれるのをおそれ、後に単独で、彼女を誘拐し、殺したというもの。ミズーリ州地裁の陪審は死刑評決を出した。弁護側が上訴し、裁判は州最高裁までもつれ込んだ。州最高裁で敗れたミズーリ州の検察当局は、連邦最高裁に上訴した。

連邦最高裁は1989年に「16歳未満の未成年に対する死刑は違憲」という判断を出していたが、それに加えて2005年の判決によって「18歳未満の未成年に死刑は求刑できない」という明確な基準ができた。

この判決が出るまで、犯行当時16歳以上、18歳未満の未成年に死刑を執行できるという法律をテキサス、バージニアなど19州が施行していたが、これらが廃止され、全国一律の基準が設定された。

精神障害者の死刑犯罪について従来は、例外にされなかったが、2002年6月、連邦最高裁は、精神障害者の死刑執行は、「残酷で異常」という判決を出し、精神障害者への死刑は非合法となった（Atkins v. Virginia）。

薬物注射で論議

憲法修正8条に抵触する可能性があるという理由から銃殺刑、絞首刑は廃止され、致死ガス、感電による死刑も廃止の方向にある。連邦の刑法は、すべて致死薬物注射（Lethal Injection）で行うと規定している。州レベルでも致死薬物注射に一本化するところが増えている。これは、死刑囚をベッドに縛り付け、麻酔剤、呼吸停止剤、心臓停止剤の三種類の薬物を順次、静脈に注射するものだ。ショーン・ペン主演の映画『デッドマン・ウォーキング』（1995年）は致死薬物注射で処刑される死刑囚を描いているが、映画で描写される処刑の様子は、実態通りである。通常、2、3分で意識不明となり、その後10分程度で死亡するとされ、最も苦痛のない方法とされるが、個人差があり、麻酔が効かなくて再注射し、意識があるまま死亡まで34分もかかったり、医師の資格を持たない者が薬物を皮下注射して死刑囚に不必要な苦痛を与えたりした例があり、カリフォルニア州の死刑囚が2006年2月「薬物注射による死刑は残酷で違憲」という訴訟を起こした。同年12月、サンノゼ連邦地裁は、有資格者が厳格な手続に基づいて執行しない限り、この方法は「残酷で異常な刑」に相当し、憲法違反という判決を言い渡

した（Morales v. Tilton）。カリフォルニア州は、2006年2月以降、死刑の執行を一時停止、フロリダ州も2006年12月以降、死刑の執行を一時停止している。

人種偏見と死刑

　最高裁が死刑復活にお墨付きを与えた1976年の米国における死刑執行はゼロだった。1977年2件、1978年ゼロ、1979年2件、1980年ゼロ、1981年1件と少なかった。1984年の21件から増え始め、1993年は38件、1999年に年間執行数として最高の98件を記録した。

　1976年以降の州別の死刑を執行された死刑囚の数（2005年12月現在）をみると、テキサスが355人でダントツ。次いでバージニア（94人）、オクラホマ（79人）、ミズーリ（66人）、フロリダ（60人）などとなっており、合計2004人。この中には連邦裁判所で死刑が確定し、執行された2件が含まれる。女性の死刑囚の死刑が執行されたのは76年以降、合計11人である。地域別に見ると、南部が1270人と多く、中西部116人、西部63人、東部州4人である。

　米国における死刑求刑と死刑判決には、人種的要素が極端に表れている。人種によって死刑の比率に大きな差があり、黒人が死刑を求刑され、かつ執行されるケースが異常に多い。

　2005年12月現在、米国には3383人の死刑囚（Death Row Inmates）がいる。このうち女性は54人。全体の46％（1419人）が黒人、42％（1532人）が白人である。そのほかは10％（352人）がヒスパニック、アジア系などその他が2％（80人）である。

　米国の人口に占める黒人の比率が約12％であることを考えると、死刑囚の約半数が黒人であるというのは、いかにも不自然な数字である。これについては「黒人に死刑が多いのは、凶悪犯罪を起こすことが圧倒的に多いからであって、人口比とは全く関係のない現象である」という反論がある。

　その説には、一定の説得力がある。しかし黒人が白人を殺したとされる事件で、死刑判決が出る確率が、その反対の場合に比べて多く、それによって黒人の死刑囚が異常に多くなっているということも、否定しがたい事実であ

る。

　リベラルな法律家の組織である米国市民自由連合（American Civil Liberties Union）によると、1977年から1996年の間に処刑された死刑囚232人のうち、黒人を殺害したとされて死刑になった白人は、たったの1人。米国では1930年から1996年までに3859人の死刑囚の死刑が執行されたが、ほぼ半数は黒人だった。死刑が人種差別や少数派を弾圧する法的な手段として使われているという主張の根拠は、ここにあり、米国における死刑反対運動のひとつの論拠になっている。

犯罪抑止力なし

　死刑が凶悪犯罪の抑止力にはならないというのは世界的に共通の現象であるが、実際、死刑制度と犯罪減少の間に因果関係はない。1994年の司法省の統計によると、人口10万人当たりの殺人の被害者数は、死刑制度がある州で44人、死刑制度がない州で8人であった。つまり死刑制度がある州の方が、殺人は多いのである。

　1995年、全米の警察署長を対象に「犯罪を減らすために何が一番必要か」という調査が行われたが、結果は以下の通りだった。①麻薬取り締まり強化（49％）、②好景気（17％）、③司法システムの効率化（16％）、④受刑期間の長期化（15％）、⑤警察官増員（10％）、⑥死刑（1％）。

　死刑は、犯罪の抑止力として最も効果がないということを警察のトップが、認めているのである。

　死刑に膨大な経費がかかることも死刑反対の論拠になっている。死刑情報センターの調査によると、死刑囚の起訴から最終審まで必要とする費用は、ひとり当たり、200万ドル（2億円）である。それは以下の理由による。まず、国と州（郡、市を含む）の検察は、通常、死刑を求刑するケースでは立証を完全にするためベテランの主任検事に2、3人のヒラ検事をつけて、その事件に専念させる。約1000頁の資料を準備し、起訴するまでに平均1年3カ月かかる。その捜査費用と人件費は超過勤務も含めて莫大だ。死刑を求刑された被告人は自分で弁護費用を払えないことが多く、その場合、公選弁護人をつけなければならないが、経費はすべて国と州が負担する。公選弁護

人に払う平均時給は70ドルから150ドルである。

　死刑が求刑されたケースは、第一段階として被告人が有罪、無罪かどうかを決める陪審裁判が開かれ、有罪の場合に第二段階として同一の陪審による裁判で、死刑が妥当か決める。当然、陪審の日当などの費用は公費負担になるが、費用は通常の2倍以上になる。死刑裁判の陪審選びは、検察、弁護側の双方が忌避権を最大限行使するため、長期化する。しかも、陪審裁判を2回やらなければならないからすべてが二重手間になり、平均8週間かかるのである。

人身保護令

　国と州は、一審で死刑判決を言い渡された被告人に州最高裁へ上告することを保証しており、上告審の裁判費用も全面的に負担する。上訴の項（本書28頁）で書いたように州の死刑裁判の一審で死刑判決が出た場合は、二審を通り越していきなり州最高裁に上告することができることになっている（一審が連邦地裁の場合は、連邦高裁、連邦最高裁の順で上訴）。非常に例外的だが、州最高裁で死刑が確定しても、場合によってはそこから連邦地裁、連邦高裁、連邦最高裁へとさらに上訴する道も開かれている。

　上訴の理由は、①新証拠が発見された、②それまでの裁判が適正な手続に違反していた、③死刑から終身刑への減刑を要求──などさまざまだが、非常に時間がかかる。上訴がすべて却下、棄却または差し戻しとなった場合は、人身保護令（Habeas Corpus）＝ヘイビアス・コーパス＝を裁判所に提出し、死刑執行の差し止めを要求できる。

　人身保護令は、緊急請願ともいうべきもので、被告人が不当な理由で身体を拘束されているとアピールし、拘禁からの自由を要求するものだ。裁判所が認めれば、釈放される可能性もある。これも却下された場合は、最後の手段として請願がある。死刑判決が確定した州の死刑囚の刑を執行するかどうかを決める最終権限は知事が持っている。制度上、知事は死刑囚の請願を聞き入れて、執行を一定期間猶予したり、死刑判決を仮釈放なしの終身刑に減刑したりすることができる。しかし現在の米国では、よほどのことがない限り、この最終段階で知事が死刑判決を覆したり、終身刑に減刑したりするこ

とはない。

死刑制度が犯罪誘発

　起訴から最終的に死刑が執行されるまでにかかる時間は、12年から14年である。延々と続く上訴手続をすべて消化すると、これだけの時間がかかる。この間、死刑囚は刑務所の特別な一角にある死刑囚監房に隔離されるが、労働を免除され、厳重警備の中、1日22時間近くを独房で過ごす。経費は一般の囚人より多くかかる。

　加えて死刑を執行するための処刑室の建設・維持、また処刑そのものにも多額の金がかかる。公選弁護人の弁護費用も含め、あれやこれやで、死刑囚と死刑に費やされる経費は跳ね上がる。フロリダ州ではひとり（1件）当たり320万ドル（3億2000万円）、テキサス州では240万ドル（2億4000万円）である。死刑制度を維持するために必要な経費は、驚くなかれ、カリフォルニア州で年間9000万ドル（90億円）、ニューヨーク州で1億1800万ドル（118億円）である。38州の平均は約2000万ドル（20億円）だ。多くの州は死刑制度維持に多額の費用がかかるため、ほかの司法関係の予算を削減している。中には警察官の人員削減に追い込まれたところもある。さらに刑務所予算をカットし、本来の期限より早く囚人を仮釈放するという便法がとられる。

　それだけではない。死刑裁判を抱えた検察は、これに忙殺され、ほかの事件捜査は手抜きをせざるを得ないという事態すら生まれている。皮肉なことに、死刑制度によって、警察官の数や捜査能力が低下し、犯罪者が刑務所からどんどん出ていくという本末転倒の結果が生まれているのである。つまり死刑制度そのものが、抑止どころか犯罪を誘発する原因をつくっているのである。

　死刑情報センターによると、死刑の代わりに仮釈放なしの終身刑を導入すれば、経費は6分の1で済むという。コスト・パフォーマンスが死刑反対の理由のひとつになっているのだが、それは「金がかかるから、やめろ」という単純な話ではないのである。

NJ州の委員会が死刑廃止を答申

　カトリック教会のほか、いくつかの民間団体が死刑廃止を訴えているが、国民の反応は鈍い。唯一、ニュージャージー州が初めて死刑廃止に向けて一歩を踏み出したのが目新しい。知事の諮問を受けた「ニュージャージー死刑研究委員会」が2007年1月、死刑廃止を求める意見書を答申した。検事、弁護士、元判事のほか牧師や殺人被害者の遺族ら13人から成る委員会は、司法関係者や犯罪被害者に広範な面接調査を行い、議会などで公聴会も実施し、約1年かけて意見書を作成した。

　委員会は「死刑は、進化する人間の威信と相容れない」と述べ、死刑の代わりに仮釈放なしの終身刑を導入するべきだと提案した。その理由として①死刑にかかるコストは終身刑よりはるかに高い、②無実の人間を死刑にするという取り返しのつかないミスを避けられるなどを挙げた。死刑制度廃止で浮いた予算は、犯罪被害者の救済に使うという提案もしている。

　同州は1982年に死刑を復活させたが、事実上、死刑囚に対する執行を凍結してきた。死刑廃止を実現するためには、議会が意見書に沿って現行の死刑法の改正案をつくり、可決しなければならない。

　連邦も州も、死刑制度を維持するにしろ廃止するにしろ、その理由を明確に述べていない。死刑を実施していない州も72年の最高裁判決以降、刑法の最高刑から死刑を外しただけで、なぜそうしたのか明確な理由を明らかにしていないのである。最高裁と連邦議会が、死刑制度を所与のものとして扱い、それを維持する理由を明らかにしようとしない中「人間の威信と相容れない」という理由を死刑廃止の筆頭に挙げたニュージャージー州の意見書は、画期的である。

15

DV 規制法

> DVで命の危険にさらされている女性が家庭に留まるひとつの理由は、生き残りをかけて虐待者に同調する『ストックホルム症候群』に陥るためである。
> NPO「ストップ・バイオレンス」

殺人の前兆

　暴力は、一般に考えられている以上に、米国社会に浸透している。家庭内における暴力と虐待、親しい人の間に起こる傷害、殺人事件が多いのである。これは、暴力を是認し、ある意味で暴力を賛美する米国文化の素地となっており、米国社会のダークサイドである。

　米国における暴力は深刻な社会問題である。おおざっぱに言って、暴力の源は家庭にある。その延長として子どもへの虐待、セクハラ（レイプを含む）、ストーキングがあり、究極的に傷害、殺人に行き着く。

　親しい人の間で起こる暴力的行為を総称してドメスティック・バイオレンス（Domestic Violence）という。家族同士だけではなく、友人、知人など何らかの人間関係がある人々の間に起こる暴力を指す。「家族間の暴力のほか家族のメンバーと、家族のメンバーに関係する人たちとの間に発生する暴力」と言い換えても良い。最近、日本でもディー・ヴィ（DV）の名称が使われ出した。

　DVには子どもに対する暴力・虐待は含まれないが、最近は定義を厳密にするため「親しいパートナーの暴力」（Intimate Partner Violence＝IPV）という言葉が使わ始めた。これは夫と妻、元夫と妻、元妻と夫、同棲者、ボーイフレンドとガールフレンドなど（18歳以上）の近しい人間の暴力に限定し、子どもへの虐待は含めない概念である。しかしDVの公式統計など各種の調査では、児童虐待は含めておらず、DVとIPVは同義語である。

4200万人が被害

　米国では妻を殴る夫や、恋人に暴力を振るう男が多い。最近ではその逆も多くなったが、DVの実態調査は、機関によってかなり異なる。被害者が警察や病院に報告しないケースが非常に多く、FBIなどの公式統計では全容は把握できないからだ。

　厚生省の疾病（しっぺい）管理・予防センター（CDC）によると、18歳以上の女性約530万人、男性320万人が毎年、DVの被害に遭っている。このうちレイプを含む暴行を受けている女性は150万人、男性は80万人におよぶ。2000年に発表された司法省の調査によると、DV被害者の5人に4人は、被害届けを警察に出さないという。したがって潜在的には米国全土で年間約4200万人がDVの被害にあっていると推測される。DVは、小突いたり、押したりする軽度の暴力から殴ったり、蹴ったり、さらにナイフで刺したり、銃で撃ったりする殺人的な暴力まで程度がさまざまだが、「身体に対する物理的な力の行使」に限定しており、怒鳴ったり、威嚇したりして精神的に追い詰める「言葉の暴力」は含めていない。

　CDCによると、DVによって年間200万人が負傷し、1300人が殺されている。米国における殺人事件は、DVの延長として起きる場合が少なくない。司法省によると、1976年〜1996年の殺人事件の被害女性10万5175人の加害者の内訳を調べたところ、夫が約20％（1万9892人）、元夫が1.4％（1466人）、ボーイフレンドなどの親しい人が9.4％（9902人）だった。女性の被害者の約30％は、親しい関係にある人間、または、かつて親しい関係にあった人間によって殺された。男性の場合は、それぞれ3.7％、0.2％、2％であった。

　DVの加害者は男女とも、幼少時代に父や母から虐待を受けていた人が多い。DVの背景には親による子どもへの虐待がある。親から子へ「継承」される暴力の悪しき連鎖が、DVという形で表面化しているといえなくもない。

　DVの件数は、年々増え、最近では、これまで事件にはならなかった妻や夫の虐待は、刑事事件として立件され、厳しく罰せられるようになった。そ

れでも当局の介入に限界があったり、被害者が届けずに我慢してしまったり、あるいは個人主義を尊ぶ米国の社会的気風から隣人、友人が被害にあっても見て見ぬふりをするなど、DV の撲滅には依然大きな障害があるようだ。

広域化に対応

女性に対する DV を取り締まる連邦法が実施されたのは 1994 年である。これは、DV の加害者、被害者が州境を越え、全国に広がっている現状に対応した法律である。

具体的には同年施行された「暴力犯罪統制と法執行法」（Violent Crime Control and Law Enforcement Law）の一部として施行された「女性に対する暴力取締法」（Violent Against Women Act）である。

これは、ある州で出された差止命令が別の州でも有効であることを規定したほか、ある加害者がある州において暴力行為罪で裁かれる場合、検事は、その加害者が他の州で犯した暴力行為の前科、前歴を証拠として採用しても良いと定めている。

たとえば、夫の暴力を受けた妻が、住んでいる市町村の裁判所で差止命令をもらったが、緊急避難的措置として別の州に逃げた。夫はその後を追い、再び暴力を振るった。この場合、前に住んでいた州の裁判所からもらった差止命令は、従来は無効とされたが、この新連邦法によって有効になった。したがって、夫は、差止命令違反となり、禁固、懲役または罰金などの罰を科せられる。

このため、FBI が中心となって全国の裁判所の差止命令を集計、網羅したデータベースがつくられ、差止命令を受けている者は、違反すればどこにいても逮捕などの措置を受けることになった。また、新法は差止命令を受けた者に重火器の所持を禁止している。妻に暴力を振るった警察官、保安官も例外ではない。

2004 年 12 月に日本で施行された改正配偶者暴力防止法（改正 DV 法）は米国の規制法を下敷きに、これを一層整備したものだ。日本版は元配偶者の DV にも規制の網をかけ、被害者の自立支援を掲げるなど米国より一歩進ん

だ内容になっている。

16 ストーキング規制法

> ある研究者によると、アメリカ人の 20 人にひとりが一生に一度は、ストーカー被害に遭う。
>
> **ミネソタ州・反暴力・反虐待センター**

法的対応の遅れ

　1990 年代に入って、大きな社会問題になってきたのが、ストーキング (stalking) である。特定の個人を、長期間つけ回し、身体的、精神的脅威を与える行為をストーキングと呼ぶ。米国では 1990 年代中盤の時点で、150 万人がストーキングの被害に遭っているといわれる。被害者の大半は女性である。日本でも 90 年代に入って同様の社会現象が表面化し、ストーキングとストーカー (stalker) ＝ストーキングをする人＝という言葉が日本語としても定着しつつある。

　長い間、米国ではストーキング自体を犯罪行為として取り締まる法律がなかったため、警察当局は、住居侵入罪や暴行、殺人未遂などを援用して加害者を逮捕してきたが、ストーカーが相手を傷つけたり、殺したりするまでストーキングを「放置」していたケースもあり、有効な予防措置を講ずることができない状況が続いた。

　ストーキングは別れた恋人、夫婦間に生じることが多く、警察は男女間のトラブルなど民事紛争には介入できないとの立場から、ストーカーに強い態度をとることを控えてきたという事情もあり、対応が遅れた。

　ストーキングを犯罪と規定し、罰則を設ける法律を施行した最初の州はカリフォルニア州である。1989 年、当時 21 歳のテレビの人気女優レベッカ・シェーファー が、アリゾナ州在住の男性ファンにつけ回され、自宅で銃撃されて殺された事件がきっかけになり、1991 年から州の刑法にストーキン

グを禁じる規定が盛り込まれた（この事件を担当し、被疑者を殺人罪で起訴したのはシンプソン事件の主任検事を務めたマーシャ・クラークである）。

1997年末までにメーン州を除く全州がストーキング規制法を施行した。ここではミシガン州の例をみてみよう。ストーキングの定義は以下の通りである。

最高は禁固・懲役5年

「ストーキングとは、反復的または継続的な個人に対する意図的な嫌がらせ行為であり、それによって合理的人間が、脅威や恐怖を感じたり、邪魔されたり、性的接触を受けたと感じたりするものである」。

ミシガン州の法律は、ストーキングを広く規定し、実際に特定の人間にしつこく接近したり、姿が見える範囲で一定の距離を保ってつけたりする行為のほか、定期的に電話したり、郵便やEメールを送ったりして嫌がらせをする行為も含むとしている。つまり身体的脅威だけではなく、精神的な脅威を与える行為もストーキングに含めているのである。

初犯のストーカーに対する罰則は、比較的軽い。最高で1年以下の禁固・懲役刑、または1000ドル以下の罰金、もしくは5年以内の保護観察である。悪質になると、加重ストーキング（Aggravated Stalking）と認定され、重罪になる。罰則も最高5年の禁固・懲役刑、または最高1万ドルの罰金、もしくはその両方。保護観察の場合は最低でも5年、最高刑は、終身保護観察である。その他の州のストーカー規制法も大同小異である。

普通、ストーキングに遭った場合、被害者は、まず警察に被害届けを出す。具体的な被害の内容を報告し、身辺の警備を依頼する。警察は、加害者の行動を調査した上で、警告を発し、必要な場合は逮捕する。確信犯的なストーカーは、この程度で行為をやめず、罰を受けた後に、ストーキングを再開するケースが多い。被害者は、警察に対する被害届けと並行して、裁判所に暫定緊急差止命令を出すよう申請する。これは、裁判所がストーカーに対し、特定の個人や集団に近づかないよう指示する命令書で、例えば「Aさんの半径2メートル以内に近づくな」といった具体的な命令が書いてある（詳細については「差止命令」の項〔本書206頁〕を参照）。

暫定差止命令は、被害者の一方的な申立によって裁判所が出すもので、加害者（ストーカー）の言い分は通常、無視される。

保護命令違反は重罪

ストーキングや家庭内暴力の加害者に対する差止命令を、特に保護命令（Protective Order）と言うことがあるが、差止命令と同じことである。被害者側から見れば、自分を保護してくれる命令になることから、この呼び名がついた。

これには、暫定保護命令（Temporary Protective Order）と完全保護命令（Full Protective Order）があり、前者は通常45日から90日で失効する。これを裁判所が更新すれば、引き続き有効になるが、基本的には期限が設定されている命令である。

ストーカーに対しては裁判所がまず、被害者に暫定保護命令が出されたことを通知する。被害者と最寄りの警察署や保安官事務所にも同じものを一通ずつ出す。関係する機関に命令の内容を周知徹底させるわけだ。

ストーカーが暫定差止命令を無視し、ストーキングを続行し、警察などに再逮捕された場合、それを理由に裁判所は完全保護命令を出す。あるいは暫定保護命令を出した後、裁判所が両当事者を呼んで審問（ヒアリング）を開き、被害者が被害の甚大さを訴え、それに説得力があると判断した場合、暫定命令を完全命令に格上げすることもある。これによって命令の効力は永続的になる。

ミシガン州の州法では、暫定保護命令違反は、重罪になり、重い罰が科せられる。また、そうしたストーカーの被害者には自動的に完全保護命令が出され、ストーカーが、これを無視した場合は、さらに厳罰が科される。しかし、厳罰を受けてもストーキングをやめないストーカーが少なくないことにこの問題の深刻性がある。

日本では2000年にストーカー規制法が施行されたが、その内容は、米国のストーカー法の日本語版といってもいいほど、酷似している。ストーカーに対して警察が警告を出し、それに従わない場合、都道府県の公安委員会が禁止命令を出す。これに違反すると、100万円以下の罰金、1年以下の懲役

が科されるというものだ。

神話が生む悲劇

　1994年、米国のストーキングの実態について初めて包括的に書かれた本"To Have or To Harm"（リンデン・グロス著）が出版された。この本の序文でストーキング被害の研究者ガビン・デ・ベッカーは、被害多発の背景には「女性のノーは、本当はイエスである」という男たちの誤った思いこみがある、というユニークな分析をしている。

　ベッカーは具体例としてダスティン・ホフマン主演の映画「卒業」（1967年）を挙げる。ホフマンが演じる青年は人妻（アン・バンクロフト）と性的関係を結ぶが、その娘（キャサリン・ロス）と恋に陥る。しかしそれを知った母親は猛烈に反対、キャサリンも母親と関係したホフマンに愛想を尽かし、求愛を拒絶、ほかの男と結婚を決意する。ホフマンは、あきらめきれず彼女を追いかけ、遂に結婚式場を突き止め、彼女を翻意させる。最後には彼女も彼の熱意にほだされ、二人は手に手をとって新世界に歩み出すというストーリーである。

　私もこの映画を見たが、絵に描いたようなハッピーエンディングに「よかった、よかった」と手をたたき、ホフマンのとった行動に共感を覚えたことを思い出す。しかしベッカーに言わせると「なせば成る」というこのメンタリティが、ストーカーを生む最大の元凶なのである。

　拒絶する女を執拗に追いかける男、最後には女が折れてハッピーエンド、というパターン化されたストーリーの何百、何千という映画やテレビドラマが毎日のように全国で繰り返し上映、放映され、それを善とする意識が男たち、そして女たちにさえ、植え込まれる。

　映画とドラマはフィクションだが、現実はそうではない。なのに「ノーはイエスである」というフィクションが現実と混同され、希望的観測が確信に変わる。幻想と現実の倒錯がその確信を強固にし、その結果、異常なストーキングが起きるというのが、ベッカーの分析である。

　ストーカーというのは特別な異常者ではない。中には、パラノイア的な異常心理を持つものもいるが、大半は「普通の人」である。しかし、「なせば

16 ストーキング規制法

成る」という特攻精神にのっとって自分は正しいことをしていると思いこんでいる。復縁を迫る男にこのタイプが多い。最終的に相手を殺すことによって、自らのストーキングを完了させるストーカーがいるから恐ろしいのである。

スピルバーグ、マドンナも被害

　もうひとつのストーキングの典型は、有名人に対する追っかけである。カリフォルニア州の反ストーキング法を生むきっかけとなったシェーファー殺人事件の犯人は、孤独な田舎の少年だった。彼女との一体化という幻想を追いかけた末に、自宅まで押し掛けていって、撃ち殺したのである。これは、パラノイア質の精神障害者に多く、最終的には目当ての有名人を殺すことによって、ストーキングを完成させる。ジョン・レノンを殺したマーク・チャップマン、レーガン大統領暗殺未遂を起こしたジョン・ヒンクリーも異常なストーカーの例といえるだろう。

　1995年3月、テキサス州コーパスクリスティで人気歌手セレーナ（当時21歳）を35歳の女性ヨランダ・サルディバルが、銃撃して殺した。セレーナのコンサートを追っかけていたサルディバルは、セレーナが宿泊していたモーテルの部屋まで会いに行き、銃で殺した。サルディバルは、セレーナと話をしている最中に、自殺を思い立ち、死のうとしたが、銃が暴発し誤ってセレーナを撃ってしまったと自供、裁判では心身喪失だったという抗弁で無罪を主張したが結局、有罪評決を受け、終身刑になった。

　映画監督のスピルバーグを付け回し、性的暴行を加える目的で家宅侵入を企てた男が1998年3月に「禁固25年から終身刑」という厳しい判決を受けた。

　これはストーカーに下された実刑判決としては最も重いものであろう。この男は、1997年6〜7月に4回、スピルバーグの自宅に侵入しようとして逮捕された。逮捕時に、手錠や粘着テープ、ナイフなどを所持しており、スピルバーグ一家を拷問して殺すことを計画していたとみられる。

　証人として裁判に出廷したスピルバーグは、「この男は目的を達成するまで、あきらめないだろう。今でも恐怖を感じている」と述べ、重い処罰を要

求した。この種のパラノイア型のストーカーを無力化するには、一生刑務所に収監する以外に有効な手はない。

　歌手のマドンナも変質的なストーカーに追いかけ回された著名人のひとりだ。「結婚しなければ、殺す」と脅していた男が1995年4月から5月にかけて、3回にわたってハリウッドにあるマドンナの豪邸に侵入、男はガードマンに撃たれて負傷し、逮捕された。

　当時自宅にいなかったマドンナは無事だった。1996年2月の公判で、男は懲役10年の判決を受けたが、ストーキングに対する処罰としては重いほうだ。

　こうしたケースに共通しているのは、ストーカーたちは一様に、映画「卒業」におけるダスティ・ホフマンと同じような心理状況にある。どんなに拒絶されても、あきらめない。相手の拒絶はポーズであって本当は、自分を好きなのだ、と本気で思っている。だからストーカーは、拒絶されればされるほど、執念を増し、ストーキングをエスカレートさせる。一心不乱、猛進型のストーカーには、言葉による説得は通用しない。ストーキングの深刻さは、ここにある。こんな狂気のストーカーに狙われたら、一生つきまとわれる。

　被害者が、こうした異常なストーカーを一生、刑務所に閉じこめておくべきだと考えるのも当然だが、現行のストーカー規制法では、暴力行為をしないでただつきまとうだけのストーカーを終身刑にすることはできない。一生刑務所に閉じ込めてもらうことができない場合は、自分のほうが住居を遠方もしくは外国に移し、ストーカーに分からないように、完全に姿を消すしかない。実際、そのようなストーカー被害者がいることが、この犯罪の深刻さを示している。

17

少年法

> 更生を重視した少年法は、凶悪化する少年犯罪に対応していない。
> ニューヨーク市少年局

未成年は18歳未満

　米国では普通、18歳未満の男女を少年（少女）という。英語ではこれを総称してマイナー（Minor）という。未成年という日本語に相当する。これに対して成年、成人はAdultまたはMajorityという。

　かつて米国では、英国の慣習法にならって少年は21歳未満の男女とされたが、1971年、公職選挙の投票に関して憲法が修正され、18歳以上の国民に連邦の公職選挙の投票権を認めた。これ以降、成人は18歳以上という社会的合意ができた。米国における成人と少年の区別の根拠は、主としては、この憲法の規定（修正26条）に基づく。法律的に、成人は自分の決断で何事もなし得る年齢とされ、自分の行動の責任を全面的に負うことを求められる。したがって18歳以上の犯罪被疑者には通常の刑事手続が適用される。これは連邦少年法の規定であり、州によっては17歳未満を少年としているところもあるが、おおむね18歳未満である。

　少年の犯罪に対する法的対応は、刑法の一部として規定されているが、便宜的にそれを少年法と呼ぶことにする。連邦法があるほか各州が独自に少年法を施行している。

　ここでは連邦法にしたがって、話を進めるが、州法も基本的に同様の内容である。18歳未満の少年には原則として通常の刑事手続は適用されない。少年犯罪はジュヴェナイル・デリクウェンシー（Juvenile Delinquency）、非行少年はジュヴェナイル・デリクウェント（Juvenile Delinquent）と呼ばれ

る。

|14歳未満の刑事責任問わず

　少年犯罪に対する姿勢の基本は、「罰するより更生」という考え方である。つまり少年は保護されるべき存在であり、悪いことをしてもそれを罰するのではなく、再教育して更生を図るべきであるという思想が、根底にある。これは米国だけではなく日本も含め万国共通の思想と言っていい。

　少年は、おおむねふたつのカテゴリーに分けられる。第1のカテゴリーは14歳未満で、原則としてどのような罪を犯しても刑事責任を問われない。刑罰が科されることはなく、更生、再教育に重点が置かれる。

　第2のカテゴリーは14歳以上18歳未満。この年齢層の少年は、重罪を犯した場合、原則として刑罰が科せられる。通常は、少年裁判所（Juvenile Court）の裁きを受け、同じ罪を犯した成人より軽い罰になるが、一定の条件の下では、成人と同様に扱われ、成人並の刑罰を科せられることもある。通常、警察は学校へ行かなかったり、酒を飲んだり、たばこを吸うなどの不良行為をする少年に対しては本人を説諭して家へ返す。

　少年の不良行為はStatus Offenceと呼ばれ、成人の軽犯罪に相当する。警察は不良行為については、検察に送致しないのが普通である。

　しかし窃盗、暴行、レイプ、殺人などの重罪を犯した少年は原則として検察へ身柄を送致する。検察はケースによって、少年裁判所へ送致するか、成人と同じように起訴するかどうかを決める権限を持つ。少年だからといって、一律に少年裁判所（家庭裁判所に相当）に送るということはない。警察や検察が14歳以下の少年を尋問する場合は、親か保護者もしくは弁護士の同席が必須である。これを怠ると、尋問内容は証拠とされない。

　1970年代までは少年であれば、ほぼ自動的に少年裁判所へ送致していたが、この慣習を改め、1980年代以降は凶悪な罪を犯した少年を、成人と同様の扱いにするケースが増えている。司法制度が少年の犯罪に甘過ぎるという世論が高まったことが大きく影響している。

　少年は少年裁判所へ身柄送致されても、通常の起訴手続とは違う扱いを受ける。通常なら、罪状認否、予備審問、起訴、陪審裁判、評決、判決の順で

刑事手続が進むが、少年の被疑者については、これらの手順を踏まない。

少年の審判

　少年犯罪については少年裁判所の判事がすべての権限を持つ。判事が弁護士の立ち会いの下で、少年に直接尋問し、両親などの関係者に事情を聞いたりして事実認定を行い、有罪、無罪を判断する。有罪の場合は、判事が量刑を決める。これらの一連の行為を審判（Adjudication）という。少年犯罪の場合は、陪審による裁判は行われない。原則として審判に検事が立ち会うこともない。

　審判に基づき判事が下す量刑は処分（Disposition）と呼ばれる。本人および関係者に対する事情聴取のほかに裁判所の職員や矯正局の職員らが判事の要請に基づいて行う調査も処分を決める重要な資料になる。学校の教師、友人や隣人への聴取、病歴、犯罪歴などの調査である。これを処分前捜査（Predisposition Investigation）という。

　処分は大きく分けて4種類。無罪を除けば、一番軽いのは、親もしくは特定の家庭（親戚の家や篤志家の家など）の監督下に置くという処分。その次が保護観察（Probation）。自宅などにいながら、一定期間、定期的に裁判所が指定する保護監察官（Probation Officer）のもとに出向き、指導を受けたり、公共奉仕をしたりする（保護監察官は州の保護監察局の職員。成人も含め保護観察の仕事を担当する）。

　三番目が教護院（Reform School）送り。家庭の崩壊などで犯罪に走った少年で、犯罪の程度が比較的軽い者に下される処分である。小、中、高レベルの教育を施すほか、医療施設も併設されており、精神的に不安定な少年もここに送られる（審判の過程あるいは検察が少年裁判所に送致するかどうかを決める段階で、重症の統合失調症と診断された場合、少年は専門病院に強制入院させられる）。

　四番目が、少年院（Juvenile Detention Center）送り。殺人、放火、レイプなどの重大な罪を犯した少年、何回も重罪を重ねる少年に対する処分である。少年院では授業も行われ、行動が制約され、厳しい集団生活を強いられる。

この4種類より厳しいのが、検察による通常の起訴である。有罪になった場合は、成人と同じ刑務所行きになるが、量刑は軽減されるのが普通である。刑務所では、少年だけが他の受刑者とは別の監房に収容される。

　2000年12月、日本で施行された改正少年法は、①刑事罰可能年齢を16歳未満から14歳未満に引き下げ、②16歳以上の少年の重大犯罪については成人と同様の起訴手続をとる、③被害者に対し審判記録の閲覧、謄写を認める――などを実施したが、米国の制度をそのまま採り入れたような内容である。これは犯罪の低年齢化、凶悪化という傾向に厳罰主義で臨むという政策の表れであろう。

　米国でも、少年のプライバシーを守るという建前から少年裁判所の審判は非公開だが、1980年以降は、被害者や報道関係者の傍聴を許可するケースが増えている。審判の記録も原則的に、非公開とされていた。しかし、「被害者の知る権利」への共感が高まったことから、請求があれば被害者の家族に対して部分的に審判の傍聴を認めることが一般的になった。さらに社会的影響の大きい事件の審判記録をメディアの請求に基づいて裁判所が公表するケースも出てきた。公表するかしないかの判断は、事件を担当した判事の裁量にかかっており、ケース・バイ・ケースである。

　しかし、少年のプライバシーを保護するため、その少年が成年に達した後、あるいは一定の期間が経過した後に、審判記録はすべて裁断され、破棄される。

少年犯罪も実名報道

　同様の趣旨から18歳未満の犯罪少年については、氏名、住所、写真など身元を特定できる事柄を報道してはならないとされている。しかし、米国のメディアは必ずしもこれを守っていない。連邦裁判所は、メディアが独自の取材で犯行の詳細や実名を割り出し、報道することまで禁じていない。

　米国は憲法修正1条で「言論・報道の自由」を掲げている国である。報道の自由を侵すどんな規定も、原則として憲法違反なのである。米国のメディアは少年のプライバシー保護より報道の自由が優先するという確固とした立場を貫いている。少年犯罪であっても、実名で報道するのが原則である。

例外とする場合は、メディア自身の判断に基づいて匿名にしたり、一切書かなかったりする。

　州レベルでも少年保護の立場から、報道を制限する法律を設けているところが多いが、全面禁止規定はない。担当判事に審判の情報公開について裁量権を与え、たとえば、記事で実名を出さないという条件をつけて、審判の傍聴を許可する州もある。カリフォルニア州は殺人などの重大事件については審判を公開すると規定している。

　少年犯罪報道に対する当局の対応は日本とは、大違いである。日本の少年法は61条で少年犯罪の実名報道を一律、全面的に禁止しているが、改正少年法でも修正されなかった。日本のメディアは、少年犯罪（日本では20歳未満）については、ごく少数の例外を除いてすべて匿名報道である。

　少年法61条に違反しても罰則規定はないが、それ自体、日本では重大な行為とされ、名誉棄損裁判になった場合、メディア側が敗訴する可能性が大きいのである。米国で、これと同じ状況で名誉棄損裁判が起こされても、100％メディアが勝訴する。だから、その種の裁判は、起きない。

第 3 部

司法機関
Law Enforcement Organization

18

裁判所と判事

> 判事は野球の審判のようなものである。審判はルールをつくるのではなく、それを適用するだけだ。その役割は限定的でなければならない。
>
> **ジョン・ロバーツ米国連邦最高裁長官**

管轄

　米国の法制度は連邦法と州法の二重構造になっている。だから裁判所と検察は、それぞれ連邦と州のふたつがあり、併存している。

　連邦裁判所は三審制で、連邦地方裁判所（United States District Court）、連邦高等裁判所（United States Court of Appeals）、連邦最高裁判所（United States Supreme Court）から成る（連邦高裁は正確には「連邦上訴裁判所」だが、日本の裁判所の呼称に合わせて「高裁」とする方が分かりやすい）。

　連邦地裁は50州の主要都市など計93カ所に設置されている。それぞれ10人前後、合計約870人の判事がいる（2005年2月現在）。そのトップはチーフ・ジャッジ（Chief Judge）だ。この日本語訳は「連邦地裁所長」が適当だ。連邦地裁は連邦事件の第一審を担当する。

　Federal District Court が連邦地裁の略称。たとえばニューヨーク州には、東西南北に4つの連邦地裁がある。ブルックリンにあるのが Eastern District Court of New York。マンハッタンにあるのが Southern District Court of New York である。同様にロチェスターにあるのが Western District、ブリガムトンにあるのが Northern District だ。所在地の地名を冠し、マンハッタン連邦地裁、ブルックリン連邦地裁などと表記すれば、分かりやすい。

　ここで重要なのは「ディストリクト」という言葉である。法律用語では、「管轄」を意味する。その裁判所の影響がおよぶ物理的範囲を指す。ニューヨーク、カリフォルニア州のように人口が多いところは四分割され、マサチ

ューセッツ、コロラド、メーン、ハワイなど23州はそれぞれの州の全域をひとつの管轄区にしている。50州に合計93の管轄区があるということになる。

連邦高裁

連邦高裁は国内11管轄区とコロンビア特別区にあり、連邦地裁を管轄している。つまり、93の連邦地裁管轄区が、12に統合されているということだ。管轄区ごとの州は以下の通り。

第1管轄区　ボストン（メーン、マサチューセッツ、ニューハンプシャー、ロードアイランドの各州とプエルトリコ）
第2管轄区　ハートフォード（コネチカット、ニューヨーク、バーモント）
第3管轄区　フィラデルフィア（ニュージャージー、デラウェア、ペンシルベニア、バージン諸島）
第4管轄区　リッチモンド（メリーランド、ノースカロライナ、サウスカロライナ、バージニア、ウエストバージニア）
第5管轄区　ニューオーリンズ（ルイジアナ、ミシシッピ、テキサス）
第6管轄区　シンシナティ（ケンタッキー、ミシガン、オハイオ、テネシー）
第7管轄区　シカゴ（イリノイ、インディアナ、ウィンスコンシン）
第8管轄区　セントルイス（アーカンソー、アイオワ、ミネソタ、ミズーリ、ネブラスカ、ノースダコタ、サウスダコタ）
第9管轄区　サンフランシスコ（アリゾナ、カリフォルニア、アイダホ、モンタナ、ネバダ、オレゴン、ワシントン、アラスカ、ハワイ、グアム、北マリアナ諸島）
第10管轄区　デンバー（コロラド、カンザス、ニューメキシコ、オクラホマ、ユタ、ワイオミング）
第11管轄区　アトランタ（アラバマ、フロリダ、ジョージア）
D.C.管轄区　首都ワシントン（コロンビア特別区）

連邦高裁も所在地の都市の名を冠してボストン連邦高裁、サンフランシシ

コ連邦高裁などと表記すれば、分かりやすい。コロンビア特別区はワシントン連邦高裁で良い。連邦高裁は連邦地裁からの上訴案件を扱う。

連邦判事は任命職

ボストンに置かれている連邦高裁の正式名称は U. S. Court of Appeals for First Circuit である。直訳すると「第1巡回区連邦上訴裁判所」。これはかつて、上訴裁判所の判事が極度に少なく、管轄地域の下級裁判所を巡回して裁判をしたことに由来する。この名称はそのころの名残だ。今は、巡回しない。各連邦高裁は20人前後の判事で構成され、そのトップは Chief Judge。この日本語訳は長官とするのは適当だ。

連邦裁判所の所長、長官、判事は任命職である。大統領が指名し、上院の承認を経て就任する。任期は終身。病気などで執務が不可能になったり、任意で引退したり、あるいは刑事事件で有罪になるなどして弾劾されない限り、その地位は死ぬまで保障される。

基本的に弁護士資格を持っていることが資格条件である。連邦地裁の所長は連邦地裁判事からの抜てきのほか、州地裁の判事や連邦検察の幹部、あるいは在野の弁護士として10年以上働き、裁判所以外の司法分野で卓越した仕事をし、顕著な業績を上げた人が選ばれる。司法試験に合格後、すぐに判事になるという道はない。20歳代の判事は皆無、30歳代の判事もきわめてまれだ。連邦地裁判事は40歳代が中堅で50歳代が一番多い。連邦高裁判事の多くは地裁判事や連邦検事正から選ばれる。

連邦裁判所の判事の指名権は、形式的には大統領が持っているが、実質的指名権を握っているのは、管轄区の州の連邦上院議員である。多くは、法律家としての力量と政治的貢献度を計って上院議員が選び、大統領に推薦する。大統領が拒否することはほとんどないし、上院議会も反対しない。上院議員が自分の州の連邦地裁判事の指名権を持つという慣習は、19世紀半ばから既得権化しており、民主党、共和党とも、これに疑問を差し挟む向きはない。しかし、中には首を傾げるような人事がある。

2001年8月、ブッシュ大統領は、欠員が生じたケンタッキー東地区連邦地裁判事にデービッド・バニング氏を指名した。ケンタッキー州選出の上院

議員で同氏の父親のジム・バニング氏が、自らの権限を行使して息子を地裁判事にするよう大統領に要請、これを受けての指名であった。バニング判事は就任時、弱冠35歳。おそらく、連邦地裁判事の中で最年少だったと思われる。それまで弁護士として10年の経験しかない法律家が、いきなり連邦地裁判事になったのは異例中の異例で、情実人事という批判を免かれないが、上院は2002年4月に承認した。

治安判事

連邦地裁には、大統領の指名による判事のほかに、治安判事（Magistrate Judge）がいる。補助的な裁判官で、軽犯罪の裁判や一部の陪審裁判を主宰するほか、各種の令状の発給を担当する。また、予備審問も原則として治安判事の担当である。

治安判事は、地裁の判事が任命し、1期4年から8年である。弁護士資格を持つ在野の法律家が常勤で務めるほか、地裁判事を退任した人が非常勤で務めるケースが多い。全国で常勤480人、パートタイム50人（2002年現在）が、その地位にあり、縁の下の力持ちとして活動している（州の裁判所にも治安判事はいる）。

民主党、共和党の二大政党制の米国では、連邦裁判所の判事の人事は必然的に党派性を帯びる。その州の民主党、共和党の政治活動に深く関与したり、選挙に熱心な人が指名されるからである。実際、国政選挙や地方選挙の論功行賞的人事の側面もあり、上下両院の連邦議員選、知事選あるいは大統領選で大きな貢献をした人が、その見返りに連邦裁判所判事の職を得るケースが少なくない。

大統領が民主党で、上下両院の多数派が民主党の時は、民主党員もしくは民主党に近い候補が多く指名される。その逆では、共和党色が強くなる。連邦裁判所の判事指名については、両党の間に民主党政権の時は民主党員（あるいは民主党シンパ）3人に対して、共和党員2人を指名し、共和党政権の時は、その比率を逆にするという暗黙の協定がある（連邦上院議員は各州2人。いずれかの党が議席を独占している場合、議席のない党は、上院議員に代わって州の党有力者が、候補者を人選する）。

1981年からレーガン、ブッシュと共和党政権が3期12年続き、この間、空席となった連邦裁判所の判事は、共和党系3民主党系2の割合で埋められた。この結果、共和党色がかなり強まったが、その後、民主党のクリントン大統領が2期8年を全うしたので、やや民主党が巻き返した。2001年に共和党のブッシュ政権が発足、2004年に再選されたことで、再び保守勢が伸張している。

上院の承認

　連邦裁判所判事（所長、長官を含む）に指名された候補は、上院司法委員会で審査にかけられ、必要に応じて公聴会が開かれる。同委員会の過半数の同意が得られた後、定数100人の上院本会議の投票にかけられ、過半数の同意が得られれば、承認される。必ず承認されるとは限らない。特に高裁判事候補や最高裁判事候補の場合、極端にリベラルだったり、保守的だったりすると、司法委員会が承認を否決することは珍しくない。

　特に大統領と異なる政党が上院の多数派を握っている時は、否決が多い。民主党のクリントン政権（1993年～2001年）の8年間、共和党が上院の過半数を占めていたため大統領指名の連邦地裁判事の多くを否決した。

　承認審議でスキャンダルが暴かれ、これが党派闘争にエスカレートすることもあるため、大統領は最初から承認審議であまり論争にならないような無難な候補を指名する傾向が強い。それゆえ、法律家として最も優秀な人が判事になるとは限らない。思想性、イデオロギーのほかに私生活の清潔さも問われる。頻度の高い「不祥事」として挙げられるのが、不法移民を子守りに雇っていたとか、不倫をしていたというスキャンダル。若い頃、マリファナを使用したり、酒酔い運転で事故を起こしたりして、補導・逮捕されたという前歴がある候補もまず、承認されない。

　話はややずれるが、連続2回挫折した1993年の司法長官人事が、個人的に強烈な印象として残っている。（連邦政府の司法長官も大統領の指名職で、上院の承認が必要）。1993年クリントン大統領は初当選後の組閣で司法長官に女性のゾー・ベアードを指名しようとした。当時、著名な会社の顧問弁護士で年収50万ドルだった彼女が、不法移民を子守に雇い、その社会保障税

を払っていなかったことが判明し、断念した。法律家としての力量に加え、飛び切りの美人で「米国史上初の女性司法長官」にふさわしい人材だった。大統領は次いでニューヨーク州マンハッタン連邦地裁のキンバ・ウッド判事に白羽の矢を立てた。当時49歳の彼女は、ウォール街の大掛かりな経済事件の裁判を主宰して名をはせ、ベアードと並び称せられる才媛だった。本人はやる気十分だったが、またしても子守に雇った移民女性の社会保障税を払っていないことが分かり、辞退に追い込まれた。結果、フロリダ州デード郡の検事長ジャネット・リノが栄光を手にした。独身で派手なところが全くない彼女は一切のスキャンダルに無縁の人だった。

州裁判所は郡ごとに設置

　次に、州の裁判所を説明しよう。州地裁は郡ごとに置かれている。郡は州より小さく市より大きい行政単位である。州地裁の管轄区は、連邦地裁に比べて小さく、かなり細分化されている。

　州の裁判所で混乱するのは、名称に統一性がないことだ。(資料2　アメリカ50州の裁判所の名称一覧を参照〔本書137頁〕)。たとえばカリフォルニア、ジョージアは一審の地裁が上級裁判所（Superior Court）、二審が上訴裁判所（Court of Appeals）、最終審が最高裁判所（Supreme Court）である。

　一審を上級裁判所と呼ぶのは、ニュージャージー、ノースカロライナ、ルイジアナ、ワシントンなどの各州。しかしイリノイ、ケンタッキー州の一審は巡回裁判所（Circuit Court）、アイダホ、アイオワ、メーン、ミネソタなどは地区裁判所（District Court）。ペンシルベニア州の一審はCourt of Common Pleasと呼ばれる。

　ところがメーン、ニューハンプシャー、バーモント、ペンシルベニアの各州ではSuperior Courtが二審（州高裁）の名称だ。またワイオミング州の二審の名称はDistrict Courtである。

　ユニークなのはニューヨーク州。最大都市ニューヨーク市はマンハッタン、ブルックリン、クイーンズ、ブロンクス、リッチモンド（スタッテン島）の5つの区に分かれるが、区の行政区は郡のそれと一致している（ブルックリン区は郡としてはキング郡）。それぞれの郡にひとつずつ郡裁判所

が置かれているが、マンハッタンにある州地裁の名称が何と「最高裁」（Supreme Court）である。他の州地裁と区別するために Supreme Court in Manhattan という。その他の郡の裁判所の名称は County Court である。

そして州地裁の庁舎中に上訴部（Appellate Division）があり、これが州高裁である。その上の上訴裁判所（Court of Appeals）が最終審、すなわち最高裁である（所在地は州都オルバニー）。

50州の裁判所の名称の一覧表をみると、非統一性は一目瞭然である。よくミステリーの訳書や新聞・雑誌記事などで「カリフォルニア州上級裁判所」という記述に出くわすことがある。「上級裁判所」は Superior Court の直訳である。日本語訳だと、ご大層な裁判所に見えるが、カリフォルニア州の郡ごとに全部で58ある一審の裁判所の名称、つまり州地裁である。所在地も入れて正確に書くと長くなるが、ロサンゼルス郡にある州地裁なら「カリフォルニア州ロサンゼルス地裁」、サンタモニカ郡にあるなら「カリフォルニア州サンタモニカ地裁」と表記すると分かりやすい。

多くの州は地裁、高裁、最高裁の三審制だが、一部は地裁、最高裁の二審制である。サウスダコタ、ウエストバージニアは一審が巡回裁判所、二審が最高裁判所。コロンビア特別区（首都ワシントン）は一審が上級裁判所、二審が最高裁判所である。

さまざまな判事選出方式

州の裁判所の判事の選考方式は州によって異なる。何らかの理由で、欠員が生じた場合、それを埋める方法として一番多いのは、メリット・セレクション・システムと呼ばれ、マサチューセッツ、ハワイなど15州とコロンビア特別区が採用している。民主党、共和党の両党派のメンバーから成る委員会が3〜5人の候補者を選び、その中から知事がひとりを指名。その後、郡内で信任投票が行われ、一定以上の票を獲得すれば、判事として認められるという方式。

次に多いのが直接選挙方式。これは無党派選挙、党派選挙のふたつに分かれる。前者は、政党とは関係なく、無制限に候補者を募り、最多得票者が当選し、判事となる。ジョージア、アイダホ州など13州が採用。後者は民主

党と共和党がそれぞれ、ひとりずつ予備選などで候補者をひとりに絞り、一騎打ちで決める。ペンシルベニア、テキサスなど8州が採用。

　知事が任命するのはカリフォルニア、メーンなど4州。議会が任命するのがバージニア州。ニューヨーク、テネシーなど9州は上記の方式を混合して採用している

　弁護士資格獲得後、州の検事や弁護士として10年以上活動した人が判事になることが多い。選挙で選ぶ州では、法律家として優れているだけでなく、政治的にも活発で、党の有力者と深くつながっていることが必要になることもある。それゆえ、州裁判所の判事は、連邦地裁の判事より、政治性・党派性が濃厚だ。知事が指名する場合にも、選挙の論功行賞人事になりやすい。

　州裁判所の判事の構成は、州の政治、経済に大きな影響を与える。たとえば、テキサス州の最高裁は1990年代の前半までは判事の構成がバランスよく保たれていたが、ブッシュ知事の登場以降、民事部門、刑事部門のそれぞれの判事9人は、すべて共和党員になった。共和党陣営が、州最高裁からリベラル色を一掃することを目的に一大キャンペーンを展開したためだ。この結果、企業を被告として州最高裁までもつれ込んだ多くの民事訴訟で、企業寄りの判決が多くなり、刑事政策でも死刑の執行が全米一になるなど強硬路線が定着した。

　州地裁の任期は4年から8年。再選挙で勝てば、何期でも務められるが、概ね70歳が定年である。ニューヨーク州はメリット・セレクション・システムと選挙を併用。選挙の場合は、1期14年で、何期でも務められるが、70歳が定年。マサチューセッツ、ニューハンプシャー、ロードアイランドの各州は定年制を敷いていない。

資料2　アメリカ50州の裁判所の名称一覧

	地　裁	高　裁	最高裁
ニューヨーク	Supreme Court(Manhattan) County Court(Other Area)	Appellate division of Supreme Court	Court of Appeals
ペンシルベニア	Court of Common Pleas	Superior Court	Supreme Court
ニュージャージー	Superior Court	Appellate division of Supreme Court	Supreme Court
マサチューセッツ	Trial Court	Appeals Court	Supreme Judicial Court
メリーランド	Circuit Court	Court of special Appeals	Court of Appeals
バーモント	District Court	Superior Court	Court of Appeals
コネティカット	Superior Court	Appellate Court	Supreme Court
ニューハンプシャー	District Court	Superior Court	Supreme Court
メーン	District Court	Superior Court	Supreme Court
ロードアイランド	Superior Court	──	Supreme Court
デラウェア	Court of Common Pleas	Superior Court	Supreme Court
首都ワシントン	Superior Court	──	Court of Appeals
テキサス	District Court	Court of Appeals	Supreme Court
フロリダ	Circuit Court	Court of Appeals	Supreme Court
ノースカロライナ	Superior Court	Court of Appeals	Supreme Court
ジョージア	Superior Court	Court of Appeals	Supreme Court
テネシー	Circuit Court	Court of Appeals	Supreme Court
アラバマ	Circuit Court	Court of Appeals	Supreme Court
ルイジアナ	District Court	Court of Appeals	Supreme Court
ケンタッキー	Circuit Court	Court of Appeals	Supreme Court
オクラホマ	District Court	Court of Appeals	Supreme Court
サウスカロライナ	Circuit Court	Court of Appeals	Supreme Court
ミシシッピ	County Court	Circuit Court	Supreme Court
バージニア	Circuit Court	Court of Appeals	Supreme Court
ウエストバージニア	Circuit Court	──	Supreme Court
アーカンソー	Circuit Court	Court of Appeals	Supreme Court
オハイオ	Court of Common Pleas	Court of Appeals	Supreme Court
ミシガン	Circuit Court	Court of Appeals	Supreme Court
イリノイ	Circuit Court	Appellate Court	Supreme Court
インディアナ	Circuit Court	Court of Appeals	Supreme Court
ウィスコンシン	Circuit Court	Court of Appeals	Supreme Court
ミズーリ	Circuit Court	Court of Appeals	Supreme Court
ミネソタ	District Court	Court of Appeals	Supreme Court
アイオワ	District Court	Court of Appeals	Supreme Court

18

裁判所と判事

カンザス	District Court	Court of Appeals	Supreme Court
ノースダコタ	District Court	—	Supreme Court
サウスダコタ	Circuit Court	—	Supreme Court
ネブラスカ	District Court	Court of Appeals	Supreme Court
アリゾナ	Superior Court	Court of Appeals	Supreme Court
ニューメキシコ	District Court	Court of Appeals	Supreme Court
アイダホ	District Court	Court of Appeals	Supreme Court
モンタナ	Justice Court	District Court	Supreme Court
ワシントン	Superior Court	Court of Appeals	Supreme Court
カリフォルニア	Superior Court	Court of Appeals	Supreme Court
ワイオミング	District Court	—	Supreme Court
ネバダ	Justice Court	District Court	Supreme Court
ユタ	District Court Circuit Court	Court of Appeals	Supreme Court
コロラド	District Court	Court of Appeals	Supreme Court
オレゴン	Circuit Court	Court of Appeals	Supreme Court
ハワイ	Circuit Court	Court of Appeals	Supreme Court
アラスカ	Superior Court	Court of Appeals	Supreme Court

19

連邦最高裁判所

> 連邦政府の部門で最も保守的な最高裁が、最も進歩的な判決を出してきたのは、歴史の逆説である。
> **ニューヨーク・タイムズ**

受理率は2％

　合衆国司法界の頂点に位置するのが連邦最高裁判所（以下、連邦最高裁）である。上訴裁判の最終決定がここで行われる。そのトップは長官（Chief Justice）、そのほかに8人の陪席判事（Associate Judge）がいて9人で構成される。

　全員、大統領が指名し、上院の過半数の同意を得て就任する。長官も陪席判事も任期はない。死亡のほか、自主的な引退、あるいは違法行為で弾劾されなければ、その地位は終身保障される。

　連邦最高裁の開廷期（Term）は「10月の第1月曜日から翌年9月まで」とされているが、実際は10月から翌年6月下旬まで。7月〜9月の3カ月間は夏休みで、原則としてこの期間、判決は出ない。

　連邦最高裁に上訴される上訴案件（Petition）は年に7000件（2000年開廷期）もある。このうち連邦最高裁が受理して、判決を出したのは122件。受理率は約2％にすぎない。逆に言えば、98％は門前払いにされる。もちろん、9人がすべての案件について事実関係と原告、被告双方の主張を吟味した上で却下するかどうかを決めた結果である。

　しかし、裁判記録・資料をすべて読むわけではない。9人が読むのは、ロー・クラーク（Law Clerk）が作成した裁判記録の要約である。毎週金曜日に開かれる全員出席の会議（Conference）で投票にかけられ、9人のうち4人以上が同意した案件だけを受理する。これは「4人ルール」と呼ばれ、

1925年以来、定着した伝統である。却下された案件については理由をつける必要はないとされており、文字通り門前払いである。

連邦最高裁は、受理した件について裁量上訴受理令状（Certiorari）を当該裁判所に送る。これはラテン語の法律用語で「サーシオレーライ」と発音する。要するに上訴案件の裁判資料を送れという命令であり、受理したという通知である。上訴人は上訴料300ドルを添えて、上訴の経緯、理由、主張をまとめた趣意書とともに関係書類を送る。

受理された上訴案件は口頭弁論（Oral Argument）を開くものと、書面審査だけの略式判決（Summary Judgment）に付すものに分けられる。前者は、被告と原告の代表を連邦最高裁の法廷に呼び、判事が双方に質問を行った上で、判決を出す方式、後者は書面審査だけである。

法廷意見＝判決

受理した案件についてはロー・クラークが、裁判の事実関係と争点を簡略に書いた要約をつくる。これをベンチメモという。判事は2人から3人のロー・クラークを持っているが、多くはロースクールを卒業したばかりの学生である。アイビーリーグなど一流のロースクールをトップクラスで卒業した者に限られる。任期は1年から2年。

書面審査は9人がベンチメモを読んで、会議を開き、多数決で結論を出す。口頭弁論は通常、火曜と水曜（午前）に開かれる。9人全員が出席し、上訴人と被上訴人の双方に質問し、答弁を聴く。答弁時間は各30分に限られている。ベンチメモと口頭弁論の記録が判決を出す際の主な資料である。必要な場合、判事は、原判決の全資料を読むこともある。

通常、水曜午後と金曜に全員会議が行われる。まず長官が上訴案件の事実関係や争点を説明した上で自分の意見を述べる。そして先任順に判事が自分の意見を表明する。何を争点とし、それをどう判断するかに関して全員が一致すれば、それが判決になる。判断や賛否が分かれる場合は、討議によって調整が行われ、多数派と少数派が形成される。5人以上の賛成が得られる意見が多数意見となり、判決もこの線に沿って書かれる。だれが書くかは基本的に長官が決める。自分が多数意見を主導する場合、自ら執筆することもあ

【米連邦最高裁】米連邦最高裁の陣容。前列左からケネディ、スティーブンス判事、ロバーツ長官、スカリア、スーター判事、後列左からブライヤー、トーマス、ギンズバーグ、アリート判事。2006年3月3日最高裁庁舎内で撮影（写真提供：ロイター＝共同）。

るし、ほかの判事に書かせることもある。大幅な調整による妥協が必要な場合は、それを最もうまく書きそうな判事に執筆を依頼する。

　長官の意見が5人以上の賛成を得られず、その意見が少数派になった場合は、多数派を形成する判事のうち最も先任の判事が判決を書く。その判事が、他の判事に書くよう依頼することもある。

　過半数の判事が賛成した意見が連邦最高裁の法廷意見（Opinion of the Court）で、これが判決である。法廷意見の結論には賛成するが、その理由についは別の考え方をとるという判事は、独自に意見を書く。これは同意意見（Concurring Opinion）とよばれる。同意意見がある場合、判決は法廷意見とセットで公表される。多数派に従わない意見は反対意見（Dissenting Opinion）と呼ばれ、判決が公表された後に公開される。全員一致の判決が出るのは、きわめてまれである。

ロー・クラークの役割

　連邦最高裁の判決の草案を書くのはロー・クラークである。ロー・クラークは元々、当該裁判のベンチメモを作成しているから、その概要や争点は十分理解している。判決を書く判事は、会議で討議された内容を口頭でロー・クラークに説明し、判決理由のポイントを指示した上で、草案を書かせる。それを下敷きにして、自分が書き直したり、修正を加えたりして、判決が完成するというプロセスである（唯一スティーブンス判事は、ロー・クラークに草案を書かせず、判決はすべて自分で書くという）。

　これを知った多くの米国人は、「草案だとしても連邦最高裁判事が、部下に下書きを書かせるとは何事か」と、驚く。レンキスト前長官は、これについて、判決や判決理由をコントロールしているのは、判事であり、この方法を取っても、判決がゆがめられることはないという意味のことを自著で述べている。

　このシステムをやめれば、連邦最高裁判決が停滞し、年間7000件から8000件にも及ぶ上訴案件を9人で処理し、100件以上の判決を出すのは、不可能になるだろう。連邦最高裁の9人は、米国の司法界で最も激務で、最も重い責任を負っている法律家である。優秀なロー・クラークの助力がなければ、その仕事は完遂できない。

　2005年7月1日にサンドラ・オコーナー判事が引退を表明、ブッシュ大統領は、ワシントン連邦高裁のジョン・ロバーツ判事を後任に指名。約2カ月後の9月3日にレンキスト長官が死去し、短期間にふたつの空席が生じるという異例の事態になった。ブッシュ大統領は、後任の長官にロバーツ氏を格上げ指名。上院は9月29日、78対22の圧倒的多数で承認。同年10月、大統領はオコーナー判事の後任にフィラデルフィア連邦高裁のサミュエル・アリート判事を指名した。アリート判事は2006年1月31日、58対42で承認され、就任した。2007年5月現在のメンバーは以下の通り。陪席判事は先任順。

【長官】
・ジョン・ロバーツ（John Roberts）　1955年1月27日ニューヨーク州バッファロー生まれ。ハーバード大学ロースクール卒。1993年～2003

年司法省訟務副長官、2003年〜2005年ワシントン連邦高裁判事。ブッシュ大統領（息子）の指名により2005年10月以来現職。

【陪席判事】
- ジョン・スティーブンス（John Stevence）　1920年4月20日イリノイ州シカゴ生まれ。ノースウェスタン大学ロースクール卒。1970年〜1975年シカゴ連邦高裁判事。フォード大統領の指名により1975年12月以来現職。
- アントニン・スカリア（Antonin Scalia）　1936年3月11日ニュージャージー州トレントン生まれ。ハーバード大学ロースクール卒。1982年〜1986年ワシントン連邦高裁判事。レーガン大統領の指名により1986年9月以来現職。
- アンソニー・ケネディ（Anthony Kennedy）　1936年7月23日カリフォルニア州サクラメント生まれ。ハーバード大学・ロースクール卒。1975年〜1988年サンフランシスコ連邦高裁判事。レーガン大統領の指名により1988年2月以来、現職。
- デビッド・スーター（David Souter）　1939年9月17日マサチューセッツ州メルローズ生まれ。ハーバード大学ロースクール卒。1983年〜1990年ニューハンプシャー州最高裁判事。1990年5月ワシントン連邦高裁判事。ブッシュ（父）大統領の指名により1990年10月以来現職。
- クラレンス・トーマス（Clarence Thomas）　1948年6月28日ジョージア州サバナ生まれ。エール大学ロースクール卒。1982年〜1990年雇用機会均等委員会（EEOC）委員長。1990年5月〜1991年ワシントン連邦高裁判事。ブッシュ大統領（父）の指名により1991年10月以来現職。
- ルース・ギンズバーグ（Ruth Ginsburg）　1933年3月15日ニューヨーク市ブルクリン生まれ。コロンビア大学ロースクール卒。1980年〜1993年ワシントン連邦高裁判事。クリントン大統領の指名により1993年8月以来現職。
- ステファン・ブライヤー（Stephen Breyer）　1938年8月15日サンフランシシコ生まれ。ハーバード大学ロースクール卒。1980年〜1990年ボ

ストン連邦高裁判事。1990年～1994年同高裁長官。クリントン大統領の指名により1994年8月以来現職。
- サミュエル・アリート（Samuel Alito） 1950年4月1日ニュージャージー州トレントン生まれ。エール大学ロースクール卒。1987年～1990年ニュージャージー州連邦検事正、1990年～2005年フィラデルフィア連邦高裁判事。ブッシュ大統領（息子）の指名により2006年1月以来現職。

ワシントン連邦高裁が登竜門

　連邦最高裁判事に欠員が生じると、大統領は、補佐官らに指示して数百人にもおよぶ候補者名簿をつくらせる。この名簿作成には、米国法曹協会（ABA）も協力し、協会が推薦する候補者のリストを提出する。絶対要件は、第一に法律家としての力量。そして一切のスキャンダルに無縁であることだ。上院の司法委員会の委員長ら有力上院議員の意見も参考にして適格者を数人まで絞り込む。

　大統領は、その中からひとりを選ぶが、上院の承認審議で問題にされそうなスキャンダルがある候補者は、すべて除かれる。若い頃マリファナを吸って補導されたとか、労働許可証のない移民を子守として雇っていたとか、不倫が表沙汰になったとか、そんなたぐいのものが多い。また、保守派、リベラル派にしろ、政治的な主義主張を鮮明にしている候補者も除かれる。特に、大統領の与党が上院で少数派の場合、承認審議で野党から徹底的な攻撃に遭うから、より無難な候補が選ばれる傾向が強い。近年はワシントン連邦高裁が、連邦最高裁判事への登竜門になっている。9人のうちロバーツ長官を含めて4人が同高裁判事から抜てきされた。

保守色が加速

　ブッシュ大統領が指名したロバーツ氏が第17代長官に、アリート氏がオコーナー判事の後任に就任したことで、共和党の大統領指名による判事が長官を含めて7人、民主党の大統領による指名が2人という構成になった。

　20年間トップの座にあったレンキスト第16代長官は、連邦最高裁が州政

府や州裁判所の決定に口を差し挟むのは、自治の原則に反するという思想の持ち主で、国や州が被告の上訴審では、よほどのことがないかぎり、被告に不利な判断は下さないという原則を貫いた。判決によって社会を変革するという司法積極主義にも反対の立場を取った。

　ロバーツ新長官は、ロースクール卒業後、当時連邦最高裁判事だったレンキスト氏のロー・クラークを務め、その薫陶を受けた。保守派を代表する俊英として若い頃から将来を嘱望された逸材で、連邦最高裁からリベラル色を一掃するため共和党陣営が満を持して連邦最高裁に送り込んだ法律家である。イデオロギーを前面に出すタイプではなく、実務重視のプラグマチストの色彩が強い。就任時50歳は歴代三番目の若さ。陪席判事のだれよりも若く、今後30年、トップに座る可能性がある。

　連邦最高裁保守派の筆頭はスカリア判事だ。ある講演で自分が熱心なカトリック信者であることを強調する一方、カトリック教会が死刑に反対していることを挙げ、カトリック信者の判事が教会に忠実に死刑に反対するなら、判事をやめるべきであると発言したことがある。

　スカリア判事と並ぶ右派が黒人のトーマス判事である。雇用均等化委員会（EEOC）の委員長時代に部下の女性にセクハラをしたという告発を受け、上院の承認審議で民主党陣営から非難を浴びた彼は、公民権運動で黒人、女性などが獲得した諸権利に否定的な見解を持ち、連邦最高裁の保守性を加速させている。黒人初の連邦最高裁判事として少数派の権利擁護を積極的に後押ししたサーグッド・マーシャル判事（在任1967年～1991年）の引退後、その後任となった彼は、先輩が築いた足跡とは、反対の道を歩いている。

保革伯仲

　一方リベラル派の代表は、最長老のスティーブンス判事。「オールド・リベラリスト」とも言うべき穏健派で、バランスのとれた判断をする。共和党のフォード大統領は、連邦最高裁のリベラル色を薄めるためにこの人を送り込んだが、その「期待」に背いて、リベラル派の先頭に立っている。

　同様に共和党大統領の指名を受けながら、リベラルに転向したのがスーター判事。「法と秩序」を重んじ、司法積極主義にくみしない態度を取ってい

るが、中絶合法化、少数派擁護を支持する判決を支持し、保守派から裏切り者のレッテルをはられている。

　女性のギンズバーグ判事は、女性と少数派の権利を拡大、擁護することに熱心だ。ブライヤー判事は、純粋に法律的観点から判断を下し、政治に左右されないという姿勢を実践しているリベラル派だ。

　連邦最高裁初の女性判事サンドラ・オコーナー氏（在任1981年9月〜2006年1月）は、ケネディ判事とともに中道派を形成してきた。両人は共和党大統領指名の判事であるにもかかわらず、中絶、死刑、アファーマティブ・アクションなど微妙な争点がからむ判決で、必ずしも保守派路線をとらなかった。特に妊娠中絶の合法化や同性愛者の権利擁護の見直しを求める違憲訴訟の判決では、先例尊重という立場からリベラルの伝統を守り、連邦最高裁の右傾化に歯止めをかけた。

　レンキスト・コートは、保守派3人、リベラル派4人、中道派2人というのが大まかな色分けで、連邦最高裁のリベラルな伝統が辛うじて維持された。しかしロバーツ・コートは、保守派とリベラル派が4対4で拮抗、その中間に中道派のケネディ判事がいるという保革伯仲の構成となった。オコーナー判事の後任のアリート判事は、連邦高裁判事時代に中絶に反対の態度を明確にするなど保守色を鮮明打ち出してきた法律家。上院の公聴会でも「中絶を合法化した最高裁判決を先例として尊重するが、今後、中絶合法化が争点になる訴訟ではすべてオープンな姿勢で臨む」と述べた。ロバーツ長官とともに連邦最高裁の保守化の主柱になるとみられる。

ロー対ウェード

　米国のメディアが連邦最高裁のリベラル度を図る最適な例として挙げるのは、人工妊娠中絶を条件付きで合法化した1973年の判決である。同判決に賛成するか、反対するかが、判事のリベラル度を示すリトマス試験紙になっている。

　「ロー対ウェード」の名で知られるこの判決は、レイプを理由に中絶を申し出た女性ジェーン・ローが、中絶禁止命令を出したテキサス州ダラス郡のヘンリー・ウェード検事長を相手に争った裁判である。

法定意見を書いたブラックマン判事（在任1970年～1994年）は、まず妊娠中絶の選択が女性のプライバシーの権利に属するとした上で、①妊娠第1期（3カ月）以内の中絶は本人と医師の同意で行うことができる、②第2期（6カ月）は、州が規制することができる、③第3期（6カ月以上）は、中絶を禁止することができる──との判断を示した。これにより、受胎直後から妊娠中絶を原則として全面禁止していた多くの州法が、非合法となり、関連法が修正された。

　プライバシーの権利は憲法修正1、4、5、9条および14条に含まれており、憲法的に保障されているという法理論は、それ以前の連邦最高裁判決でほぼ確立されていた。この判決が、独創的なのは、それを妊娠中絶の選択に適用したことである。レンキスト判事（当時）とホワイト判事は、妊娠中絶とプライバシーの権利とは何の関係もないとして反対意見を書いたが、バーガー長官ら7人は法廷意見に賛成した。

　これ以後、妊娠中絶についての国論は、選択派（プロ・チョイス）と生命維持派（プロ・ライフ）分裂し、激しい論争が続いた。キリスト教右派連合などの極右勢力は、判決が妊娠一期の胎児を人間とみなしていないことを問題にして「受胎の瞬間から胎児は人間として母体内に存在する。中絶は殺人行為」という論理で攻撃した。

部分分娩中絶禁止で逆転判決

　1992年6月、妊娠中絶の合憲性が問題になった裁判で最高裁は5対4で辛うじてロー対ウェードを維持する判決を出した。中道派のオコーナー、ケネディ両判事が賛成したためだ。さらに2000年、部分分娩中絶と呼ばれる中絶手術を禁止したネブラスカ州の法律について連邦最高裁は違憲の判断を示した。この時もオコーナー判事が、違憲判断に賛成したため5対4で中絶禁止の法律は違憲とされた。

　2003年、ブッシュ政権下の連邦上下両院（いずれも共和党が多数を占めた）が、「部分分娩中絶禁止法」を可決した。ニューヨーク連邦地裁などが違憲判決を出したことから一時停止となったが、司法省が最高裁まで上訴。2007年4月18日、ロバーツ長官をトップとする新体制に移行した連邦最高

裁は、「部分分娩中絶禁止法は合憲」との逆転判決を出した (Gonzales v. Carhart, Gonzales v. Planed Parenthood Federation of America)。

部分分娩中絶とは、妊娠5カ月から6カ月（妊娠第2期前後）の時期に行う中絶手術の一種で、母体から胎児の頭を取り出し、頭部をたたいて死亡させるもの。判決は、この手術に限って法律で禁止しても良いという判断を示した。

2000年に同種の上告審で合憲の判断を出しながら7年後に逆転判決が出たのはオコーナー判事の後任のアリート判事が中絶禁止に賛成したためだ。ケネディ判事が判決を書き、ロバーツ長官とスカリア、トーマス、アリート判事が同意。スティーブンス、スーター、ブライヤー、ギンズバーグ判事の4人は、判決に反対した。この5対4の構図にロバーツ・コートのコンサバティブ（保守派）とリベラルの勢力図がくっきりと表れた。これは連邦最高裁が、今後、中道から保守に傾いていく前兆ともいえる。

ただ、この判決は妊娠中絶そのものを禁止したわけではない。事実、ケネディ判事は、判決で「米国では年に130万件の中絶が行われているが、85％～90％は、妊娠第1期に実施されており、それらは部分分娩中絶禁止法による規制の対象外である」とわざわざ書き、この判決が「ロー対ウェード」の基本理念を否定するものではないとアピールした。

しかし、この判決を奇貨として今後、連邦や州の議会で、個別の中絶手術法を禁止するなどして妊娠中絶を非合法化する動きが活発化する可能性は十分あり、それらが最高裁の案件として取り上げられた時、特定の中絶手術が非合法となり、ロー・対ウェードの外堀がじわじわと埋められていく事態も予想される。

20

検察

> アメリカの検事は、人々の生命、自由、そして名声をコントロールする力をだれよりも持っている
> **ロバート・ジャクソン司法長官（在任1940年〜1941年）**

強大な権力

　検察は、起訴権を独占し、その運用についても大幅な裁量権を持つ。大陪審が独自に事件を捜査して起訴することが事実上できなくなっているため、何を捜査して、何の罪で、誰を起訴するのかを決めるのは、検察官（検事）である。さらに警察が立件したケースを不起訴にしたり、起訴猶予にしたりすることもできる。司法取引（本書67頁）で詳述したように、この裁量権が検事の強大な権力の源である。それは市民の社会的地位や生命に直接かかわる権力である。

　検察は、裁判所に対する最大の人材供給源でもある。連邦、州を問わず、判事の約半数は検事出身である。

　検事の裁量権は善良な市民を助け、悪をくじく手段として活用されるのが建前である。しかし逆にも利用できる。犯罪を黙認したり、政治的目的の達成に悪用したりすることも可能だ。検事は中立公正であるべきという通念は社会に浸透しているが、二大政党制の米国では、検察が、ある時は微妙に、ある時は、露骨に党派性を帯びる。

　16代司法長官のロバート・ジャクソンは、検事について「市民を弾圧する計り知れない力を保持」しており、「その力が最良の形で発揮されれば、社会において最も役に立つ存在になるが、悪意やよこしまな動機に基づいて行動すれば、最悪の勢力になる」と指摘した。

連邦検事

　検察も連邦と州の二本立てである。連邦検察は、連邦地裁の所在地と同じ主要都市に設置されており、全国に 93 ある。連邦事件は、すべて連邦検察が取り仕切る。あえて近似性を求めれば、米国の連邦検察は日本の地方検察庁に相当する。

　たとえばニューヨーク市は、南北東西の 4 つの District に分かれていて、ニューヨーク市マンハッタンは南部地区に相当する。その連邦検察の名称は Office of U. S. Attorney of Southern District of New York。直訳すれば、ニューヨーク南部地区連邦検察になるが、日本語の表記としては「マンハッタン連邦地検」とすると分かりやすい。同様に東部地区は、ブルックリン連邦地検になる。

　トップの名称は U. S. Attorney である。日本の地検のトップは検事正だから、そのアナロジーで「連邦地検検事正」とする。全国に 93 人いる。検事正の配下にある検事を総称して Assistant Attorney という。これを「検事補」と訳すのは適当ではない。検事補という言葉は、見習い期間中の検事のような印象を与えるが、アシスタントとは「検事正を補佐する」という意味であり、トップ以外の連邦検事はすべて Assistant Attorney なのである。だから正確には「検事正補佐」ということになるが、通常は、単に検事で良い。

　連邦検察のオフィスは通常、連邦地裁と同じビルか隣接の建物にある。連邦検察はそれぞれの管轄区ごとに随時、公募試験を行い、新人を採用する。応募できるのは原則として、ロースクールを卒業し、司法試験に合格した米国人男女に限る。筆記試験、ロースクールの成績および面接で決まる。連邦検事の数は、2004 年 9 月現在、全国で 1 万 1300 人（ちなみに日本でこれに相当するのは、司法試験に合格して任官した検事で、同年現在、全国に約 1300 人）。

　連邦検事正の任期は 4 年で、再任を妨げない。形式的には大統領が指名し、上院の承認を得て就任するが、実際の指名権を持っているのは当該管轄区の州の連邦上院議員である。年季を積んだ優秀な検事の中から抜擢されることが多いが、その人事は党派的性格を免れない。

政権交代で全員入れ替え

　共和党と民主党の二大政党制の米国では、通常、政権政党が変わるたび連邦検事正は、ほとんど入れ替わる。レーガン大統領は1981年1月の就任から2年間で、カーター前政権時代に就任した89人を再任せず、新任と入れ替えた。クリントン大統領（1993年1月就任）は、最初の1年で、レーガン・ブッシュ（父）政権時代の連邦検事正80人を解任して、新任と入れ替え、任期中に全員を一新した。2001年1月、ブッシュ大統領が就任すると、クリントン時代の連邦検事正の大半は辞職し、人事は一新された。大統領が再選されれば、連邦検事正も再任されるのが普通だが、ブッシュ大統領は再選後、自ら指名した連邦検事正8人を2006年12月任期途中で解任するという前代未聞の人事を行った。表向きは「実績を上げていないから」とされたが、実は「大統領に十分忠誠を尽くさなかったこと」が解任の理由だとみられていることが分かり、世論と議会に袋だたきにあった。

　ブッシュ大統領（息子）は、刑事政策で死刑制度の維持に賛成し、妊娠中絶非合法化の公約を掲げている。ブッシュ政権が続く限り、これらに疑問を抱く検事は、検事正に指名されない。逆にクリントン政権では、死刑に反対し、妊娠中絶の合法化に賛成する検事も検事正に指名された。連邦検事正は、いったんその地位に就いたら、政権政党とは距離を置き、中立、不偏不党を貫かなければならないが、政治的な影響下に置かれていることは否定できない。

　とはいえ連邦検事正は、司法界の極め付きのエリートであり、1期か2期務めた後は、連邦地裁や連邦高裁の判事に指名される人が多い。連邦下院議員や州の司法長官、知事などの政治家へ転身したり、高額で有名な法律事務所にリクルートされたり、大学教授や実業界に迎えられる人もいる。ニュージャージー州連邦検事正から高裁判事を経て、連邦最高裁判事に就任したアリート氏のような例もある。

　連邦検事正を束ねてそのトップに立つのが連邦政府の司法長官（Attorny General）だ（日本の英和辞書は、この訳語のひとつとして「検事総長」を挙げているが、間違いである。Attorny Generalは、閣僚の名称であり、検事の統帥としての検事総長とは違って行政官である）。大統領が指名し、上

院の承認を得て就任する。司法長官は事実上、連邦検事正の罷免権を持っており、上院の承認を得ることなく、解任したり、更迭したりできるとされている。ただし検事正に違法行為や倫理に反する行為があった場合であり、恣意的な罷免は許されない。司法長官は形式的に連邦捜査局（FBI）の長官も配下に置くが、FBI長官も大統領指名の閣僚ポストだから両者は対等である。

　司法省のナンバー・ツーの副長官（Deputy General）および訴務長官（Solicitor General）も大統領指名職である。訴務長官は、連邦政府が原告または被告になっている裁判の代表として、訴訟を担当するセクションの最高責任者だ。

郡検事長

　州にも独自の検察が置かれている。通常は、州の裁判所と同じように郡（County）ごとに置かれている。連邦検事と同様に州検事は公募による面接試験や推薦で採用されるが、そのトップだけは、選挙で選ばれる。

　州検事のトップをDistrict Attorneyと呼ぶ。その頭文字を取ってDA（ディー・エー）と略称する。州の検事であるからState Attorney、あるいは郡ごとに置かれていることからCounty Attorneyという言い方もある。日本語の文献では、これを「地区検事」、「地方検事」、「郡検事」、「州検事」などと訳しているが、適切な訳語とはいえない。

　たとえば、ロサンゼルス郡の検察局は検事938人、捜査員23人、事務官783人、合計1995人の大陣容で、最大規模の郡検察局である（2004年現在）。そのトップは権限、影響力の大きさから言ってカリフォルニア州の連邦検事正に匹敵するか、それ以上である。だから「地方検事」という訳語は、実態にそぐわない。「ロサンゼルス郡検事長」もしくは、「カリフォルニア州ロサンゼルス郡の首席検事」としたほうが、実態に即している。実態と権限の強さをともに表す日本語表記としては「郡検事長」が適切であろう。

　市民からの負託という基準で比較すれば、直接選挙で選ばれる郡検事長のほうが、大統領指名職である連邦検事正より余程、正統性がある。

　郡検察局のナンバー・ツーは、Deputy Chief District Attorneyと呼ばれ

る。あえて訳せば次長検事が妥当だろう。事実上 DA に指名権がある。それ以外の検事は Deputy Attorney。俗にいうヒラ検事である。刑事、民事、公判、ホワイトカラー犯罪、組織犯罪などセクションに分かれ、それぞれにリーダーとなるベテラン検事を配している。

検事の党派性

米国で最も長期にわたって DA を務め、最年長なのはおそらく、ニューヨーク州マンハッタン郡のボブ・モーゲンソー検事長であろう。フランクリン・ローズベルト政権の財務長官を父に持つ名門一家の御曹司で、1961 年ケネディ大統領の指名によりマンハッタン連邦地検検事正に就任、1969 年まで務めて退任した。本人はずっと続けたかったのに、ニクソン大統領の圧力で、辞職を余儀なくされた。1974 年マンハッタン郡検事長の選挙に初出馬し、当選。以来 9 期 30 年以上にわたってその地位にある。この間、ニューヨーク州知事選に出馬したが、予備選で敗退し、結果的に、通算 40 年以上、検察官人生を送ることになったという異色の人物である。1919 年 7 月 31 日生まれだから 2007 年 5 月現在、86 歳である。

2005 年 9 月に行われた 9 期目の選挙で、ニューヨーク州地裁のレスリー・スナイダー判事の挑戦を受けたが、予備選で得票率 60％を確保して当選した。DA の選挙は普通、民主党と共和党の一騎打ちになる。それぞれが党内で予備選を行い、候補を決定後、本選を行うという方式である。ニューヨーク市は伝統的に民主党が強いが、中でもマンハッタンは同党の金城湯池で、1974 年以来、民主党が DA を独占してきた。これまでの多くの DA 選挙で、共和党は候補者すら立てられなかった。

これと反対の現象が起きたのがテキサス州である。ブッシュ知事が登場した 1994 年を境に同州の政治地図は、民主党から共和党に塗り変わった。それ以前の DA 選挙は、多くの郡で、民主党が勝っていたが、以後は、共和党の独壇場になった。このため民主党候補が党籍を離脱し、独立（無所属）候補として闘うケースも出ているほどだ。

選挙はおおむね 4 年ごとに行われる。現職検事長に対抗して次長検事が出馬するケースが多いが、その地域の実力者の弁護士や州地裁、高裁の判事

が、対抗候補となることもある。現職が対抗候補なしで再選されることも少なくない。

　選挙にかかる資金は半端ではない。2005年のマンハッタンでは、モーゲンソーが85万ドル（8500万円）、スナイダーが50万ドル（5000万円）である。2002年のネバダ州ラスベガス郡のDA選挙でも、共和党、民主党双方の候補が30万ドル〜40万ドルを使っている。選挙資金の大半は、特定の、あるいは不特定多数の支持者からの献金である。だから国政選挙の議員と同じように、当選後、大口献金者の個人、団体、法人などに、捜査の手を緩めたり、黙認したりといった形で、見返りを要求されることがありうる。DAのポストそのものがきわめて政治的なのである。

　DAになる一番の近道は、検事として実績を上げ、かつその地域の政治で目立った活動を残すことだ。優れた法律家であるとともに、政治家としての力量も併せも持った人でないと務まらないポストである。DAは政治的野心を持つ者にとって政治家へのパスポートになる。これを踏み台に連邦議会下院議員、州の司法長官、知事などになる人が少なくない。

司法長官は行政官

　州政府にも選挙で選ばれる司法長官（State's Attorney General）がいるが、DAを統率しているわけではない。犯罪捜査、起訴、公判維持の実務はDAに任せ、全般的な司法行政を行うのが長官の役目である。州司法長官も政治性の強いポストである。

　州司法長官は、州の選挙で選ばれた行政官であり、州が当事者になった訴訟の代表として裁判にかかわることはあるが、捜査の実務にはタッチしないし、実際の捜査の指揮を執るDAを支配下に置いているわけでもない。

　州の司法長官は州、DAは郡の選挙でそれぞれ別個に選ばれており、両者に上下関係はない。州の司法長官が郡検事長や検事を更迭したり、罷免したりすることはできない。

　DA以外の検事は、公募で選ばれる。ロースクールを卒業し、司法試験に合格していることが応募の条件。特別な筆記試験のほか、ロースクールの成績と面接で決まる。対象はロースクールを卒業したばかりの新人だけではな

い。在野で刑事弁護士を何年か務めた人が、応募して採用されることも少なくない。

20 検察

21

弁護士

> ロースクールの1年目、アンケートを取ったら、クラスの半数以上が世の中の役に立つ法律家になりたいと言っていた。3年後に卒業したら、みんなカネの亡者になっていた。何が起こったのか、分からない。
>
> ジョン・グリシャム

ロースクール

　一般的に法的代理人を指す言葉として Attorney がある。個人や特定集団の代理人は弁護士、国や州の代理人は検事であり、Attorney は、両方を指す言葉として使われる。一義的に弁護士を指す言葉としては Lawyer または Counselor が使われる。

　米国で法曹資格を得るためには、司法試験（Bar Examination）に合格しなければならない。弁護士になるにしろ、検事、判事になるにしろ、法律を職業とするには、この試験に合格する必要がある。

　試験は、州ごとに行われ、日本のように、全国統一試験はない。基本的にどの州で試験に受かっても、一定の手続を踏めば、他のすべての州で弁護士を開業できる。

　司法試験を受けるためには、ロースクール（Law School）を卒業する必要がある。ロースクールは日本語で法科大学院と訳されるが、法律家を養成するための3年制の大学院である。ロースクールを受けられるのは4年制の大学の卒業者。

　さまざまな学部を卒業した者がロースクールに入る。年間の授業料が約2万ドル（約200万円）。授業料だけで600万円、そのほかに生活費が年間2万ドル（約200万円）として、卒業までの3年間にざっと約1200万円かかる。大学卒業後、一定期間、社会経験を積んだ後に入る人が多いのは、この

ためだ。親がかりの学生は相当の富裕者の子どもだろう。奨学金制度もあるが、金がないとロースクールには行けない。

　ロースクールに入るのは比較的易しいが、出るのはきわめて難しい。授業は実践的で厳しく、気を抜いたり、怠けたりすると容赦なく落第である。1999年、全米のロースクールに12万5184人が入学した。3年後の2002年に卒業したのは3万8576人（女性1万8639人）だった。大ざっぱに言って、入学者の3人にひとりしか卒業できない。

法律の学位

　卒業すると、Juris Doctor（JD）という資格が得られる。英和辞書は「法学博士」という訳語を充てているが、正確ではない。なぜなら、これは「博士号取得者」を意味するものではなく、単にロースクールを卒業したことを示す資格にすぎないからである。米国の大学には日本の大学の法学部に相当する学部がなく、「法学士」に相当するものがない。だからJDはあえて訳せば「法学士」である。これはロースクールを卒業することによって得られる最低の学位で、司法試験の受験資格になる。米国では、司法試験に合格することが法曹の世界に入る一番の近道だが、そのためにはロースクールを卒業し、JDを取得することが必須なのである。

　JD取得後、ロースクールでさらに研鑽を積むと、修士号（Legum Magister〔LLM〕）を取得できる。これを取ってから司法試験を受ける人もいる。これはラテン語でMaster of Lawsの意味。その上に法学博士（Legum Doctor〔LLD〕）があるが、ここまで研鑽を積んだ人は、ロースクールの教授の道を歩む（米国の紳士録をひもといてみると、政財界で社会的地位の高い人の多くがJDを持っている。少なからぬ人がLLM、LLDの学位を持っている）。

　弁護士試験は毎年2月と7月の2回行われる（ネバダ州は7月のみ）。2001年の結果をみると、2月試験の合格率は全国平均で69％、7月試験は79％。平均して受験者の75％程度は合格する。合格者は通常、弁護士か検事になる。

　弁護士を目指す人は通常、法律事務所（Law Firm）に入る。新人はアソ

ーシエーツ（Associate）と呼ばれる。先輩のベテラン弁護士を補佐し、裁判の準備書面や関係者への聞き取り調査のほか、雑用を一手に引き受け、実務を学ぶ。

この仕事を10年ぐらいやると、その人の力量が自然と周囲に知れ渡り、その事務所の共同経営者になれるかどうかが決まる。

パートナー

共同経営者は、その法律事務所の共同オーナーであり「大株主」である。事務所の経営方針に対する決定権を持ち、年収も事務所の年間売上の歩合で支払われる。

給与制で単なる使い走りのアソーシエーツに比べ、待遇は段違いになる。法律事務所はパートナーの名前を冠したものが多い。たとえばArnold & Porterとか Holland & Knightといった具合である。5、6人の名前をつなげたものもある。必ずしも全員の名前が並べられるわけではないが、パートナーに昇進した暁には自分の名前が事務所の名前に付き、収入も飛躍的に増える。アソーシエーツはそれを目標に努力する。

規模は数人程度のものから数百人の弁護士を抱える大法律事務所までさまざま。最大手は年間売上数億ドルに達し、企業と言っても良い。

アメリカ法曹協会（ABA）によると、新人のアソーシエーツの平均給与は年間9万ドル（約900万円）、8年目で12万ドル（1200万円）。弁護士500人以上の大手の法律事務所では、それぞれ11万ドル、16万ドルである（いずれも2003年）。

パートナーになれなかった弁護士は、小さな事務所に移ったり、独立して開業したりする。

弁護士は、刑事事件の専門家と、もっぱら民事訴訟を手がける弁護士のふたつに分かれる。民事は身体・財産被害、医療過誤、不動産、遺産管理、離婚調停など分野別に細分化し、その分野のスペシャリストになる。

1年に9000人増加

2003年現在、米国には105万8662人の登録弁護士がいる（ABA調べ）。

2002年は104万9751人だったから、1年で8911人増えたことになる。毎年9000人程度の弁護士が新たに増えているのである。

これは需要（訴訟件数）に対応して供給（弁護士の数）が増えているということもできるが、弁護士が多いから訴訟が多いということもいえる。話し合いや示談で済むことが強引に訴訟に持ち込まれる社会事情もさることながら、弁護士同士の競争が、訴訟社会を作り出している。

弁護士の報酬は普通、時給制だが、民事裁判の場合は、成功報酬（Contingency Fee）という方法が採用される。裁判に負けたら顧客から一切報酬を受け取らない代わりに、勝訴したら賠償額の30％〜40％をもらうというものだ。敗訴したら、裁判費用はすべて敗訴側の弁護士が負担するのが原則である。

これが米国で訴訟が乱発されるひとつの理由になっている。原告は全く自腹を切ることなく訴訟を起こすことができる。弁護士のほうにも巨額の賠償を勝ち取れそうな訴訟を担当すれば、莫大な成功報酬を期待できるというメリットがある。その代わり敗訴した場合は、訴訟にかかった費用はすべて弁護士側の負担になり、大損になるというリスクがある。だから、必死になるのである。

アンビュランス・チェイサー

弁護士は常に勝てそうな、筋の良い訴訟を捜している。米国には、訴訟の依頼が舞い込む前にみずから事件・事故現場に出かけていって、「営業」をする弁護士がいる。たとえば、ガス漏洩事故で多数の被害者が出た現場に駆けつけ「訴訟を引き受ける」と被害者に自分を売り込み、仮契約を結ぶような弁護士が、実際にいる。

これを称してアンビュランス・チェイサー（Ambulance Chaser）という。文字通り「消防車を追いかける人」である。消防・警察無線を傍受して事件・事故現場に行く記者は世界にごまんといるが、救急車を追っかけて営業する弁護士がいるのは、米国だけだろう。

少なからぬ弁護士が、いつも金になりそうな訴訟を捜している。不法行為の立証が容易で、相手の支払い能力が高ければ、高いほど良い。

富裕な訴訟対象をディープ・ポケット（Deep Pocket）と呼ぶ。ふところ具合が良い者、すなわち大金持ち、大企業、政府などである。

法曹一元

　ここで米国との比較をする意味で、日本の裁判官の採用、人事制度に触れておく。日本では司法試験に合格すると、全員が国家公務員として司法研修所で1年半、研修を受け、その後、希望・適正に応じて判事補、検事、弁護士に分かれる。判事補は10年後に判事として再任される。判事や検事は通常、定年までその職を続け、弁護士も生涯、弁護士のままだ。

　判事が検事になることはある。国が当事者になる裁判の代表を務める訟務検事は、裁判所から「出向」した判事である。そのほか、検事が定年後、弁護士になったり、ごく一部とはいえ、検事や弁護士が最高裁判事や最高裁長官になったりする程度の「交流」はあるが、1990年代まで基本的に制度的な人事交流はなかった。こうした法曹世界の固定化、硬直化を是正するため、裁判官の人材供給源を弁護士に一本化するという「法曹一元化」が提唱された。その一歩として1991年から5年以上の経験がある弁護士から裁判官を採用する制度が始まり、2004年までに69人が任官した。しかし、裁判官の終身雇用ともいうべき判事補制度は依然維持されたままである。

　司法試験に合格した人が、すぐに判事になることは米国ではあり得ない。だから20代の判事はいない。30代もほとんどいない。判事は、弁護士あるいは検事として10年以上経験を持つ人の中から選ばれる。年齢に基準はないが、おおむね40歳以上である。特に連邦裁判所の判事は、一律この基準が適用される。州の裁判所も同様だ。選挙で裁判官を選ぶ州も立候補資格として弁護士や検事として10年以上の経験を求めるところが多い。

　したがって、米国の判事は裁判官になる前に弁護士か検事を必ず経験している。その両方を経験している人も少なくない。その背景にあるのは、世間の波に揉まれて、人間としての幅を広げ、生きた知識を体得した人が判事になるべきであるという考え方だ。

　被告人を守る弁護士の立場を知り、事件を立証する検事の苦労を理解できなければ、的確な訴訟指揮はできない。法律の知識でも、人生経験でも、弁

護士と検事を上回っているからこそ、公平な判決を出すことができる。

　日本の制度では、司法修習生を経て判事を選んだ人は10年間「判事補」として裁判官を務める。その後、最高裁に再任されると、一人前とみなされ、判事に昇格する。すべてを最短で行けば、25歳でロースクール卒業、司法試験に合格し、1年半の研修を経て27歳で判事補に。10年後の37歳で判事として再任され、定年まで勤め上げるというのが典型コースだろう。

　多くの裁判官が、この間、数回の転勤を繰り返し、官舎と裁判所を往復、大量の裁判資料を抱えて、休日も自宅で判決を書き、世間と隔絶した生活を送る。常識を疑うような「トンデモ判決」が出る理由のひとつは、こうした裁判官の世界の閉鎖性であろう。

　日本弁護士連合会は司法制度改革の一環として「法曹一元化」の導入を訴えているが、これも独自性があるわけではなく、米国に範をとった主張である。

22

FBI

> FBIは適切な方法で改革されなければ、最も危険な連邦機関になりかねない。
> **ルイス・フリー第5代FBI長官**

最大の連邦捜査機関

　連邦捜査局（FBI）は米国最大の捜査機関である。ワシントンDCに本部があり、全米50州とプエルトリコなど海外領土に合計56の支局がある。1908年司法省の一部局として発足、その後拡充され、1935年以降FBIの名称が定着した。

　FBIが担当する犯罪捜査は、複数の州にまたがる大型の犯罪である。分野は大きく7つに分かれる。

　まず、誘拐、銀行強盗は連邦法によって自動的にFBIの管轄になる。連続殺人、ハイジャック、爆弾テロなどの凶悪犯罪も複数の州にまたがることが多いので、ほぼ自動的にFBIが捜査を行う。これは主として刑事捜査局と関係支局が担当する。もちろん地元警察の協力を得ることが不可欠であるが、しばしば縄張争い、主導権争いで両者の間に敵対関係、非協力的関係が生じることも少なくない（映画などで大事件の現場に駆けつけたFBIの捜査員が手帳を掲げ警察官に引っ込んでいろという傲慢な態度で威張り散らす場面が出てくる。いつもそうだというわけではないが、一般的に両者の関係が良好とは言い難い）。

　次に麻薬と組織犯罪。マフィアなどの組織犯罪と大がかりな麻薬組織による麻薬製造、販売、使用などの摘発だ。3番目はホワイトカラー犯罪と呼ばれる規模の大きな株券、債券などの偽造、それらに絡む詐欺、さらに背任、横領などの犯罪。4番目は少数派の人種や性差別に関する公民権法違反事件

の捜査。人種、性を理由とした雇用差別については刑事捜査局とは別に副長官直属の組織として設けられた Office of Equal Employment Opportunity Affairs（雇用機会均等局）が担当する。

5番目は米国内における防諜工作とスパイを摘発（Foreign Counter-Intelligence）。最近のスパイ摘発では、CIAのロシア担当分析官、オルドリッジ・エイムズを逮捕したのが、目新しい（1994年2月）。6番目は対テロ活動（Counter-Terrorism）。公然、非公然を問わず破壊活動を行うとされる組織を監視し、壊滅に追い込むことを目的としている。戦後から80年代にかけては、米国共産党や黒人の政治組織ブラック・パンサーが標的になった（両者はFBIによって壊滅状態に追い込まれた）。90年代のターゲットはミリーシャ（Militia）といわれる武装民兵組織と、一般にカルトと総称されるファナティックな宗教組織だ。2001年の9.11テロ以降はもっぱらイスラム原理主義を筆頭に国際テロ組織の摘発が最優先課題になっている。

アプリカント・マター

7番目は連邦機関の公職に指名された候補や採用前の連邦機関職員の身元調査。これはアプリカント・マター（Applicant Matters）呼ばれる。主として公安局の担当である。

大統領が指名を検討している省庁の長官、副長官、次官などの高官、または連邦判事の候補についても同様に本人とのインタビューを含む身元調査を行う。この結果、上院の承認審議で問題になりそうなスキャンダルがあることがわかれば、大統領は指名を取りやめ、別の候補を物色する。FBIは、この下調べを担当している（第1期目のクリントン大統領は、司法長官人事など数件についてFBIの調査を無視して、指名を強行したためマスコミにスキャンダルを暴かれ、指名を撤回したことがある）。FBIが、膨大な量の個人情報を集積し、全国に張りめぐらしたネットワークを駆使した情報収集能力を持つからこそ可能である。米国人のプライバシーに関する情報を一番多く握っている連邦機関がFBIであることは隠れもない事実だ。

また、大統領府の職員などホワイトハウスに恒常的に出入りする職員にインタビューし、犯罪歴、病歴などをチェックし、危険な人物ではないことを

確認するという任務を負っている。Security Clearance というが、FBI によるこうした調査に合格した職員に限り、ホワイトハウスの通行証が渡される。調査で引っかかった者は、不適格と見なされ、不採用になったり、配転になったりする。

スペシャル・エージェント

2006年1月現在、Special Agent と呼ばれる捜査官1万2487人（そのうち女性は1474人）、Support Personnel と呼ばれる非捜査官（事務、技術職など）1万7819人で構成される。FBI の捜査官がスペシャルと言われるのは、厳しい試験で選抜されたエリートだからだ。あえて言えばキャリア捜査官である。

トップに立つのは長官（Director）。大統領が指名し、上院の承認を経て就任する。初代のエドガー・フーバー長官が48年もの長期にわたってその地位にあったことから、任期が最長10年に限定された。ブッシュ大統領の指名により2001年9月に就任したロバート・ミューラー長官は、司法省次官、サンフランシスコ連邦地検検事正、司法省副長官代行を歴任している。

前任者は民主党のクリントン大統領の指名を受けたルイス・フリー長官。FBI 捜査官、ニューヨーク州連邦地検検事、同州連邦地裁判事などを歴任した。在任期間は8年でフーバー長官に次いで長い。長官の下に副長官 Deputy Director がひとりいて、これがナンバー・ツーである。

刑事捜査局が FBI でもっとも有名な局であろう。FBI の捜査員の80％は刑事捜査局に配置されている。捜査局は、基本的に複数の州にまたがる大きな刑事事件を扱う。そのために刑事捜査局には50州から寄せられた（または集めた）犯罪に関する膨大な情報が記録されたデータ・ベースがある。全国犯罪情報センター（NCIC）と呼ばれるデータ・ベースは登録された車のナンバーをすべて記録しているほか、盗難車、盗難銃、指名手配者リストなど2300万項目の情報を保存している。

このデータ・ベースには、全国の警察から24時間アクセスがあり、犯罪摘発、盗難車発見およびその確保の有力な手段となっている。州警察のパトカーから直接、このデータ・ベースにアクセスすることも最近では可能にな

った。

2億人以上の指紋を蓄積

　これとは別に指紋照合のデータ・ベースもある。ここには約2億人分の指紋が保存されている。米国の人口は約2億5000万人。FBIはアメリカ人の約80％の指紋を確保している。この中には、逮捕されたり、犯罪に関連して採取されたりした約1億人分の指紋のほか、軍隊、警察など治安機関に応募した人の指紋、米国の永住許可を得た移民の指紋などが含まれるが、それにしても異常に多い数である。とくに犯罪に関係なくても普通の市民が、何らかの理由で公的機関に指紋を取られたら、このデータ・ベースに転送されると見て間違いない。

　通常、逮捕された場合は、10本の指全部の指紋（十指指紋）を取られる。治安機関への応募者の指紋も基本的に十指指紋、永住許可証を手に入れる際、移民たちが移民帰化局で取られる指紋は例外なく十指指紋である。これ自体、犯罪の抑止機能を果たしているという見方もできる。

　ワシントンの本部にあるこのデータ・ベースは全国の警察からコンピューターによってアクセスすることが可能で、実際にアクセスの頻度がもっとも高い。指紋照合のデータ・ベースの入力と引き出しおよびその管理のために2800人の職員が配置されている。ひとつのデータ・ベースのためにこれほど多くの人員を割いている所は、ほかにない。このデータ・ベースに新たに入力される指紋は毎年、900万人分といわれている。いずれ、すべてのアメリカ人の指紋がFBIによってデータ・ベース化される日がくるだろう。指紋よりDNAが個人を識別するもっとも正確な情報という見方が強まり、FBIはDNAのデータ・ベース化も進めている。

FBIアカデミー

　訓練局は新人研修のほか州警察の中堅幹部に対する研修も引き受けている。ワシントンDCから南に約60キロ離れたバージニア州クワンティコの山林原野に覆われた海兵隊の基地の一角に1972年に訓練所が設立された。訓練が行われる建物は、FBI Academyと呼ばれる。映画『羊たちの沈黙』

（1991年）はこのFBIアカデミーを舞台にし、ジョディ・フォスター扮する新人の女性捜査官が連続殺人事件の解決に活躍するストーリーになっている。もちろん現実に、こんなことはあり得ない。FBI捜査官への応募資格は、23歳以上37歳以下の大学卒。原則としてアメリカ人の男女で、一定の社会経験を持つことが望ましいとされる。実際、新人の平均年齢は29歳で大学卒業後、社会経験を積んだ人が多い。地方警察官、陸軍、海兵隊の軍人、小・中・高の教師などの経験者がとくに多い。銀行員や会計会社のサラリーマンだったという人もいる。捜査員だけではなく、鑑識やデータ入力、分析の専門家も随時採用されるから、理工系の大学院卒業者や法医学の学者、コンピューターの専門家も対象になる。日本のように年度ごとに定期採用はしない。欠員が生じた時に随時採用する。

6万人が応募

人事課には、約6万人の応募者名簿があり、この中から選別される。書類審査の後、面接試験、身体検査、および体力検査がある。本人はもちろん、家族の身元調査も行われ、これらの選考に通った者が、FBIアカデミー新人捜査員として訓練を受ける。採用者数を会計年度（10月から翌年9月）でならすと、毎年300～500人といわれる。したがって、倍率は120～200倍という計算になる。FBIの試験は、最難関である。新人は原則として4カ月間、FBIアカデミーに泊まり込んで訓練を受ける。法律を中心とした学習のほか、銃と逮捕術の実習だ。毎週のように学科試験があり、2回続けて合格点に達しないと落第、放校となり、採用が取り消される。

きわめて少数だが、学科で落第する新人がいるという。短銃、ショットガン、マシンガンの3種類の銃を十分に使いこなせない者も落第になる。多くの新人は、警察官や軍人だった経験を持ち、銃の扱いに慣れているから問題はないが、ごく少数ながら、銃を使って人を撃つことはできない、という理由で、訓練を拒否し、去っていく新人もいる。

研修を終了したFBIの新人捜査員は、原則として支局に配属される。2年間は、見習い捜査員として扱われ、先輩からしごかれる。この間に適性を判断され、本人の希望も含め、捜査畑に進むのか、公安などほかの分野に進む

のかが大体決まる。

プロファイリング

　あまり知られていないが、アカデミーの庁舎の地下に行動科学課（Behavioral Science Unit）と呼ばれるセクションがある。連続殺人、誘拐、テロなどの凶悪事件の犯人像を推理し、捜査に役立てようという目的で1970年代初期に設立され、当初は訓練局に属していたが、1994年から刑事捜査局の傘下に入った。途中でInvestigative Support Unitと名称が変わったが、最近は再び行動科学課に戻った。

　行動科学課の仕事は、未解決、または進行中の凶悪犯罪の捜査資料などを分析し、犯人像を割り出すことだ。

　これをプロファイリング（Profiling）という。とくに犯罪の手口（ラテン語でModus Operandi、モーダス・オペランディという）を詳細かつ系統的に分析することによって犯人の性別、年齢、学歴、出身地、職業、性格などをある程度、推定することが可能になる。

　それを捜査に生かすわけだ。警察は犯人をUnknown Subjectと呼ぶ。略してUNSUB（アンサブ）とも言い、警察の隠語だ。

　アンサブを描き出すことがプロファイリングである。プロファイリングはFBIが始めた独創的な犯罪捜査の方法であり、カナダや欧州諸国の警察も取り入れるなど、世界に広がっているが、日本ではまだ、本格的に導入されていない。

　プロファイリングは未解決の連続殺人事件の犯人逮捕に大きく貢献した。地方警察の捜査で迷宮入り寸前だった十指に余る事件を、捜査資料の分析だけで解決に導いた功績は高く評価された。身の代金目的の誘拐殺人事件で脅迫電話の声と話し方の特徴などから短時間で、犯人を特定したという例もある。しかし、失敗もある。連続爆弾魔「ユナボマー」の人物像を大卒の白人で、30〜40代の男性と推理したが、実際は大学院まで出た高学歴者だった（1996年に逮捕されたのは、当時53歳のテオドア・カジンスキー）。実はサンフランシスコ支局の捜査員が、ユナボマーのほぼ正確なプロファイリングを描き、行動科学課に送ったが、同課はこれを無視していたということも明

らかになり、それ以後、行動科学課の人員は最盛期の半分以下に縮小され、捜査の主流からも外された。

科学犯罪研究所

刑事捜査局の科学犯罪研究所（Science Crime Laboratory）もFBIの重要な部門である。設立は1932年。単にラボと呼ばれる。警視庁にも同様の機能を果たす組織、科学捜査研究所（略称、科捜研）がある（ここではラボを便宜的に科捜研と表記する）。80年代後半まで、科捜研のメンバーは全員、支局を経験した捜査員でなければならないとされたが、技術の高度化、専門化に伴い、次第に捜査経験のない科学者が配置されるようになった。科捜研は高度の専門知識を持った科学者の集団である。1990年以降、科捜研は毎年約2万件の事件を扱い、20万件の証拠物件を調べ、それらに関して約100万回の検査、鑑定、実験を行っているといわれる。犯罪現場に残された指紋、血液、体液、毛髪、化学物質などの遺留品の検査から銃の弾道、爆発物、毒物の検査、DNA鑑定などその仕事は多様だ。

FBIファイル

48年間も長官を務めたエドガー・フーバーは、政府の要人、議員、政治家、政治運動家などのほか、有名人に関する個人情報を収集するよう各支局に命令し、直接報告させた。これらは長官室に設けられたファイルに保管され、フーバー長官しか利用できない極秘資料となった。

フーバー長官は、これをメディアや議会にリークし、自分の敵を失脚させたり、政財界に対する工作に利用したりした。フーバーが異常なまでに関心を抱いたのは社会的に影響力のある政治家たちの異性関係や浮気、不倫に関するスキャンダル情報だった。在任中これを武器に自分に敵対する政治家を脅迫していたことは有名な話である。収集したスキャンダルを「絶対に他言しない」と言って本人に直接通知して批判を封じ、それでも抵抗すれば、情報をリークしたのである。フーバー長官が終身その地位にあったのは、ローズベルトからケネディまで歴代の大統領のスキャンダルを握っていたため、だれも長官を解任できなかったからだ。

フーバー長官を毛嫌いしていたケネディ大統領と弟のロバート・ケネディ司法長官が結局解任に踏み切れなかったのは、両人がありとあらゆる女性関係のスキャンダルをフーバーに握られ、脅されていたのが理由。

　フーバー長官の死後、専用ファイルは行方不明になったとされ、それ以後FBI長官が極秘情報を独占管理する制度も廃止された。しかし、FBIが組織として収集してきた膨大な個人情報は残っている。これは一般にFBIファイルと呼ばれる。

　管理しているのは情報管理局である。単なる資料室にすぎない情報管理局に、1100人ものスタッフが配属されている。1993年にジャーナリストのロナルド・ケスラーが書いた"THE FBI"によると、情報管理局のファイル保管室は、本部ビルの5階の一角にある。ここに7500万人の個人情報（故人も含む）が蓄積されている。そして毎年83万人分の新規情報が追加されている。96年時点で、ファイルはコンピューター化されておらず、依然、ひとりにつき1件の書類とじの形式になっていたが、2000年以降は電子情報化された。

　FBIは、身元調査、刑事捜査などで情報管理部の情報を毎年約200万件検索する。外部からの照会にも応じるが、基本的に政府など公的機関の照会に限定している。たとえば、大統領がある人物をホワイトハウスの夕食会に招待する際、その人物に犯罪歴がないかどうかをチェックするため、FBIに調査を依頼する。FBIはファイルを検索し、必要な場合は追加調査をして、その人物の背景を徹底的に洗い、必要な情報を提供する。ホワイトハウスはその調査を参考にして招待者リストを決める。

　クリントン大統領は、党が推薦した大口献金者をたびたびホワイトハウスのパーティーや茶会に招いたが、FBIを使って身元調査を徹底しなかったため、詐欺の前歴がある者や麻薬取引、銃の密輸の疑いがあるうさんくさい支持者と一緒に写真に収まり、再三メディアにたたかれた。

　FBIファイルには、公安情報も多い。かつては共産党員とその支持者、同調者およびその疑いがある者の情報が細大もらさず収集された。50年代に荒れ狂ったいわゆるマッカーシズムで、マッカーシー上院議員にFBIの極秘情報を提供していたのは、フーバー長官だった。

米国の共産党員は最盛期でも3000人余りで、その政治的影響力はきわめて小さかった。にもかかわらず、FBIが共産党対策を重視したのは、冷戦という背景やフーバー長官の共産主義に対する偏執的嫌悪もさることながら、FBI自身が共産主義の脅威をあおり、それを予算増額と組織拡大の口実として利用したという要素が大きい。たとえば女優のジェーン・フォンダ、ノーベル文学賞を受賞したパール・バック、経済学者のジョン・ガルブレイスのような人物も共産党のシンパとして調査され、ファイルが作られた。

　80年代に入って、研究者やジャーナリストが情報公開法によってファイルの一部を入手、内容を公表したが、噂、伝聞などいい加減な二次情報も含まれていることが明らかになっている。一度ファイルが作られると、破棄されることはまずない。間違った情報が真実として本人も知らない間に記録され、それらが流布し、悪用される可能性があることを考えると、FBIファイルは米国の民主主義をも揺るがしかねない不気味で危険な存在になりうる。

23 警察官と保安官

> 警察官はすべからく、街に出て犯罪と戦い、治安維持の先頭に立つべきだ。
> ルドルフ・ジュリアーニ

主体は自治体警察

　米国には1万6000以上の警察機関があるといわれているが、50州に散らばる警察を統一的に指揮する機関はない。日本では、都道府県に警察本部があり、管轄下にある警察署、派出所、駐在所を指揮、監督している。

　都道府県の警察本部を統轄しているのは警察庁であり、全国にまたがる広域指定事件などでは警察庁が都道府県警を直接指揮することもある。両者には、人事交流もあり、統制力はやや弱いが、基本的に日本の警察の指揮系統は警察庁の下に一元化されているといえるだろう。

　日本の警察庁に相当する米国の組織はFBIだが、日本とは事情が異なる。FBIは州や郡、市、町の警察に対し、指揮・監督権を持っていないし、人事交流もない。米国の警察制度の特徴は、基本的に自治体（広く言ってコミュニティー）によって直接運営される組織であり、それぞれの警察がばらばらに存在し、お互いの連絡・交流があまりないという点である。ここでは便宜的に米国の州、市、郡、町の警察を自治体警察と呼ぶ。

　米国最大の地方警察はニューヨーク市警察である。New York Police Department 略してNYPD（エヌ・ワイ・ピー・ディー）である。それと双璧を成すのがロサンゼルス市警察 Los Angeles Police Department。略称LAPD（エル・エー・ピー・ディー）である。それぞれの名を冠したテレビ・シリーズがあり、米国の2大警察、そしてもっとも有名な警察である。

キャプテンは警視

　ここで米国の警察官の階級について整理しておきたい。米国の警察官の階級をどう訳すかについて統一見解がなかったことから、刑事物の小説やテレビ・映画の字幕などで、訳語がばらばらになり、混乱が生じている。

　警察官の一番下の階級は Police Officer と呼ばれる。Inspector（インスペクター）とも言う。Police Officer は、警察官の一般名称でもある。日本ではこれに対応するのは巡査である。大卒、高卒の新人に与えられる階級であり、日米共通である。NYPD などの大きな警察では、巡査1、巡査2、巡査3の3段階に分けているが、一般的ではない（数が多い方が上席）。

　警察官は実績と年季によって昇進するため、階級ごとに給与と権限で差をつける。Police Officer の上が Detective（巡査部長）。第一線の捜査の中核になる。その上席が Sergeant（サージェント）これは警部補に相当する。通常5人から10人程度の部下（巡査と巡査部長）を持ち、事件を担当する。

　その上が Lieutenant（ルーテナン）。これは警部に相当する。大きな警察署で、たとえば殺人課の課長はルーテナンである。テレビ・シリーズで有名な「コロンボ」は LAPD 殺人課のベテラン刑事という設定だったが、彼の階級はルーテナンだ。

　その上の階級は Captain（キャプテン）。日本でこれに相当するのは警視である。日本語に訳された米国のミステリーやハードボイルドで、このキャプテンの訳語に混乱がみられる。警部と訳されることが多いが、米国におけるキャプテンの地位は、非常に高く、日本の警視以上の階級に相当する。キャプテンは、捜査の指揮官としてルーテナンを束ねて、陣頭指揮を執り、その報告をきいて大所高所から捜査を進める幹部警察官である。現場を捜査するのは普通ルーテナンまでだ。だからキャプテンを警部と訳すのは、実態を映した訳語とは言い難い。

　クリント・イーストウッド主演の『ダーティ・ハリー2』（原作＝マグナム・フォース、1973年）の主人公ハリー・キャラハンの階級はインスペクター。巡査、つまりヒラの刑事である。上司の指示に従わず、現場でたびたび暴走することから巡査のまま出世を絶たれているが、超人的な力で難事

件を単独で解決してしまう。ハリーは上司とことごとく対立するが、この上司の階級はルーテナンという設定。ところが日本語字幕ではキャラハンが警部、上司が「主任」となっていて、上下関係が逆転している。そもそも警察に主任という階級はない。何とも苦し紛れの「迷訳」だ。警部が殺人事件の捜査で、張り込みや被疑者の尾行をすることは、ありえないという常識があれば、こんな珍妙な翻訳は生まれないはずだ。

警視は、日本の小さな警察署の署長、もしくは大きな署の幹部クラスだが、米国でもほぼ同様である。キャプテン の上の階級は Commander（コマンダー）。日本でこれに相当する階級は警視正である。日本では巡査からたたきあげで上り詰めることができる最高の階級であり、大きな警察署の署長、都道府県の警察本部の部長クラスである。米国でも大きな地方警察の幹部の階級はコマンダー である。

コミッショナーは本部長

その上の階級は Deputy Chief。日本の階級制度では警視長（けいしちょう）に相当する。ニューヨーク市警では、最高位である警察本部長に次ぐ階級であり、副本部長もしくは本部長補佐である。NYPD では、これを Deputy Chief 1、Deputy Chief 2 のふたつに分けている。日本では警視長の上の階級は警視監（けいしかん）である。したがって Deputy Chief 1 を警視長、Deputy Chief 2 を警視監としてもいい。

数字が多いほうが上席なので、後者を「首席副本部長」、前者を「次席副本部長」と訳してもいい。このほうが分かりやすいかもしれない。

LAPD は最高位である本部長とコマンダー の間に、Assistant Chief という階級を設けている。これはナンバーツーの階級であり、副本部長と訳すのが適当であろう。

米国の地方警察のトップを指す表現はいくつかあり、統一的な呼称はない。NYPD のトップは Commissioner である。コミッショナーは野球界のトップを指す名称として使われる。LAPD のトップは Chief of Police と呼ばれる。両方とも「市警本部長」と訳すのが適当だ。

ところで日本の警察官の最高階級は警視総監だが、これは東京都の警察で

ある警視庁のトップの名称でもある。首都警察のトップの名称を、諸外国の首都警察のトップの名称に充てるという発想の基にロンドンのスコットランドヤードやNYPDの最高トップを警視総監と訳すことがあるが、しっくりこない。スコットランドヤードをロンドン警視庁と訳すのは、この発想が根底にある。この伝でいくと、米国の場合、ワシントン市警はワシントン警視庁になるが、実態と名称がアンバランスで、滑稽な感じがする。

　米国では、市町村の小さな警察署の署長はSuperintendentと呼ばれる。この言葉は、小中高の校長の名称や、企業などのあるセクションの責任者の名称としても使われる。

　市警察のトップは通常任命制である。NYPDのトップはニューヨーク市長が単独で指名する。LAPDの場合は、複数の有識者から成る委員会の推薦により市長が任命するという形式をとる。1993年の選挙で初当選したニューヨークのジュリアーニ市長は、当時のボストン市警本部長のウィリアム・ブラトンをNYPD本部長に任命。街頭パトロール強化で、ニューヨークの犯罪を大幅に減らすことに成功した。1995年に彼を解任し、ニューヨーク市の消防本部長を後任に任命した。1992年ロサンゼルス市長に請われ、フィラデルフィア市警本部長から就任した黒人のLAPD本部長は2期目で解任され、市委員会が推薦した黒人の副本部長が本部長に昇進した。この本部長もカジノ業者からの接待疑惑などで辞任した。2002年10月、その後任にブラトンが就任した。NYPDとLAPDの二大市警の本部長を務めたのはブラトンが初めてである。

保安官

　米国には選挙で選ばれる警察官がいる。これをシェリフ（Sheriff）という。保安官である。保安官事務所は原則として郡にひとつずつ配置されている。規模はさまざま。ロサンゼルス市を管轄するロサンゼルス郡保安官事務所はトップの保安官以下約9000人という全米最大の規模だ。これとは対照的に、保安官がたったひとりしかいないという片田舎の郡も少なくない。

　郡の行政官などの選挙に合わせ、基本的に4年ごとに改選されるが、同一の人物が連続再選されるケースが多い。

大ざっぱに言って、大、中、小の都市の警察は選挙によらない（つまり任命、一般採用制による）警察組織が運営し、都市から離れたコミュニティーでは保安官が治安を担当していると理解しておけばいい。
　しかし、両者の管轄地域が重複し、その機能が必ずしも明確に区分けされていないことも事実である。米国の建国の趣旨からすると、選挙で選ばれる保安官の方が正統性を保持している。彼らは西部劇の時代から存在していた。しかし、犯罪の広域化、凶悪化によって警察組織は、いやおうなく近代化、巨大化を迫られ、その結果として、NYPD、LAPDのような大都市警察ができた。それとは対照的に昔ながらの保安官も、存続しているのである。
　米国の警察は各市町村がそれぞれ持つ自治体警察が主流である。そしてその成員は選挙によらず、試験で採用されるのが一般的である。日本では都道府県の警察官は一部の幹部を除いてすべて都道府県の職員であるが、米国では市の職員だったり、村の職員だったりする。米国の地方警察には、このほかに州が運営する警察（State Police）があり、ただでさえあいまいな管轄地域がさらに複雑になっている。州の警察官は州の職員であり、これも原則として一般採用される。州警察は主として、州内の高速道路の交通違反の取り締まりのほか犯罪捜査も担当する。保安官がひとりしかいないような小さなコミュニティーで強盗殺人などの事件が起こった時、保安官の応援要請を受けて、その事件の捜査を担当することもある。複数の州にまたがる事件の場合はFBIが自動的に捜査を担当する。

連邦保安官

　連邦政府の職員の保安官もいるので併せて紹介しておく。連邦地裁の廷吏をU. S. Marshalというが、これが連邦保安官である。連邦地裁の管轄地域ごとにひとりずつ配置される。大統領による任命職である。連邦保安官は、連邦保安官助手（Deputy U. S. Marshal）を採用する権限が認められている。連邦保安官は合計94人、助手を含めると全国に約3500人、全米に427の支部がある。司法省の管轄下にあり、本部は首都ワシントン。正式名称はU. S. Marshals Service。連邦地裁の法廷秩序を維持し、裁かれる被告の監視、法廷内外における判事や証人の身辺を保護するのが主な任務だが、被告

人が逃亡した場合は、追跡し、逮捕するのも重要な仕事である。このほか、連邦裁判所から召喚命令の出た証人に対して命令を伝え、自宅から裁判所に連れてきたりするのも連邦保安官の仕事である。人気テレビ・シリーズだった『逃亡者』（1963年〜1967年）は、連邦保安官が指名手配された殺人犯の逃亡者（Fugitive）を追いかける物語だ。

　連邦保安官が追跡するのは、裁判中に逃亡したり、保釈された後、裁判所への出頭を拒んだり、行方をくらました連邦刑事裁判の被告人であり、すべての指名手配犯を追いかけるわけではない。連邦犯の逃亡は州にまたがることが多く、その追跡、逮捕のために設けられた特別の組織ともいえる。

　国が原告となる重要裁判の証人保護計画（Witness Protection Program）も連邦保安官事務所の重要な仕事である。たとえば、連邦警察がマフィアの大物を起訴するために利用した証人（自身もマフィアの一員で、刑事免責を得る代わりに検察側証人になった者が多い）を裁判中に保護するとともに、裁判終了後、必要な場合、まったく別人の身分証明を与え、遠隔地に移送することによって、報復から保護する。

　連邦保安官事務所はこうした証人に別の名前で免許証、パスポートなどを発行するという便宜を図るとともに、その証人（必要な場合はその家族、兄弟なども含む）の公的記録を抹消し、だれにも探知、追跡されないようにしてやる。証人が新天地で過去に影響されることなく暮らせるように、さまざまな物的、精神的援助も行う。その狙いは、犯罪組織を裏切り、検察側証人になっても政府の保護によって安全に生きられることを証明することだ。連邦保安官事務所は、それによって米国の司法制度が、効果的に機能していることを国民に示す任務を負っている。

24

刑務所

> 今年も約60万人の受刑者が釈放され、社会に復帰する。刑務所の門が開かれた時、前に続く道は、より豊かな生活につながっていなければならない。
>
> **ブッシュ大統領一般教書演説（2006年1月）**

刑務所人口の膨張

　刑務所の名称は Prison が一般的だが、最近では矯正施設（Correctional Facility または Penitentiary Facility）という言葉が使われる。刑務所は、受刑者を罰する場所ではなく、受刑者を矯正し、まともな人間になるのを助ける施設であるという考え方がふたつの言葉に表れている。

　拘置所は Jail という。これはイニシャル・アピアランスや起訴後、保釈にならなかった被告人、いわゆる未決囚を、裁判が終わるまで収容する施設である。裁判で無罪になれば放免され、有罪になれば受刑者として刑務所へ移される。

　司法省の統計によると、連邦刑務所と拘置所および州刑務所と州拘置所に収容されている受刑者は2003年12月現在、合計208万5620人。このうち連邦施設には、約15万2000人が収容されている。

　受刑者の人口は1980年から急増している。同年50万人余りだった受刑者は2000年に約150万人と3倍に増え、2003年には200万人以上と4倍になっている。連邦刑務所の数は1980年の44から2003年に104に、州刑務所は600から約1100に増えた。

　人口10万人当たり480人余りが刑務所に収監されている計算になる。主要国を比較すると、これは、中国、ロシアに次いで多く、先進国では異常に多い数字である。受刑者急増には要因がある。犯罪が増えたから刑務所が増

えたという面も確かにあるが、刑務所が増えたから、犯罪が増え、結果、受刑者が多くなったという面が多分にある。

米国の刑務所は常に満杯状態だ。90年代の前半、州刑務所は2割の定員オーバー、連邦刑務所にいたっては3割近いオーバーだった。このため、受刑者を拘置所に代替収容するケースもあり、1994年は本来、刑務所にいるべき受刑者4万8949人（全体の約5％）が拘置所に代替収容された。また長期刑の受刑者を短期間で仮釈放したり、刑期満了前に釈放したりするなどの措置がとられた。

回転ドア

全受刑者の収監期間の平均は約2年である。約半数は1年未満の懲役刑か禁固刑で服役している。大半はマリファナの使用、売買で有罪になった者たちだ。殺人、誘拐などの重犯罪で有期刑となった受刑者は5％程度しかいない。刑期の短い受刑者が、次から次へと入ってくる。定員はたちまちオーバーになり、パンク状態になる。そこで古手の受刑者の順に「優遇措置」がとられて、出されていく。結果的に、凶悪犯が、刑期を短縮された形で、仮釈放、または釈放されていくのである。

これを「回転ドア」という。刑務所の出入口に据え付けられた巨大な回転ドアが半分回ると、刑務所内部から多数の受刑者が吐き出され、もう半回転すると同じ数の新入り受刑者が外から吸い込まれていく。仮釈放なしの終身刑や長期刑を受けた受刑者などの少数の例外を除いて多くが出所し、約2年で半分以上が入れ替わる。

この回転ドア政策が「当局は犯罪者を野放しにし、犯罪に甘い」という世論を巻き起こした。実際、連邦と州の司法当局は、刑期を満了しない凶悪犯を仮釈放という形で、野に放ってきた。最も大きな理由は、「刑務所の不足」であった。

1995年、連邦政府は新たな犯罪防止法を施行し、警察官と刑務所を増やした。連邦刑務所だけではなく、州の司法予算に莫大な補助金をつぎ込むことによって州刑務所の新設と警察官の増員を奨励したのである。民主党のクリントン大統領が主導したこの法律のコンセプトは「犯罪者を隔離すること

によって犯罪を抑止する」というものだ。刑務所の収容能力を増やして、仮釈放や早期釈放の優遇措置を廃止、すべての受刑者にその刑期を全うさせ、特に終身刑の受刑者は、原則的に釈放しないという考え方である。このコンセプトと有期刑の長期化が合体すると、その効果はさらに高まる。つまり、凶悪犯罪の受刑者は、一生刑務所から外に出すな、ということである。

事実、1996年以降、殺人、強盗、レイプなどの凶悪犯罪は、年率2％から3％のペースで減少している。受刑者が簡単に仮釈放されなくなり、特に終身刑などの凶悪犯の受刑者は釈放されなくなった（既に述べたように終身刑の受刑者が10年ぐらいで仮釈放になるケースは少なくなかった）。

司法省は、犯罪者が長期間隔離されているから凶悪犯罪が減った、と分析する。事実、凶悪犯の再犯率はきわめて高いので、この主張には一定の説得力がある。「重罪を減らすには、一度重罪を犯して有罪になり、刑務所に収監された人間を、閉じこめ、できるだけ長く、外に出さなければいい」。こうした考え方が保守、リベラルを問わず、米国の社会に浸透している。刑務所の拡張と受刑者の膨張という現象の背景には、こうした強硬世論がある。

ところが、回転ドアのペースは一向に改善されず、もとのままだ。以前は、起訴猶予や保護観察で見逃されていた「犯罪者たち」が、収監されるようになったからである。警察官の増員に比例して、摘発件数も増えた。これまで収監を免れていた者たちが、起訴され、実刑判決を受けるようになった。ほとんどは麻薬関連の軽犯罪の受刑者だ。収容能力が4倍になっても刑務所は常に、満杯状態なのである。だから「刑務所を増やしたから犯罪が増えた」という方が、現実に近い。

受刑者が一番多いのは、カリフォルニア州（12万605人）、2番目がテキサス州（11万8195人）。刑務所の増加数においても両州が突出している。テキサス州は、収容能力に余裕があるので、他州から受刑者を「輸入」している。

禁固刑と懲役刑

受刑者に対する刑罰は労働を伴う懲役刑と労働を免除される禁固刑に分かれる。刑務所に収監することを Imprisonment というが、これは一定の場所

に入れて、外に出さないこと、つまり拘禁という意味である。実刑判決はすべて拘禁刑であるが、これは罰としての労働を伴う懲役刑と労働なしの禁固刑に大別できる。

　たとえば死刑囚と凶悪犯罪で終身刑になった受刑者は州刑務所、連邦刑務所を問わず、普通1日22〜23時間独房に入れられる。1〜2時間程度、特別の施設で運動することを許される程度で、脱走を防止するため、ほぼ完全隔離状態に置かれ、労働は免除されている。これは最も厳しい禁固刑といえるが、最高警備刑務所（Prison of Maximum Security）といわれる凶悪犯専門の警戒厳重な刑務所では、これが普通である。

　通常の刑務所では、受刑者に所内の図書館で読書をしたり、戸外、屋内で運動したりすることを許し、拘束力が比較的弱いものが多い。

　連邦刑務所に収監された受刑者は原則として禁固刑、州、郡の刑務所の受刑者は懲役刑である。連邦刑務所では、希望する受刑者に限って労働を科すことができるというのが建前だ。したがって、連邦刑務所でも労働している受刑者が少なからずいる。受刑者の同意の下に働かせる場合、刑務所当局は連邦の最低時給（2006年現在、1時間5.15ドル）を保証しなければならないことになっている。

　しかし、州レベルでは死刑囚、凶悪犯及び病人を除いて受刑者に労働を義務づけている。懲役刑の内容は州によって違うが、ここでは私が取材したニューヨーク州の例を挙げてみよう。同州には69の刑務所がある。その中の「東部刑務所」は受刑者約1200人、職員、刑務官約600人で、かなり大きな方だ。大半が殺人、強盗、麻薬密売など重罪で長期の実刑を受けた受刑者だ。

　州の憲法に「すべての受刑者は労働する義務がある」という規定がある。病人を除いて州5日、1日6時間働くのが原則である。入所してきた受刑者はまず、学力テストを受ける。小学5年のレベルに達しない者は強制的に授業を受けさせられる。テストにパスした受刑者は自動車修理、家具組立、看板、印刷、レンガづくりなど希望に応じて職業訓練を受け、働かされる。刑務所の食堂のコック、ウェイター、洗濯、掃除も原則として受刑者が行う。幹部職員の事務の手伝いをする受刑者もいた。地域住民の要望で除雪、

道路清掃などの公共奉仕に駆り出されることもある。賃金は最低時給10セントから最高1ドル30セント、ニューヨーク州の最低賃金をはるかに下回る。時給は担当の刑務官が仕事の内容と熟練度を勘案して決める。

1日の生活時間帯を、①午前8時30分〜11時20分、②午後12時20分〜3時15分、③午後6時20分〜9時20分の3コマに分ける。そして1日2コマを労働、1コマを自由時間に充てるというのが、規則だ。その組み合わせは、各人の自由だが、1日6時間は働かなければならない。自由時間には図書館で本を読んだり、プールで泳いだり、体育館でバスケットをしたり、ジムで体操をすることもできる。

刑務所は大産業

受刑者がつくった製品は州公営の企業コークラフト（Cocraft）を通じて公共機関に売られる。東部刑務所は道路の標識や視覚障害者用の教科書をつくり、州の道路局と教育局に納入している。刑務所製品は安く、質も良い。このため一般の市場に出されると民間企業の製品と競合し、それを圧迫するため、売却先はできるだけ公共機関に限っている。

多いときで年間20万ドル（2000万円）の利益が上がり、刑務所の運営費に充当される。東部刑務所の年間予算は2400万ドル（24億円）だから、貢献度は0.1％未満だが、この比率をできるだけ上げるのが同刑務所の方針である。

ほかの州の状況はどうか。オレゴン州は州の最低賃金である時給5ドル40セントを保証し、受刑者にジーンズを作らせたり、家具をつくらせたりしている。熟練者には、時給7〜8ドルを払う。受刑者の月々の稼ぎから刑務所の部屋代、州税、連邦税を差し引き（必要な場合は被害者への賠償金や受刑者の家族への仕送り分も引いて）、残りを受刑者の名義で預金、出所する時に全額を本人に渡すというシステムをとっている。

テキサス州では コンピューター大手の3社の受注を受けて、受刑者にコンピューターのキーボードを作らせている。オハイオ州では自動車部品を自動車メーカーに納入している。イリノイ州では、おもちゃの大手チェーンの依頼を受けて、店内の棚を取りつける作業に受刑者を動員している。受刑者

を使ってうなぎを養殖し、卸売市場に売っているフロリダ州のようなところもある。

既に書いたように、連邦刑務所は、希望する受刑者に限って労働させるシステムだが1934年に設立された 連邦刑務所産業（Federal Prison Industries Inc）という司法省直属の公社が受刑者の労働力を管理、必要に応じて一般企業に受刑者を臨時労働者として派遣するほか刑務所内でつくった製品を一般の市場で売っている。年間7億8000ドル（780億円、2006年）の売上があるというから、堂々たる大企業である。ちなみに日本での刑務所作業の収益は年間約61億円（2005年）である。

州の刑務所の売上を合わせると米国の刑務所産業の年間売上は90億ドル（約9000億円）である。意外に知られていないが、刑務所は米国において隠れた成長企業なのである。

狙いは刑務所維持費の軽減である。年々受刑者の数が増え、刑務所予算が膨れ上がるのを少しでも防ごうという苦肉の策だが、刑務所の労働力や製品は民間の労働賃金や市販の製品に比べ安く、質も引けを取らないため、民間の同業者と競合になる。この余波で州によっては倒産に追い込まれる中小の業者も出ており、刑務所産業の一般の市場への参入を制限する要求も出ている。

25

法医学者

> 特別な才能がある法医学者は、死者と対話することができる。
> **パトリシア・コーンウェル**

検死官は医師

　犯罪の解明に役立てる医学を法医学（Forensic Science）という。主として人体の解剖に関する医学だが、それだけではなく法廷に提出される証拠の客観性、科学性を証明するために必要な医学の総称で、その分野に携わる人が法医学者である。

　検死官は法医学者の代表的存在。仕事は、犯罪に起因する疑いのある変死体を調べ、死因を解明することである。コロナー（Coroner）もしくはメディカル・エクザミナー（Medical Examiner）というのが一般的な名称だ。

　検死官は、法医学を修め、医師の資格を持つことが必須条件である。だからフォレンヅィック・パソロジスト（Forensic Pathologist）と呼ばれることもある。Medical Examiner を表す言葉として日本語では検死官、検屍官のふたつの表記がある。ここでは検死官を採用する。

　日本では、検死官の代わりに監察医という名称を使っている。東京都、横浜市、名古屋市、大阪市、神戸市には監察医制度があり、常勤もしくは非常勤の法医学者が、検死官として変死体の司法解剖を行い、犯罪捜査に重要な役割を果たしている。監察医は、自治体の職員（東京都の場合は衛生局の職員）である。もともと、監察医制度は戦後、米軍占領当局が東京都に命じてつくらせたものである。

　米国の主要都市には州、郡、市などの自治体の一組織として検死局

（Coroner's Office）または（Medical Examiner's Department）が置かれている。検死局長（Chief Medical Examiner）は、任命制をとる自治体がほとんどだが、選挙で選ぶところもある。

　米国の検死官が日本の監察医と違うのは、犯罪捜査について警察とは独立した捜査権を持ち、必要な場合、独自に記者会見をすることができるなど強い権限を持っていることだ。

　予算と人材不足で専任の検死官を雇うことができない自治体は、地元の医師や大学の法医学者に嘱託で検死官になってもらい、その都度、検死を依頼している。これが米国の中小都市における検死制度の通常の姿である。日本も同様だ。

　犯罪現場で血痕、指紋、DNAなどを採取し、照合するのは科学捜査研究所（Crime Laboratory）である。Crime Lab（科捜研）と略称される。所員は基本的に警察に属するが、科学、生物、コンピューター・サイセンスなどの学位を持った専門家たちだ。Crime Scene Investigator（CSI）と俗称される。日本の鑑識に相当するが、ここでは科学捜査班としておく。Criminalistともいう。

死後解剖と司法解剖

　人間の死には自然死（Natural Death）と異状死または変死（Irregular Death）がある。長年、病床に伏していた患者が主治医にみとられて、死亡した場合は、自然死であり、医師が死亡診断書（Death Certificate）を書き、葬儀が執り行われ、埋葬される。

　同じ病死でも孤独のうちに死んだり、不審な死に方をしたりした疑いのある人物の死体は、異状死体として解剖に付される。これを死後解剖（Post-Mortem Examination）という。これは死因を解明するための解剖であり、必ずしも犯罪に関係する疑いが濃いという理由で行われるわけではないが、結果的に犯罪に関係することが判明することもある。たとえば、外見上は、自殺のように見えたが、解剖の結果、他殺であることが判明することがある。解剖の結果、犯罪に関係なしと判定されれば、死体は近親者などに返還される。日本ではこれを行政解剖と称している。

外見上、殺人など不審死である疑いが濃い場合は、司法解剖が行われる。これは検死官が裁判所の許可を受けて行うもので Autopsy という。司法解剖の報告書（Autopsy Report、隠語で Protocol と呼ばれる）は裁判において重要な証拠として扱われ、かつ死亡診断書としての効力を持つ。

検死官は激務である。ロサンゼルス市を含むロサンゼルス郡の検死局が扱う変死体の数は年間約 5000 体、東京都の監察医務院は約 8000 体といわれている。

英米の推理小説、犯罪のノンフィクションなどでは、行政解剖と司法解剖の区別をつけず、解剖の場合はすべて Autopsy を使い、同義語として Post-Mortem Examination が使われているようだ。

死因と死亡推定時刻の解明

死体の解剖の目的は大きく分けて死因の確定と身元の確認である。すでに身元が判明した他殺死体の解剖では、外傷、損傷の部位・程度、凶器とその用法を調べ、死因を解明するほか、血液型を調べ、飲酒、性交の有無を検査する。死体の死後硬直（Rigor Mortis）、死後の体温低下（Algor Mortis）、死斑（Post-Mortem Lividity or Death Spots）、胃の内容物検査などから死亡推定時間（Time of Death Estimation）を割り出すことも検死官の仕事である。人間が死ぬとおおむね 2 時間後に硬直が始まり、約 12 時間でピークに達する。この状態が 12〜48 時間続き、その後死体の硬直は緩んでくる。体温は死後、1〜2 時間は変わらない。その後、1 時間に 0.4〜0.7 度の割合で下がる（死体が置かれていた状況や個人差によって異なる）。死斑は死体の皮膚の下に生じる紫赤色の斑点。死後 30 分から 3 時間程度で生じる。8〜9 時間で全身に広がり、最初は位置が変化するが、約 20 時間で固定する。

検死官はこれらと、警察の捜査事実などを加味して総合的に判断し、死亡推定時間を割り出す。

身元の確定

死体の身元を明らかにすることも検死官の重要な仕事である。警察の捜査による身元の特定に加え、複数の近親者が死体を実際に見て、同一性を確認

すれば、身元は確定し、それ以上のことをする必要はない。

　男性の身元不明死体を John Doe（ジョン・ドウ）、女性の場合は Jane Doe（ジェーン・ドウ）と呼ぶ。近親者や、知人、友人による確認もできない身元不明の遺体は、指紋、血液型、DNA 鑑定で照合できるが、それでもだめな場合はさまざまな方法が使われる。航空機事故などで遺体がばらばらになったり、焼けただれていたりした場合、もっとも有効なのは、歯型の照合（Dental Check）による身元の確定である。生前に歯の治療を受け、カルテが残っている人なら可能だ。

　コンピューターを使ったスーパーインポーズ法（Superimposing Method）というものもある。たとえば、航空機事故などで、だれが死んだかは乗客名簿でわかっているが、遺体の損傷が激しく、近親者が見ても、どれが、だれの遺体なのか、確認できず、歯型の照合もできないというような場合に、この方法が使われる。頭蓋骨の写真と個人の顔写真をコンピューターに画像入力し、両者が一致するかどうかをチェックするのだ。これは白骨化した身元不明の死体の身元を確認する方法としても有効である。ただし顔写真と頭蓋骨の写真が同一の方向から写されたものであることや、頭蓋骨の損傷の程度が比較的軽いことが必要条件になる。

　あらゆる手を尽くしても身元が判明しない死体は Potter's Field と呼ばれる公的な墓所に埋葬される。日本風にいえば、無縁仏の墓だ。

DNA 鑑定

　最近、個人を識別する方法として脚光を浴びているのが DNA 指紋法（DNA Fingerprints）である。人間の細胞の核の中にはデオキシリボ核酸（Deoxyribo-Nucleic Acid〔DNA〕）という遺伝子がある。DNA は指紋と同じように人によって千差万別である。一卵性双生児を除いて同じ DNA を持つ人間はいない。DNA に制限酵素を加えて断片化し、電気泳動にかけると、バーコードのような配列模様になる。1985 年、この配列模様を個人の識別に利用するため DNA Typing と称して商品化したのが英国レスター大学の A. ジェフリー博士だ。米国の民間会社がその独占使用権を買い、DNA Fingerprints の名で商品化し、現在にいたっている。

米国の連邦裁判所と多くの州裁判所が、個人を識別する客観的証拠としてDNAの価値を認めている。1990年代以降、日本でも採用されている。DNAは血液、皮膚、毛髪、体液、唾液など、どこからも採取でき、汎用性があるが、指紋鑑定に比べ時間と費用がかかるのが難点だ。

　レイプなど性犯罪で逮捕された被疑者からDNAを採取し、データベース化している州もある。再犯の場合、スピード逮捕・起訴に持ち込めるようにするだけでなく、再犯を抑止することが目的だ。逆に無罪の証明にも威力を発揮している。レイプ罪で起訴され、いったん有罪判決が下り、服役している被告人が上訴審でDNA鑑定により無罪になることが少なくない。

　DNA鑑定による新証拠を発掘することによって無実を訴える被告人の支援活動を続けている「Innocent Project」（ニューヨーク市）という団体がある。シンプソン裁判の弁護団にも名を連ねた著名な弁護士のバリー・シェックとピーター・ノイフェルトが1992年に設立した非営利の団体で、2007年3月までに200件の無罪を勝ち取った。この中には、26年間も冤罪で収監された後、釈放された例もある。

弾道検査

　銃が絡む犯罪では、しばしば弾道検査が行われる。銃の銃身（Barrel）の内側には、らせん条の溝が刻まれている。これを施条（Spiral GrooveまたはRifling）という。弾丸に回転を与え、命中率を高めるために銃の製造過程で機械的に刻まれるもので、人間の指紋と同じように銃によって異なる（ただしピストル、自動小銃などの短銃とライフル銃の銃身には施条があるが、ショット・ガンにはない）。短銃とライフル銃から発射された弾丸には必ずその銃の施条が刻印される。弾丸に刻印された銃の施条を施条痕（Barrel MarkingsまたはRifling Markings）という。

　犯行現場に残された弾丸、あるいは殺害された人の死体から検出された弾丸の施条痕を調べる。そして犯行に使われたとみられる銃を試射し、その弾丸の施条痕を調べる。両者が一致すれば、犯行に使われた銃を特定することができる。施条痕を調べることがすなわち弾道捜査（Ballistics）である。

　銃の口径は100分の1インチ単位で表す。口径は銃身の内側の直径を指

す。たとえば22口径（22 Caliber）は100分の22インチ（約5.6ミリ）である。

うそ発見器

　新聞や推理小説でしばしば、「うそ発見器」が登場する。うそ発見器（Lie Detector）というのは俗称で、正式名称はポリグラフ（Polygraph）である。被験者にさまざまな質問をして、呼吸運動、皮膚電気反応、心拍数の変化をグラフ化し、それらの変化の度合いで真実を言っているかどうかを推し量ろうという装置だ（うそをついた場合には、上下のぶれが激しくなる）。胸に呼吸チューブを巻きつけ、心電図を取る時のように胸などの皮膚の上に2カ所、電極を装着、指先や耳たぶに心拍を測るセンサーをつけるなどなかなか大がかりな装置である。これによって被験者がうそを言っているかどうか、かなりの程度まで推定することはできるが、100％証明することはできない、というのがポリグラフへの一般的な評価だ。

　人によっては、うそを言っても、ほとんど変化がない人がいる。逆に真実を語っても緊張して大きな変化を記録されてしまう人もいる。警察当局は、被験者の同意を得なければ、ポリグラフによる検査はできないことになっている。ポリグラフのデータの証拠価値について連邦最高裁は、各裁判所の判断に任せるという趣旨の判決を下している。個人差がかなりあることから単独では、有罪の証拠にはならない。

第4部

民事法
Civil Law and Procedure

26

民事訴訟

> 金銭をめぐる私人の間の民事訴訟では、一般的に事実認定の誤りが被告、原告のどちらに有利に左右したとしても、刑事訴訟ほどには深刻な問題ではない。
> **ジョン・ハーラン米連邦最高裁判事（在任 1955〜1971 年）**

反論なければ原告勝訴

　米国の民事訴訟（Civil Suit or Civil Action）は、刑事裁判とかなり色合いが異なる。米国が訴訟社会といわれるのは、①民事訴訟の数が多いこと、②その内容が多種多彩であること、③他国では考えられない巨額の賠償金要求があり、時としてそれが認められること——などが主な理由である。しかも、民事訴訟の判決が政治、経済、社会に極めて大きな影響を与えることが米国の特徴である。民事裁判は刑事裁判のような禁固、懲役などの制裁を求める制度ではなく、損害賠償という形で金銭的補償を請求するのを趣旨とする。ある個人、集団、団体が他の個人、集団、団体に損害賠償を請求したいと考えた時、最初にやるのは当事者同士の交渉である。これが不調に終われば、次に双方が認める仲裁人、調停人（Mediator）を立て、その勧告、指示に従って和解を図る。

　仲裁人は弁護士、町の長老、有識者、政治家などがいる。適当な人がいない場合は、それを専門に行っている公的機関、協会、会社などに依頼する。多くの州、市、町は、仲裁、調停を行う部局を設け、専任の仲裁人、調停人を置いており、無料もしくはそれほど高くない料金で、民事紛争の解決を行っている。ここでも折り合いがつかず、和解できなければ、訴訟になる。

　民事訴訟には、人身被害（Personal Injury）、医療過誤（Medical Malpractice）、製造物責任（Product Liability）、契約違反（Breach of Contract）などのほか、名誉棄損訴訟（Libel Suit）、離婚訴訟なども含まれ

る。負債の返済、財産分与からセクハラの賠償にいたるまで、その範囲は社会生活の全範囲に及ぶ。

　連邦地裁、州地裁が扱うのは、係争額が5000ドル以上の訴訟で、それ以下は少額裁判所（Small Claim Court）で行う（少額裁判所については後述）。訴訟手続は州ごとに微妙に異なるが、連邦民事訴訟手続（Federal Rules of Civil Procedure）とほぼ同じである。ここではそれに従って手続を略述する。

　訴訟は通常、被害者である原告（Plaintiff）が訴状（Complaint）を裁判所に提出することから始まる。「逮捕から起訴まで」の項（本書82頁）で書いたようにComplaintという言葉には、警察官が裁判所に提出する逮捕状請求状という意味がある。しかし民事裁判では訴状である。File a Complaintというのは訴状を裁判所に提出するということ、つまり「提訴」を意味する。訴状には原告が救済され、①補償を受けなければならない理由、②賠償請求額とその根拠、③管轄権からその裁判所に提訴しなければならない理由――などを簡潔明瞭に書く必要がある。訴状の内容が一方的ではなく、まともであると裁判所が判断すると、訴状は受理されるが、そうでない場合は却下される。

訴えの利益

　ここで問われるのは、原告に訴えの利益があるかということだ。裁判所は実質的な被害を受けていないのに相手を困らせるためだけに訴訟を起こす原告には訴えの利益がないと判断して、請求を却下することがある。

　また、原告が真の被害者として補償を受ける正当な権利があることを原告適格（Standing）というが、訴えた当事者が、原告適格を欠いたり、不十分であると判断されれば、訴訟は却下される。これらがクリアーされると、訴状は受理される。民事訴訟は、訴状が受理されてから始まる。

　まず、担当判事が決まる。判事は、訴えられた側＝被告（Defendant）に訴状を添えて召喚命令（Summon）を出す。召喚命令は、被告に対し、訴えられたことを通知し、特定日時に裁判所に来るよう要請するものだ。被告は通常、訴状の内容に反ばくを加え、否定する答弁書（Answer）を裁判所に

提出し、必要な場合、対抗的提訴（Counter Suit）を行う。反訴ともいう。普通、被告が一定期間内（通常は 30 日以内）に答弁書を裁判所に提出しない場合は、訴状の内容を全面的に認めたと受け取られ、被告敗訴（原告勝訴）の判決が出る。これを Default Judgment という。原告が訴状で訴えたことについて被告が部分的にせよ反論しなかった場合、その部分については、認めたと判断され、後の裁判で、被告に不利な材料になる。

したがって被告は答弁書で、争う必要のない絶対的事実（例えば、交通事故をめぐる損害賠償などの事故発生の日時、場所など）を除いて、原告の主張を全面的に否定するのが普通である。判事は両者の主張を比べ、明らかに一方の主張が正当であると判断した時は、その場で即決の判決を出すことがある。これを略式判決（Summary Judgment）という。裁判を省略し、書面審査だけで出る判決である。刑事裁判における略式命令の民事版といえる。

また、原告は、訴状、答弁書による書面のやりとりが終わった時点で、自分を勝訴とする略式判決を出すよう判事に要求することができる。逆に被告は、原告の訴えを却下する略式判決を出すよう要求できる。略式判決は、一方の主張が幼稚、拙劣、非科学的で、もう一方の主張が明確で、首尾一貫し、明らかに優劣がある時に出るが、きわめて例外的である。

証拠開示

証拠開示（Discovery）とは、正式な事実審理（公判）が始まる前に原告、被告の双方が手持ちの証拠を相手側に明らかにすることである。この場で、双方が自分の必要とする文書を示し、提出するよう要求できる。だだ、要求する文書がすべて入手できるわけではない。当該文書が裁判に必要であることを判事が認めることが条件である。

製造物責任の訴訟などで企業側が企業秘密を理由に原告の要求するデータ提出を拒否することが少なくないが、それを突き崩し、企業側に必要な文書を開示するよう判事を説得できるかどうかが、民事訴訟の勝負の分かれ目になることが多い。

民事訴訟における証拠とは、ほとんどが文書である。解剖報告書からバランスシートまで多種多様だ。このうち双方の弁護士が法廷外で関係者（証

人）に事情聴取し、これを文書化したものを証言録取（Deposition）という。病気で入院中だったり、遠隔地に住んでいたりして出廷できない人が対象になる。これは宣誓した上での証言だから証人がうそをついた場合、偽証罪が適用される。1990年以降、事情聴取のもようをビデオに収録し、証言録取の代わりとすることも認められている。

　双方が相手にききたい情報を整理してまとめ、書面で回答するように求めることができる。書面で回答された文書をインテロガトリーズ（Interrogatories）という。「質問書」と訳されることが多い。

　連邦憲法の修正第7条に「民事裁判では陪審による裁判を受けることを保障する」との規定があり、刑事裁判と同様に一審である連邦地裁は民事事件についても原則として陪審裁判を行う。また各州の憲法はルイジアナ州を除き、州の憲法で州の第1審裁判所では民事裁判も陪審で行うと規定している。陪審の選定は、刑事裁判と同じだ。ただし、エクイティ（本書239頁）の審理は判事が単独もしくは複数で行い、判決を出す。陪審は一切関与しない。

召喚令状

　訴訟を担当する判事は、事実審理に必須と判断した証人を出廷させたり、証拠を強制的に提出させる権限を持っており、そのために召喚令状（Subpoena）を出す（発音はサピーナ）。Summonが訴訟の当事者（被告）を呼び出すための裁判所命令であるのと異なり、サピーナは訴訟に関わる証人を喚問するものだ。双方の弁護士が、必要な証人を要請するが、召喚するかどうかを決定する権限は判事にある。その強制力は非常に強い。たとえば、消費者から起こされ製造物責任をめぐる大企業に対する訴訟で、現職の社長、会長が証言台に座らされることも珍しくないし、社外秘とされる資料や記録を企業側は拒むことはできない場合が多い。召喚令状を送達された証人が正当な理由がないまま出廷を拒否したり、訴訟関係者が裁判所に求められた証拠提出を拒み続けると、法廷侮辱（Contempt of Court）罪で逮捕されたり、罰金を科せられたりすることがある。

9人以上の同意で評決成立

　裁判は、双方の冒頭陳述、証人尋問、反対尋問、双方の最終弁論、判事の説示の順序で進み、陪審評決で終わる。余程複雑かつ大型の訴訟は別として、裁判は5日から10日ぐらいで終わるのが普通である。民事裁判の陪審の数は連邦が6人、州が概ね12人である。連邦裁の陪審裁判は陪審員6人の全員一致が原則だが、州裁では9人以上の同意（12対0、11対1、10対2、9対3のいずれか）で、評決を下すことができる。民事陪審は、原告、被告のどちらを勝訴とするべきかを決めるだけではなく、原告勝訴の評決を出した場合は、通常、賠償額も決める。有罪か無罪かを決めるだけの刑事裁判の陪審とは、その点が異なる。

　民事裁判でも判事は、基本的に陪審の評決を追認し、同じ内容の判決を出すが、刑事裁判と同様に、陪審が証拠に基づかないで感情的に評決を下した場合、それを無効としてあらためて評決無視の判決を出すことができる（実際にはまれだが）。

　また、陪審が被告に命じた損害賠償が余りにも巨額で、根拠が薄い場合、賠償を減額して判決を言い渡すこともある。被告が大企業で原告が市井の一市民の訴訟では、しばしば弱者である個人に有利な評決が出る傾向がある。このため「陪審裁判を受けたくない」と言い出す被告がいる。形としては陪審裁判を受ける権利を放棄し、判事による裁判を希望すると判事に通告する。しかし、それには原告の同意が必要だ。多くの場合、原告は同意を与えない。これが民事事件でも陪審裁判が圧倒的に多い理由である。

90%は和解で決着

　連邦、州を問わず米国の法律では、民事訴訟の提訴から陪審評決が出る直前のどの段階でも和解することが可能だ。この点は刑事訴訟と同じである。基本的に民事訴訟の担当判事は、常に両当事者に和解を促し、その方向に誘導するべく訴訟指揮を行う。受理された訴訟がすべて評決に達するとは限らない。むしろその数は極めて少なく、実際は民事訴訟の約90%が和解で解決されているのである。原告、被告の双方が訴訟の長期化を考え、時間とエネルギーを節約するため、適当なところで手打ちにするというのが、民事訴

訟の実態である。

　少額裁判所に触れておく。たとえば、アパートを退去した際、家主が敷金を返してくれないなどの争いで、借家人側が自分の主張の概要を書いた訴状を少額裁判所に提出する。訴状には一定の書式があり、必要な場合、関係書類を添える。これを受理した担当判事は家主側の言い分をきいた上で、即決の判決を出す。弁護士はつかない。提訴から判決まで１週間前後。長くても１カ月ぐらいである。少額裁判所は、州地裁と同一庁舎に併設されているのが普通である。

27

懲罰的賠償

> アメリカ社会は多くの成功を生んだが、民事訴訟システムはグロテスクな失敗だった。それは、過大な出費、怨念そして不合理の見本である。
> ウォルター・オルソン

制裁と再発防止が狙い

1980年代以降、民事訴訟で顕著になってきた新しい賠償の形態に懲罰的賠償である。既に書いたように民事訴訟は、不法行為、過失などで損害を受けた被害者が加害者に対し、その損害を主として金銭で補償するよう要求するものだ。

基本的には、実際に生じた損害を補填する補償的賠償（Compensatory Damagesまたは Actual Damages）を要求するのが普通だ。これとは別に加重的補償ともいうべき懲罰的賠償（Punitive damagesまたは Exemplary Damages）を請求するケースが米国では少なくない。懲罰的賠償の法理論はいまだに確立していないが大きく分けてふたつある。ひとつは、人間がさまざまな不法行為で受けた損害には、計数で割り出せない精神的損害が含まれている。これを補償するために実際の損害額に加算して賠償を増額するべきでるという考え方。もうひとつは、加害者の不法行為に強い悪意があったり、加害の程度が著しかったりした場合、再度同じことをしないよう強く罰する必要があるという思想。そのための特別な賠償を加害者に支払わせ、今後、同種の不法行為を他の人間が起こさないよう抑止し、かつ社会一般に警告を発するため、制裁的な賠償を科す必要があるという法理念である。

セクハラで7億円賠償

1994年9月1日、カリフォルニア州サンフランシスコ地裁の陪審は米国

最大クラスの法律事務所「ベーカー・アンド・マッケンジー」（本社シカゴ）の元女性従業員（当時40歳）が上司からセクハラを受けたとして訴えていた裁判で、同事務所に補償的損害賠償5万ドル（500万円）、懲罰的賠償690万ドル（6億9000万円）を払うよう命じる評決を出した（Weeks v. Baker & Mckenzie）。この女性は秘書として働いていたが、事務所の幹部マーチン・グリーンスタインから食事に誘われ、胸や尻を触られ、「今までどんなセックスをしたか」などときかれた。他の幹部に訴えたが、無視され、居づらくなって3カ月で退職した。グリーンスタインは、法律事務所のパートナー、つまり共同経営者である。

　陪審は、弁護士1700人を擁し、全米の頂点に立つ同事務所を厳しく罰することで、再発と他の事務所におけるセクハラを抑止するという狙いから、同事務所の年間売上の約10％相当という額を懲罰的賠償額とした。グリーンスタインは自ら22万5000ドル（2250万円）の賠償を払わされた上、解雇された。「これだけの罰を科せられたら、この法律事務所では二度とセクハラは起きないだろう」というのが、陪審がその評決にこめたメッセージである。しかし、懲罰的賠償の算出方法には普遍性がない。なぜ年間総収入の10％なのか。万人を納得させる根拠はない。恣意的で、気まぐれとさえ言える。

最高裁が三つの指針を提示

　1990年以降、このような根拠が不明確な巨額の懲罰的賠償が州地裁などで乱発されたことによって最高裁が一定の基準を出した。その最初のケースが1996年5月のBMW社対ゴアである。

　1990年ドイツの自動車メーカー、BMW社はアラバマ州在住の弁護士から「購入したBMW社の新車が二重塗装になっている」として訴えられた。新車の価格は4万ドル（400万円）。BMW社は塗装の際、誤って車体に傷をつけ、それを隠すため塗装を二重にして出荷した。弁護士はBMW社を相手に補償的賠償4000ドル（40万円）と懲罰的賠償400万ドル（4億円）を請求する民事訴訟を起こした。

　原告は、BMW社が過去10年間、全米で「塗装欠陥車」1000台を出荷し

たことを根拠に懲罰的賠償は補償的賠償の千倍（400万ドル）と主張した。一審のアラバマ州地裁の陪審はこれを全面的に認め、BMW社に400万4000ドルの支払いを命じる評決を出し、地裁判事もこれを追認する判決を出した。州最高裁が懲罰的賠償額を200万ドル（2億円）に減額したが、BMW社はこれも不満として連邦最高裁に上訴した。

スティーブンス判事が書いた判決は、懲罰的賠償について、「極めて悪質かつ言語道断な」（Reprehensible and Egregious）行為を罰し、再発を抑止するための賠償であると述べ、算定の指標として①悪質の程度（Degree of Reprehensibility）、②補償的賠償との比率（Ratio）、③通常の民事・刑事罰との比較——の三点を挙げた。これらに照らせば、BMW社の悪質な行為の程度は低く、アラバマ州が同種の違反行為に対し最高2000ドルの罰金を科していることを考慮すれば、補償的賠償の500倍という懲罰的賠償は、憲法修正14条（適正手続）に違反すると述べた。また、懲罰的賠償は、原告が受けた被害に限定し、補償的賠償を基礎として算定されるべきであると指摘し、州最高裁判決を破棄した。そして、「懲罰的賠償には憲法的限界（Constitutional Limit）がある」と述べ、「補償的賠償の500倍」が、限界とされた。

数値的限界を設定

しかし、これ以後も製造物責任をめぐる民事訴訟で州裁判所が巨額の懲罰的賠償判決を出すケースが相次いだ。BMW社対ゴアは懲罰的賠償の抑制を促したが、その一方で「不法行為の悪質性が極度に高ければ巨額賠償も合憲」と受け止められ、巨額賠償を正当化する根拠に利用された。そこで最高裁は「ステート・ファーム社対キャンベル」（2003年4月判決）で、もう一歩踏み込んだ基準を出した。

これは無理な追い越しにより正面衝突事故を起こし、二人を死傷させたカーチス・キャンベルが保険会社「ステート・ファーム自動車相互保険」を相手取って起こした民事訴訟である。同社はキャンベルの過失が明らかであったにもかかわらず保険金の支払いを拒否して、裁判でキャンベルの無罪を争い、全面敗訴。結局18万ドル余の損害賠償を支払った。キャンベルは一連

の過程で、会社側に不誠実な対応があったことを理由に、ユタ州地裁に民事訴訟を起こし、一審で補償的賠償260万ドル、懲罰的賠償1億4500万ドルの判決を勝ち取った。州高裁はそれぞれ100万ドル、2600万ドルに減額したが、ユタ州最高裁は補償的賠償100万ドル（1億円）、懲罰的賠償1億4500万ドル（145億円）と原告全面勝訴の判決を出し、ステート・ファーム社が連邦最高裁に上告した。

同社はテキサス州を本拠として全米にネットワークを持つ大企業だが、保険金の支払いを最小限に抑えるためのマニュアルを社員に配布し、すべての請求をいったん拒否し、異議申し立てがあった場合もあらゆる難癖をつけて保険金の支払いを逃れたり、減額したりしていた実態が明らかになった。さらに内部告発や元社員の証言で、原告の人格を傷つける証拠をねつ造したり、原告側が公判で要求した文書を組織的に廃棄したりしたことが暴露された。一審の陪審はこれを「極めて悪質かつ言語道断」と認定し、州外の行為についての悪質性も考慮し、巨額賠償を科した。州最高裁もそれに同意したのである。

9対1が適切

これに対して連邦最高裁はステート・ファーム社の行為が悪質であったと認めながらも、補償的賠償の145倍という巨額の賠償支払いを正当化できるほど極悪非道ではなかったと認定した。そして州外の行為について賠償請求はできないと断じ、「補償的賠償に対する懲罰的賠償の『倍数はひと桁台』（Single Digit Multipliers）とすること」が望ましく、その範囲なら「適正手続の原則に適合する」と述べ、破棄・差し戻しを命じた。ユタ州最高裁は結局、補償的賠償100万ドル、懲罰的賠償900万ドル合計1000万ドル（10億円）の判決を言い渡した。

これによって「懲罰的賠償は補償的賠償の最高9倍」という一応の基準が設定された。しかし、判決を書いたケネディ判事は、「悪質の程度によって例外もある」と述べ、厳格な基準を設定することはできないというただし書きをつけた。つまり、9倍というのは「目安」であって「絶対的基準」ではない、という意味を込めたのである。この判決後、多くの損害賠償請求訴

訟で、懲罰的賠償は、概ね補償的賠償の９倍以内に収められたが、「目安」を超える判決も少なくなかった。

　懲罰的賠償の上限を明確に規定することに最高裁が及び腰になる理由はふたつある。まず、民事賠償の上限を規定する憲法条項はなく、そもそも、連邦最高裁が、それを設定する権限はないという主張が最高裁判事の間にあることだ。もうひとつは、賠償額の上限を定める権限を持っているのは州議会と連邦議会であるという考え方である。これを一貫して唱えているのは、保守派のスカリア、トーマス判事だ。「ステート・ファーム社対キャンベル」判決が５対４だったことが示すように、裁判所が賠償額の上限を設定することに疑義を呈する向きは連邦最高裁内では決して少数ではない。ケネディ判事は、反対派の意見にも配慮し、「例外がある」と強調することで、「９倍」という数値が一人歩きして、金科玉条とされることを避けたと思われる。

　しかし、これらの最高裁判決によって懲罰的賠償については①補償的賠償の概ね９倍以内②原告が受けた被害に限定③州外の被害についての請求は無効――という三つの原則が一応確立した。これによって巨額賠償を得ることができにくくなったのは事実である。

４倍以下が実態

　民事訴訟で懲罰的賠償が請求される頻度はどの程度あるのだろうか。1991年のある１カ月、カリフォルニア州サンフランシスコ地裁が扱った民事訴訟1024件を精査した調査会社「パシフィック・リサーチ・インスティトゥート」の調査によると、損害賠償がからむ訴訟は537件。このうち懲罰的賠償が請求されたのは、145件で約27％である。訴訟にかかる時間の平均は15カ月だったが、懲罰的賠償が請求された訴訟は21カ月かかった。

　1985年から1994年の間、カリフォルニア州、ニューヨーク州、イリノイ州クック郡（シカゴ市を含む）、テキサス州ハリス郡（ヒューストン市を含む）、ミズーリ州セントルイス市の州裁判所における主要な懲罰的賠償請求訴訟（保険金、不動産取引などの契約不履行や解雇にからむ訴訟）を調べたランド研究所の調査によると、懲罰的賠償の補償的賠償に対する比率の中央

値の平均は1.4倍、最高は4倍であった。

　米国では何億ドルにもおよぶ巨額の賠償を命じた判決が大ニュースとして頻繁にメディアに報じられるが、それらは「悪質の程度が極度に甚だしい」訴訟で、ごく少数である。しかしこの例外的な訴訟の賠償額が天文学的で破天荒なのが米国の民事訴訟の特異な点である。

　大半は適正な範囲で賠償支払いの判決が下される。下級裁判所で非常識な「トンデモ評決」が出されても実際は、上級審で覆されたり、減額されたりすることが多いし、ひそかに和解で決着するケースもある。メディアは一審の結果を派手に取り上げるだけで、追跡報道をしないから実態が伝わらないのである。

州法で懲罰的賠償にキャップ

　1990年以降、独自の法律で懲罰的賠償の上限を定めた州が急増した。帽子を被せることに例えてキャップ制というが、表で示したように2006年11月現在、19州に達する。最も低額なのがインディア州の5万ドル、最高額はミシシッピ州の2000万ドルだが、依然としてキャップ制を敷いていない州が多数派である。

　連邦下院は1995年3月、「懲罰的賠償を補償的賠償の3倍もしくは25万ドル以下とする」という「常識的賠償基準改革法案」を可決した。上院もこれを可決したが、クリントン大統領は拒否権を発動。議会が3分2以上の賛成で大統領の拒否権を覆すことができなかったため、法案は葬り去られた。したがって、連邦レベルでは懲罰的賠償の制限はない（2007年4月現在）。

クラス・アクション

　クラス・アクション（Class Action）とは、ひとりまたは数名の者が被害者全員を代表し、起こす訴訟である。日本語の表記としては「集団代表訴訟」とするのが正確だ。これは、不特定多数の集団を、ごく少数の人々が代表して起こすという訴訟形態に特徴がある。「賠償は直接の被害を受けた原告に限る」という賠償請求の原則が出てきたことから、原告数を増やして高

資料3　懲罰的賠償の上限を設定している州

補償的賠償との比率と賠償額の上限

ニュージャージー	5倍か35万ドル
ニューハンプシャー	懲罰的賠償禁止
テキサス	2倍か75万ドル
フロリダ	3倍
ノースカロライナ	3倍か25万ドル
ジョージア	25万ドル
アラバマ	3倍
オクラホマ	50万ドル
ミシシッピ	2000万ドル
バージニア	35万ドル
オハイオ	2倍か35万ドル
イリノイ	3倍
インディアナ	3倍か5万ドル
ミズーリ	5倍か50万ドル
カンザス	500万ドル
アイダホ	25万ドル
モンタナ	1000万ドル
ネバダ	30万ドル
アラスカ	3倍

額賠償額を狙う訴訟戦術である。

　たとえば、銀行が定期預金をしている顧客から意図的に多く手数料をとっていたことが発覚した場合、ひとりひとりが個別に訴訟を起こしても費用対効果の面で、赤字になるが、すべての被害者が原告に名を連ねて、訴訟を起こすのである。原告全員を代表して数人が訴訟を起こし、その他の被害者は、名前だけ参加する。勝訴した場合、全員が補償的損害賠償を受け取る。この方式だと、州外の原告も参加できる。さらに被告の行為が「極めて悪質」であることを証明できれば、懲罰的賠償を得ることも十分可能である。

　これは違法金利、雇用差別、独禁法違反、製造物責任などの訴訟にも援用

できる。最近では、たばこ会社の不法行為をめぐってクラス・アクション訴訟が目立つ。

エクソンへ巨額賠償命令

1989年アラスカ沖で座礁したスーパータンカーの大規模な原油流出事故をめぐるクラス・アクションで巨額な賠償判決が出た。1996年9月アラスカ州の連邦地裁は、タンカーを配船した石油メジャー、エクソン社に合計53億ドル（約5300億円）の損害賠償の支払いを命じる判決を出した。海が汚染され影響を受けた漁民ら原告1000人は当初、補償的損害賠償として3億ドル、（300億円）、懲罰的賠償として150億ドル（1兆5000億円）を請求した。地裁の陪審は、補償的賠償を満額認め、懲罰的賠償を減額し、50億ドル（5000億円）とした。担当判事は1996年2月これを認め、支払を命じる判決を出した。

船長が多量の酒を飲みながら極度の酩酊状態でタンカーを航行したことが座礁の原因である。タンカーはプリンス・ウイリアム湾に合計1100万ガロン（4万1800キロリットル）の原油を垂れ流し、同湾の沿岸を1500キロにわたって汚染した。陪審は、その行為が「極度に悪質で言語道断」と認定し、懲罰的賠償を補償的賠償の約17倍と算定した。

1997年2月、エクソン社は懲罰的賠償が高すぎるとして、減額を求めてサンフランシスコ連邦高裁に控訴した。連邦高裁は、減額する必要があるとして、地裁に差し戻した。2002年12月、アンカレジ連邦地裁は、10億ドル減額して40億ドルの支払いを命じる判決を出した。しかしエクソン社は再度控訴し、高裁は再度地裁に差し戻した。2004年1月、地裁は懲罰的賠償45億ドル、延滞利子22億5000万ドル、合計67億5000万ドル（6750億円）の支払いを命じる判決を出した。

この時点で、この裁判は原告約3万4000人のクラス・アクションとなり、賠償額も増えたのである。エクソン社は1999年にモービル社と合併し、世界一の石油会社になった。2006年の通年の売上は3776億ドル（37兆7600億円）、純益は395億ドル（約3兆9500億円）と抜群の財務を誇っているが、支払いに同意せず、3度目の控訴をして争っている。

ダウ・コーニングは破産

　豊胸手術に必要なシリコンを製造し、クラス・アクションで巨額な懲罰的賠償を科せられて破産したのは化学大手のダウ・ケミカルの子会社ダウ・コーニング社である。1995年10月ネバダ州の46歳の女性は親会社のダウ・ケミカル社の連帯責任を問い、勝訴した。州地裁の陪審は補償的賠償として400万ドル（4億円）、懲罰的賠償として1000万ドル（10億円）払うようダウ・ケミカル社に命じる評決を出した。

　その後、豊胸手術の被害を訴える約30万人がクラス・アクションを起こし、同社は1999年12月、賠償金として向こう16年間に合計32億ドル（約3200億円）を払うことで和解した。ダウ・コーニング社は巨額の賠償金支払いを見越して、1995年に破産を申請。会社再建と並行して和解交渉を行い、決着後に再建した。

28

差止命令

> 差止命令は、問題発生の初期に使うと有効だが、土壇場で使えば、最悪の結果を生む。
> **ガビン・デ・ベッカー**

4つの差止命令

　不法行為などにより何らかの損害を受けた人が、緊急または短期間のうちに当面の救済を得ようとする場合、裁判所に要請するのが差止命令である。差止命令は、民事訴訟による損害賠償裁判では、時間がかかりすぎて救済が得られないケースを想定し、緊急の手段として裁判所が出す命令である。これには4つの形態がある。

①Temporary Restraining Order（TRO）（暫定緊急差止命令）
　（Temporaryの代わりにPreliminary Restraining Order〔予備的差止命令〕という表現が使われることもあるが、意味は同じである）
②Permanent Restraining Order（永続的緊急差止命令）
③Temporary Injunction（暫定差止命令）
④Permanent Injunction（永続的差止命令）

　差止命令を出すのは通常、州の地裁などの一審裁判所である。複数の州に関連したり、連邦政府がからむ場合は連邦地裁が出す。陪審による評議は行われず、すべての差止命令は判事が出す。

暫定緊急差止命令

　TROは不法行為の被害者の申立に基づいて裁判所が一方的に下す緊急命令である。たとえば、養育権をめぐって離婚した女性と争っている前の夫が、女性の住居を訪れ、暴力を振るうなどの行為を行った場合、裁判所は、

前の夫に対し、女性の住居に近づくことを禁止する命令を出すことがある。これは、被害者の一方的申立に基づいて裁判所が一方的に発行するもので、禁止期間は１週間から10日間と、比較的短期間の場合が多い。被害者の申立に十分、信憑性があり、緊急に救済する必要があると裁判所が判断すれば、いつでも出せる。

　その場合、判事がもう一方の当事者を裁判所に呼び、その言い分を聴く審問（Hearing）は開かれない。つまり、TROは、手続上、審問を開かずに裁判所が発行できる命令である。

　これは、米国でストーカーにつきまとわれる被害者、あるいはドメスティック・バイオレンスの被害者が頻繁に使う法的手段でもある。TROは、このように緊急性を重視した命令であり、申立から数日間で出るのが普通である。

　加害者側が裁判所の命令を無視し、何回も暫定緊急差止命令が発せられると、永続的緊急差止命令に格上げになる。この過程で、審問が開かれ、その結果に基づいて格上げ措置がとられることもある。暫定差止命令は期間が短いので、禁止期間を長く設定し、例えばストーカーに対して「裁判所が命令を取り下げるまで、今後Ａさんから300メートル以内に近づいてはならない」などという命令が出される。警察は、暫定、永続的を問わず裁判所の差止命令に違反した者を逮捕できるが、身体拘束期間はせいぜい数日間で、犯罪の予防という観点から見て、裁判所の緊急差止命令には一定の限界があることは否定できない。

インジャンクション

　インジャンクション（Injunction）は、同じような裁判所による差止命令だが、民事訴訟が絡む裁判所の命令である。たとえば、ある工場が川に有害な物質を含んだ汚水を流し、付近住民が苦情を言ったが工場側が聞き入れないというケースで、住民は裁判所にInjunctionを出すよう申し立てることができる。裁判所は、住民の主張に信憑性があると判断した場合、緊急性を考慮してとりあえず、Temporary Injunction（暫定差止命令）を出す。それは汚水の垂れ流しの全面的停止という命令かもしれないし、全面的ではないと

しても部分的抑制の命令かもしれない。あくまでも、暫定措置、仮の命令として出す。

その後、裁判所は本格的な審問を開き、両当事者の言い分を十分に聴いた上で、最終的結論を出し、それに基づいて Permanent Injunction（永続的差止命令）を出す。

特許権の侵害をめぐる争いでも Injunction が使われることがある。たとえば A 社が特許を持つある種の技術を B 社が無断で使用しているとして A 社が差止請求を申し立てた。裁判所は、暫定的に B 社による技術の使用を差止める命令を出した。その後、審問を開き最終的に B 社が不当に A 社の技術を使用していたと認定、B 社に対し、技術の無断使用を禁じ、特許権使用料と賠償金を支払うよう指示した永続的差止命令を出した。この場合の審問は通常の民事訴訟における口頭弁論に等しく、その結果として判事が出す永続的差止命令は判決と同様の効力を持つ。つまり強制力がある。不服の場合は、上級審に上訴することも可能だ。

損害予防効果

民事訴訟における損害賠償請求は、過去に起きた損害に対する補償を要求するものだが、差止請求は、現在行われている不法行為の防止とそれによる損害の予防を趣旨とした法的救済手段である。これは衡平法が起源である。永続的な差止命令は判決と等しい効果を持つが、それを特に Decree ということがある。

衡平法の考え方に基づいて出される裁判所の命令は Decree、通常の裁判の判決は Judgment または Ruling と表現上、かつては区別していた。これはコモン・ローと衡平法の区別していたかつての法体系の違いから生じた表現上の違いだが、意味は同じである。離婚訴訟などで裁判所が下す決定を Decree ということもある。意味としてはすべて同じで、衡平法の法廷が独立的扱いをされなくなった現在、日本語としては一括して「判決」と表記して差し支えない。

29

セクシュアル・ハラスメント

> アメリカではセックスが強迫観念になっている。
> **マレーネ・デートリッヒ**

タイトル・セブン

　米国でセクシュアル・ハラスメント（Sexual Harassment）が、大きな社会問題として取り上げられるようになったのは、1990年代に入ってからである。それまでにもセクハラは存在していたが、あまり表面に出てくることはなかった。

　日本も同様だろう。その略称として最近では日本語で「セクハラ」という言葉が定着するまでになった。

　米国でセクハラを取り締まる唯一の法律は1964年に施行、1994年に改正された「公民権法」（Civil Rights Acts）である。同法の第7章（タイトル・セブン）に依拠して、セクハラを違法とする様々な判決が出され、それらの判例の積み重ねによってセクハラが、重大な不法行為であるという社会的合意が形成された。女性解放運動家やフェミニストが、公民権法に基づくセクハラ防止法を「タイトル・セブン」と呼んだことから、これが通称となった（ただしUSCのタイトル7と混同するなかれ。USCのタイトル7は農業法。公民権法は、USCのタイトル42のThe Public and Welfareの中の連邦法として組み込まれている。詳細は「制定法とコモン・ロー」〔本書238頁〕を参照）。

　公民権法は元々人種差別を是正するための法律で、タイトル・セブンは雇用に関する差別を規定した条項である。要するに、人種や性などによる雇用・就業の差別を禁じているのだが、具体的には次の規定がセクハラ防止の

根拠となった。1994年に改正された条文は以下の通りである。

「いかなる個人に対しても、雇用に際して人種、皮膚の色、性、宗教または出身国を理由に給与、待遇、条件、手当に関して差別し、採用しなかったり、採用を拒否したり、あるいは解雇することは違法である」。

このうちの「性による採用、給与、待遇、条件、手当などの差別」がセクハラに相当する。公民権法のタイトル・セブンが、セクハラ防止の唯一の連邦法であり、これ以外にセクハラ防止を規定した連邦法はない。州は公民権法に準拠したり、それを拡大したりしてセクハラ防止の法律をつくっている。

セクハラの定義

セクハラとは一体何を指すのか。公民権法に基づいて設立され、1965年7月から活動を開始した連邦機関の雇用均等委員会（Equal Employment Opportunity Commission）＝EEOC＝は次のように定義している。

セクハラとは「歓迎されない性的接近、性的好意の要求、その他の言葉や身体による性的行動によって、①明示的にせよ暗示的にせよ、ある個人の雇用の条件とすること、②さら採用、人事異動、昇任、昇給などの決定の理由とすることである」。

①、②は対価要求的セクハラといわれるもので、ラテン語表現でクィド・プロ・クォ・ハラスメント（Quid Pro Quo Harassment）という。要するに「おれと寝なければ、クビだ」と脅すことである。

3番目の形態として露骨に性的対価を要求しないものの、性的嫌がらせによって、ある個人の仕事の効率を不合理に阻害したり、意図的もしくは結果的に、脅威を与えたりして、その人にとって不快な労働環境をつくり出すセクハラである。これを敵対的環境セクハラ（Hostile Environment Harassment）という。目の前で卑わいな冗談を言ったり、胸などの身体を触ったりすることは、それ自体ではセクハラにならない。しかしそうした行為を、強い立場の集団や個人が、弱い立場にある集団や個人に対して持続的に行うことによって労働環境を悪化させることがセクハラになるのである。

雇用なしでもセクハラは成立

　従来のセクハラは「雇用」が絡まない場合にはほとんど成立しなかったが、90年代以降は、必ずしも必要十分条件ではなくなった。採用、人事考課、昇進などが一切絡まなくても、単に性的嫌がらせにより精神的打撃を受けたとの理由で訴えるケースが頻発し、行為自体をセクハラとする判例が続出したためである。社長であろうがヒラ社員であろうが、同僚、部下に職場で繰り返し卑猥な言葉を投げかけたり、体を触ったりするなどの行為があれば、それだけでセクハラになる。

　形態は違うが、小中高の生徒、大学の学生が教師、教授から性的嫌がらせを受け、それによって成績を左右されたというようなケースでも、教師の側にセクハラがあったと認定されるようになった。こうしたケースは米国で非常に多く、被害者側が証拠をそろえて訴訟を起こせば勝訴は確実。訴えられた方は、損害賠償を払わされた上に、学校から懲戒解雇の処分も受けかねない。

　セクハラは刑事罰と民事罰の両方が科せられる違法行為だが、タイトルセブンや多くの州法には、セクハラそのものを刑事犯罪とする規定はない。セクハラは、刑法的には性的違法行為（Sexual Misconduct）と総称され、暴行、傷害、公然わいせつ（Open Lewdness）、強制わいせつ（Indecent Sexual Assault）、レイプ（未遂も）などが含まれる。被害者は、状況やけがの程度などに応じて、それぞれの容疑で警察に告訴することができるが、暴力が絡まない場合は、加害者の刑罰はせいぜい罰金で済まされ、実刑を科せられることは少ない。

　ただ、民事になると話は違う。特に雇用が絡んだセクハラの民事訴訟は、しばしば莫大な損害賠償請求裁判になり、実際、巨額賠償の判決が出ている。

　従来のセクハラは、管理的立場にある男性の上司が女性の部下に対して行うという形態が多かった。現在でもこれが圧倒的に多いが、少しずつバリエーションが広がっている。同僚同士でもセクハラはあるし、部下による上司へのセクハラもある。

同性間でも成立

　男同士、女同士という同性同士のセクハラも最近では、少なくない。連邦最高裁は1998年3月4日、ルイジアナ州の原油掘削現場で働く男性が、上司からセクハラを受けたと訴えていた裁判で、セクハラは同性間でも発生し、その被害者は訴えを起こす権利があるという判決を出した（Oncale v. Sundowner Offshore Services, Inc）。

　メキシコ湾上の海上掘削基地で1991年の4カ月間、働いていた男性が上司3人から性的攻撃を受け、体を触られたり、「レイプするぞ」と脅かされたりして恐怖感から退職、その後裁判を起こしたものだ。高裁が訴えを棄却したのに対し被告が上告、最高裁が全員一致で、高裁に裁判のやり直しを命じた。この最高裁の判決によって同性間でもセクハラがあり、被害者が訴訟を起こすことができることが、法的に確認された。

　タイトル・セブンに基づくEEOCへのセクハラの訴えの件数は年間1万5889件（1996年）もあるが、約10％が男性による訴えである。この中には、男性が女性にセクハラを受けたケースと男性同士の両方があるとみられる。

　従来のセクハラ訴訟は、基本的に加害者と被害者の当事者に限られていたが、最近は実際にセクハラに加わらなくとも、最高責任者が管理者として責任をとらなければならなくなってきた。「部下が勝手にやったこと。私は知らなかった」という言い訳が、もはや、通じなくなったのである。1998年6月連邦最高裁は、女性が上司から受けたセクハラに絡んで起こした訴訟に関し、雇用主に最終管理責任と賠償責任があることを明言する判決を相次いで出した。

明確になった管理者責任

　フロリダ州ボカラトン市で1985年から5年間、不定期に市の海洋救助隊員のバイトをしていた女性が、上司の男性から体を触られたり、野卑な性的冗談を言われたりしたことに対して1992年に訴訟を起こし、上司からは合計1万ドル（約100万円）の賠償を得たが、最終的な雇用主（市長）への賠償請求は認められなかった。彼女は州高裁、州最高裁、連邦最高裁と次々

と上訴。最後に「雇用主がセクハラの状況を知らなかったとしても原則的に責任は免れず、セクハラが起こらないようにする注意義務、監督責任がある」との判決を連邦最高裁から勝ち取った（Faragher v. City of Boca Raton, 1998年）。

原告の女性はバイトをしていた当時、弁護士志望の女子学生だった。バイトでロースクールの学費を稼ぎ、在学中に訴訟を起こし、卒業後も訴訟を継続、勝訴したときはコロラド州の公選弁護人を務めていた。この女性のファイティング・スピリットを賞賛すべきだが、彼女に法廷闘争を挑まれたボカラトン市も、運がなかった。

シカゴのマットレス販売会社に1993年～1994年に勤務していた女性が、男性上司から「わたしの対応次第で、君の仕事がやりやすくなったり、やりにくくなったりする」と脅かされ、常時、体に触られるなど性的接触を受けた。その都度抗議し、やめるよう求めたが、上司はやめなかった。

ただ、性的嫌がらせに抗議したことで人事上の報復的措置を受けたわけではなく、雇用面では、実質的被害を受けなかった。だが退職した彼女は管理責任を理由に会社を訴えた。連邦高裁は、彼女に訴えの利益はないとして棄却したが、連邦最高裁はこれを覆し、①人事上の実質的な被害を受けなかったとしても、上司の嫌がらせによって彼女の労働環境が悪化しており、上司にその責任がある、②その状況を放置した会社も責任を免れない——という明快な判決を出した（Burlington v. Ellerth）。

三菱自動車セクハラ訴訟

1998年6月、米国三菱自動車製造（本社イリノイ州）が、セクハラ訴訟で米国人従業員に3400万ドル（約34億円）の賠償を支払った。原告は約350人、最高はひとり30万ドル（約3000万円）である。EEOCが原告を代表して連邦地裁に起こしたものだ。猥褻な写真が職場に張られ、米国人の女性従業員に対する米国人男性従業員の身体的接触が日常化している状況に会社上層部が気づかず、結果的に敵対的労働環境の創出に手を貸し、それを放置したというEEOCの主張が、そのまま裁判所に認定されてしまった。日本人の経営幹部がセクハラをしていたわけではないのに、異常な高額賠償で

ある。

　この訴訟を主導したのはEEOCシカゴ支部の幹部で、日系の米国人だったが、提訴後に「セクハラはたいしたことではないとする日本の企業文化は放置できない。組織を挙げて全力で戦う」とアピールしていたのが印象的だった。

　結局、和解で決着したが、決定的だったのは現地の日本人経営幹部が「敵対的労働環境型セクハラ」の法的概念をまったく理解していなかったことだ。そのため事態が悪化しても、改善への認識が生まれず、訴訟になるまで事の重大性に気がつかなかったのである。セクハラ訴訟では「私たちは何も知らなかった」という抗弁は通用しないことをあらためて示した。この訴訟はディープ・ポケット（本書160頁参照）である日本企業を狙い撃ちしたものだが、米国に進出している日本の大企業にとって大きな教訓となった。

30 独占禁止法

> 巨大ビジネスの成長は、適者生存の結果にすぎない。
> **ジョン・ロックフェラー**

4つの法律の総称

　米国の独占禁止法は1890年のシャーマン法（Sherman Act）と1914年クレイトン法（Clayton Act）およびクレイトン法を修正・拡大したロビンソン・パットマン法（Robinson and Patman Act）さらに企業の活動を監視する独立連邦機関、連邦取引委員会（Federal Trade Committee＝FTC）の設立を定めた連邦取引委員会法（Federal Trade Committee Act＝FTC法）から成る。これらを総称して反トラスト法（Anti Trust Law）と呼ぶ。

　トラストとは企業合同の意味だが、18世紀後半から19世紀前半にかけて米国では、巨大企業同士が市場独占を目的に株の信託（Trust）を利用して強固な結合組織をつくり、料金や製品価格の操作をしたケースが多く、これを排除・是正する法律が最初にできた。トラストだけが市場独占の方法ではないが、米国では、これを取り締まる法律が独占禁止法の異名となった。メディアなどでAnti Trust Lawという言葉がよく使われ、直訳して「反トラスト法」と表記されるが、むしろ「独占禁止法」と訳す方が分かりやすいし、内容的にも正確である。

　シャーマン法は8条から成る。1条で「取引の制限」を違法として、こう規定している。

　「複数の州の間、または外国との取引と通商を制限するすべての契約やトラストの形態あるいは、その他の結合、または共同謀議は違法とする」。

　さらに2条で「独占行為」を違法とし、次の規定がある。

「複数の州の間、または外国との取引、通商のいかなる部分といえども独占したり、独占することを企てたり、または独占するために他の者と結合または共謀したりする者は、重罪とする」。

シャーマン法の欠陥

「独占とは何か」「独占とはどういう状況を指すのか」。この問いに対する明確な定義はシャーマン法にはない。これはトラスト排除を狙ったシャーマン法の規定のあいまいさ、不十分さに由来している。同法によれば、独占は複数の企業が共謀することによって成立する。超巨大企業一社が、ある製品の市場で、圧倒的な占有率を確保することも可能だが、同法では、これを摘発できない。独占を図るという企図の下に行われた共謀をどの程度立証すれば、摘発できるのかについても、何の規定もない。

ひとつの例を挙げる。企業A社が、非常な努力をしてコストを下げ、良質な製品を販売。結果、ライバル企業の粗悪品をすべて駆逐、競争相手を傘下に入れ、ほとんど100％の占有率を達成。それをバネにさらにコストを下げ、製品を値下げし、消費者にも歓迎されている。こうした企業をシャーマン法は「独占企業」として裁けるのか。

米国の独占禁止法をめぐるこれまでの裁判ではふたつの大きな考え方があり、今も併存している。「当然違法の原則」（Per Se Illegal Rule）と「合理の原則」（Rule of Reason）である。前者はある企業の製品の市場占有率が一定比率に達した場合、自動的に独占と認定、それを達成した方法の如何を問わず、違法とするもの。後者は、市場占有率とともに、それを達成した手段・方法に目を向け、それが合理的に判断して不当であると認定できる場合に、違法とする考え方である。例に挙げたA社は「当然違法の原則」では有罪、「合理の原則」では無罪である。

これまでの裁判の判例には、異なる思想が混在し、裁判所はケース・バイ・ケースで両用の考えを示してきた。

クレイトン法の意義

このようなシャーマン法の欠陥部分を補完するために制定されたのがクレ

イトン法である。違法行為を具体的に規定することが、その趣旨である。

同法は第2条で価格差別の禁止、3条で排他的取引と抱き合わせ販売の禁止、7条で市場独占を目的にした競争相手の資産、株式の取得（独占企図の合併・吸収）の禁止、8条で役員兼務禁止（競争相手の企業の役員兼務禁止）を規定している。

FTCはFTC法第5条に基づき「不公正な競争」「不公正な行為」を認定し、排除命令を出すことができる。たとえばFTCには、大型合併に疑義を唱え、合併を断念するよう命令する権限がある。命令に強制力はないが、大方の企業はこれに従うから、その効力は絶大である。

独占禁止法が適用された最も有名な例は、ロックフェラー一族が経営していた石油会社スタンダードオイルに対して7分割を命じた1911年の最高裁判決である。その次は、米国最大の電話電信会社AT&Tを四分割するよう命じた1984年の最高裁判決だろう。いずれも、市場を独占し、その独占を維持するために競争を阻害する不当な行為があったという「合理の原則」に基づく判決であった。

マイクロソフト訴訟

最近では、コンピューターソフト最大手のマイクロソフトに対する独占禁止法違反の提訴がある。1998年5月、司法省と20州（後に18州）がワシントン連邦地裁に同社を提訴、2000年6月、同地裁が独占違反行為を認定し、分割を命じるマイクロソフト敗訴の判決を出した。その後、同社が控訴し、2001年6月、ワシントン連邦高裁は地裁判決の分割命令を破棄、独占であるかどうかの認定について地裁に審理をやり直すよう命じる逆転判決を出した。

同社は、いわゆるコンピューターの基本ソフト（OS）の世界市場において90％の市場占有率を持っているとされる。商品はウインドウズと呼ばれる基本ソフトである。

ある商品の市場における競争力の高さをマーケットパワーという。通常、市場占有率で表す。50％〜80％が独占の警戒ラインになるが、OS市場においてウインドウズは圧倒的なマーケットパワーを維持し、競争社のつけいる

スキはない。「当然違法の原則」を適用すれば、マイクロソフトは自動的に有罪になるが、この訴訟は「合理の原則」によって裁かれた。

　司法省は、占有率自体を問題にせず、市場占有率を高める過程で同社が行ったとされる行為が不当であると主張した。その行為とは抱き合わせ販売である。これはある商品を販売する際、別の商品購入を絶対条件とするものである。

　簡単に言えば、商品Ａを売るに際して商品Ｂを同時に買わなければ商品Ａは売らないと脅しをかける販売法である。これは商品Ａが、圧倒的な市場占有率を持っていなければ、できないことである。

　司法省の主張によると、マイクロソフトは閲覧ソフト「エクスプローラー」を抱き合わせ商品として、ＯＳのウインドウズを販売。結果、ウインドウズの独占を達成、ネットエスケープなど他の閲覧ソフトを市場から駆逐した。また、ハードウェアのコンピューターの販売店に対して、エクスプローラー付きのウインドウズ以外のソフトを搭載したコンピューターを売らないよう強要し、ウインドウズの市場独占を達成したとも訴えた。

一審は分割命令、二審で逆転

　一審の地裁判決は、抱き合わせ販売があったと認定、マイクロソフトを、基本ソフトと応用ソフトの２社に分割することを柱とした是正計画を提出するよう命じた判決を言い渡した。判決は、販売店に対して違法な契約を強要したという司法省の主張は退けたが、①４カ月以内に分割計画を裁判所に提出、裁判所の承認を受けた後に実行、②分割後、２社の株式持ち合いや役員兼任禁止、③計画実行から３年間、ＯＳの設計コードを開示する――などを命令した。ほぼ司法省の主張に沿ったもので、マイクロソフトの完敗だった。

　同社は控訴した。ウインドウズが売れたのは、消費者が他の商品と比較して、その使い良さを自主的に選択したからであり、抱き合わせ販売があったからではない、というのが反論の趣旨だ。同社は一審判決を書いた判事を「巨大企業に対する偏見に満ちている」と非難するアピールを出した。二審のワシントン連邦高裁は、同社の反論をほぼ全面的に受け入れる形で一審判

決を破棄、別の判事によって審理をやり直すよう命じた。事実上、一審判決を180度ひっくり返す判決である。

　一審判決は、違法行為の事実認定が明確ではなかった割には処罰が大きすぎる。抱き合わせ販売は市場の独占状態達成の一因になったが、唯一の要因ではない。エクスプローラーの抱き合わせ販売は、ウインドウズの市場独占の結果であって、その原因ではないからだ。司法省の論理は主客転倒である。一審判決は、ウインドウズが、その商品価値によって消費者に浸透したという要素を肯定的に評価しており、それゆえ、違法契約強要という抱き合わせ販売の核心部分を明確に認定できなかったのである。

　したがって、その処罰としての是正措置は、せいぜい排除命令で収まり、分割命令は重すぎる。販売店に対する独占を企図した違法契約の強要があったという核心部分を認定できなかったのだから、分割命令は妥当とはいえない。二審判決を要約すれば、そういうことになる。

和解で決着

　新局面に立たされた司法省は、和解に動いた。分割要求を返上する代わりに、マイクロソフトにウインドウズの設計コードを公開させ、ウインドウズの中で他の応用ソフトも使えるような環境をつくることを要求した。長期交渉の末、司法省は2001年11月2日、同社と和解した。同社が和解に応じた主な条件は、ウインドウズの設計コードを一定程度開示するが、詳細な設計図は公開しない、マイクロソフトのOSをパソコンメーカーが搭載する際、他社製の応用ソフトを自由に選択できる——など。両者痛み分けの図式だが、マイクロソフトに有利な条件である。ほぼ同一条件で9州が和解に応じた。連邦高裁は和解案を承認し、連邦・州政府との裁判は、事実上、決着した。

　その後、マイクロソフト社は、AOLタイムワーナー、サン・マイクロシステムズ、ノベルの各社とも巨額の和解金で裁判を決着させ、6年以上に及んだ米国内での独禁法訴訟は、終焉を迎えた。

　この訴訟は、マイクロソフトの奢りをただす効果はあったが、同時に、ウインドウズの独占状態を事実上認め、その合法性を保証する結果になったと

もいえる。

第4部 民事法 Civil Law and Procedure

31

服部君裁判

どんな方法によってもピアーズ被告が16歳の少年を射殺したことを正当化することはできない。
服部君射殺事件民事訴訟判決

民事裁判で逆転判決

　刑事裁判で無罪になったケースが民事裁判で一転して逆の結論（有罪）になるという実例を服部君裁判にみることができる。同一の事件で、正反対の判決が出たのである。

　事件は1992年10月、ルイジアナ州バトンルージュで起きた。留学中の日本人高校生、服部剛丈君（当時16歳）が、射殺された。1993年5月の刑事裁判でロドニー・ピアーズ被告の無罪が確定。その後、両親の政一さんと美恵子さんが、彼を相手取って損害賠償請求訴訟を起こした。公判は1994年9月12日から始まり、4日目の15日に判決が出た。

　焦点は、ピアーズ被告の行為が正当防衛と認定できるかどうかであった。彼は、服部君が招待されたパーティーの訪問先を間違えて、同被告の自宅を訪ねた際、服部君を危険な侵入者と見て、44口径の短銃、マグナムを撃ち、1発で射殺した。ルイジアナ州は正当防衛を次のように定義している。

　「加害者がみずからの生命を失うか、もしくは重大な身体的被害を受けるという切迫した危険な状態にさらされ、かつその危険から逃れるためには殺害が必要と認識し、その判断が適切な場合」。刑事裁判では、これが認められた。

　「フリーズ」（動くな）と警告したのに、服部君が止まらず近づいてきたため、やむを得ず撃った、という彼の主張を陪審が受け入れ、全員一致で「正当防衛」と結論付けたのである。これを不満として服部君の両親は、ピアー

ズ被告の民事上の責任を問う裁判を起こした。正当防衛が認められるか認められないかにかかわらず、この種の事件では射殺したことに対する民事責任が問われるのは当然のことだが、問題は、どの程度認定されるかである。10％しか認めないのか、50％なのか、あるいは90％なのか。結論から先に書くと、100％認定されたのである。

発砲は故意と認定

　私は公判の一部始終を傍聴した。民事裁判は陪審裁判ではなく、ベンチ・トライアル（判事による裁判）になった。ルイジアナ州東バトンルージュ地裁のウイリアム・ブラウン判事は「ピアーズ被告の行為は故意であり、正当防衛は認められない」と明確な判断を下した。

　判事は、約30分にわたって判決文を読み上げた。事件の一部始終を双方の証言を基に再構成した上で、被告が主張した「やむを得ない状況」は存在しなかった、との判断を示し、「被告が危険な武器を使用する必要性はまったくなく、すべての非はピアーズ被告にあった」と結論づけた。

　これは、刑事裁判で無罪の認定の根拠となった彼の主張をことごとく否定した判決である。ブラウン判事は、正当防衛を認めなかっただけではなく、その行為を「故意」と認定した。要するに、「ピアーズ被告は服部君をわざと撃った」と断定したのである。

　民事裁判では、賠償責任が問われる不法行為が「過失」だったのか、それとも「故意」だったのかによって、賠償額が大きく違ってくる。

　この裁判で彼は、服部君を射殺したという事実そのものは認めている。しかし、それは故意ではなく、過失であり、しかも事件が起こったのは服部君の過失によるところが大きいと、強調した。両方に過失があり、賠償金の算定に当たっては、服部君の過失分を勘案し、賠償金額を減額すべきだ、と彼は主張した。これを過失相殺という。しかし、ブラウン判事は過失相殺論を一蹴し、ピアーズ被告に100％非があるという判断を下した。

　ピアーズ被告は、服部君は目が悪いのに事件当日、眼鏡をかけていなかったことや、パーティー用の仮装服姿で訪問したこと、あるいは英語の能力が低かったことなどを挙げ、これらが事件の主要な原因であり、服部君にも相

当の過失があったと主張していた。もしブラウン判事がこれを受け入れ、たとえば服部君の過失の寄与率を50％と認定すれば、賠償金は半額、90％とすれば9割の減額になったはずである。被告はそれを期待していた。

　しかし、判事は「ピアーズ被告の行為を故意と認定した以上、服部君の過失については判断する必要はない」と述べ、事実上、服部君の過失はゼロだったとの判断を下した。

不法死

　服部夫妻は賠償金70万〜80万ドル（7000万〜8000万円）と葬儀費用を要求していた。ブラウン判事は、合計65万3000ドル（6530万円）を支払うように命じた。内訳は遺族の服部夫妻に慰謝料として各27万5000ドル（2750万円）。服部君本人が、撃たれてから死ぬまでに味わった苦痛と恐怖に対する償いとして8万5000ドル（850万円）。そして葬儀費用1万8000ドル（180万円）である。

　夫妻の要求額は、ルイジアナ州が殺人事件などの民事裁判で認めている最高額である。要求額が100％認められず、相殺があったように見えるが、そうではない。刑事裁判でピアーズ被告は、殺人ではなく、それより軽いマン・スローター（殺意、計画性の薄い殺人）に問われた。

　民事では、極悪非道な行為の殺人を「非道な不法死」（Wanton and Willful Death）、単純な殺人を「不法死」（Wrongful Death）に分け、悪質さの度合を考え、区別している。ピアーズ被告は最初から殺意を持って計画的に服部君を殺したわけではないから、その行為は、不法死であると判事は認定した。

　70万〜80万ドルは非道な不法死と認定された場合の賠償額であって、判決が命じた賠償金は単純な不法死としては最高額だった。このケースでは、Compensatory Damages（補償的損害賠償金）が遺族への慰謝料になる。被害者が死ぬまでに味わった苦痛に対する賠償はサバイバル・アクション（Survival Action）という。即死した場合サバイバル・アクションは、ゼロである。

　服部君は撃たれてから、仰向けの状態で横たわり、口から血を流しなが

ら、生死の間をさまよっていた。救急車がきて、病院に運ばれたが、到着前に死亡したとされる。ブラウン判事は、撃たれてから死ぬまでの時間は25分だったと認定し、遺族への慰謝料とは別に、この間、服部君が味わった筆舌に尽くし難い苦痛と恐怖への賠償をピアーズ被告に命じた。サバイバル・アクションが民事裁判で認められるケースはそれほど多くない。服部君射殺事件のような、マンスローターでこれが認められたのは異例といっても良い。

　ピアーズ被告の不法行為が、もし非道な不法死と認定されていたら、補償的損害賠償のほかに懲罰的損害賠償が科せられていただろう。ブラウン判事はそこまでピアーズ被告を罰しなかったが、その代わりサバイバル・アクションを科したのである。

　民事裁判は刑事裁判の無罪評決を完全に覆すものだった。服部君射殺事件の民事裁判が全面勝訴となった理由はふたつある。判事による単独裁定だったこと。そして原告側の法廷戦術が巧みだったことである。

陪審裁判を忌避

　服部夫妻は、民事訴訟では、陪審による裁判を選ばなかった。ピアーズ被告は陪審裁判を希望していた。しかし、ルイジアナ州の規則では、陪審裁判を希望する側は、陪審員の日当を負担しなければならない。バトンルージュ郡の場合は、日当は25ドル（2500円）だ。陪審員は12人だから1日当たり300ドル（3万円）。今回の裁判は5日間程度かかるとされていたから、1500ドルが合計負担額である。もし、裁判が長期化したら、その分も負担しなければならない。

　彼の弁護士は、服部夫妻が陪審裁判を希望すると見て、静観していた。ところが、そうならなかったので、慌てて裁判所に陪審裁判を申請した。しかし「申請期限は過ぎた」と却下され、裁判は、判事の単独裁定で行われることになった。

　ピアーズ被告にとって、陪審裁判の方が有利であることは明らかである。もし、民事訴訟も陪審裁判で行われていたら、服部夫妻の全面勝訴はなかっただろう。

服部夫妻側の巧みな法廷戦術も、全面勝訴の大きな理由である。担当弁護士のチャールズ・ムーア氏は、独自に私的な調査員を雇って新証拠を見つけ出した。とりわけ大きかったのは、ピアーズ被告の妻ボニーが、彼に「（ドアの）外に出ないで！」と懇願していた事実を探り当てたことだ。

　服部君はヘイメーカー君（服部君が滞在していたヘイメーカー家の高校生）とともにパーティーの訪問先を間違え、ピアーズ被告の家に行った。ヘイメーカー君が正面玄関のドアをたたいた際、ボニーは、すぐに「バタン」と閉めた。そして家の中に入り、ピアーズ被告に「銃を取ってきて」と声をかけた。その後「外に出ないで」と言ったのである。しかし、彼はマグナム44を手にして、カーポートにある脇の玄関に行き、服部君が横っ飛びで近づいてくるのを目にして、彼を撃った。

新事実を発掘

　この状況で、正当防衛が成立するかどうかが問題である。ピアーズ被告は「家族を守るために撃った」と主張していた。しかし、「外に出ないで」という妻の懇願を無視したことは、その主張と矛盾する行為である。家族を守るなら、彼は妻とふたりの子どもとそばにいるべきではなかったのか。武器を携帯した危険な侵入者が玄関から押し入り、家の中に入って、家族に危害を与えようとしたのなら、彼の主張も通用する。

　しかし、実際は、守るべき家族を置き去りにして、わざわざ脇の玄関まで行ったのである。つまり、彼は銃を使うことを前提とした行動を取ったということになる。なぜなのか。

　「もし、あいつが家にやってきたら撃ち殺してやる」。彼は普段からこんなことを口にしていた。「あいつ」とはボニーの前夫のことである。前夫は、麻薬のディーラーといわれ、離婚後もボニーにしつこくつきまとっていた。

　「ピアーズ被告には突然の訪問者は、前夫であるかもしれないという意識があった。彼は、最初から撃つつもりで、脇の玄関まで行った。これは、正当防衛ではなく、過剰防衛であり、故意の行為である」という原告側の主張は、刑事裁判では退けられたが、民事ではブラウン判事の心証形成に大きな影響を与えたのは疑いない。

新証拠の発掘によって、原告側の主張の説得力が増したのである。このほかにムーア氏の調べで、ボニーの「銃を取ってきて」の言い回しは「Get the gun」だったことも分かった。ボニーは当初「Get a gun と言った」と証言したが、ムーア氏に突っ込まれて訂正した。
　ピアーズ被告はマグナムのほか旧式のライフル銃や猟銃も持っていたが、ボニーに頼まれた際、この中でもっとも殺傷能力の高いマグナムを選んだ。a と the の違いは決定的だ。
　これは、同じような状況が過去に起こり、彼が「その銃」つまりマグナム44で侵入者を撃とうとしたことがあったことを示唆するからである。
　ムーア氏はこのほか、彼が普段、家の周辺をうろついている犬や猫を銃で撃っていた、当日の夜、ウイスキーを飲んでいたなどの新事実も割り出した。
　刑事裁判で彼は「銃は自衛のために家に置いてあるだけで、猟に出かける以外は使うことがない」と証言していた。それはうそだった。
　ピアーズ被告は、仕事から帰ると、疲れをいやすために、ウイスキーの水割りを飲むという習慣があった。事件当日も飲んでいたのだ。
　民事裁判の公判では、「たしなむ程度で、酔っぱらっていなかった」と抗弁した。ムーア氏の狙いは、彼が犬や猫を平気で銃撃するような異常な性格の持ち主であることや、当日、酒を飲んでいたために正常な判断ができない状態にあったことをブラウン判事に印象づけることだったが、この作戦は成功した。

証言の矛盾突く

　ムーア氏は、それに追い打ちをかけるようにピアーズ被告が刑事裁判で証言した「服部君との距離」の矛盾点を突いた。
　彼は刑事裁判で「服部君が3フィートから4フィート（約1メートル〜1.2メートル）の距離まで急激に近づいてきたため、大きな恐怖を感じ、やむを得ず撃った」と証言していた。同時に「マグナムを両腕で構え、両腕をまっすぐに伸ばした状態で服部君を撃った」とも証言していた。これはおかしい。

両腕をまっすぐに伸ばした状態で撃ったのなら、彼の目（顔）から銃口の先端までは、腕の長さを勘案すると、少なくとも4フィート以上あったはずである。したがって、銃撃した瞬間、服部君との距離が3フィートから4フィートしかなかった、ということは物理的にあり得ない。

　つまり、目から銃口の先端までの距離（4フィート）＋3フィートから4フィート＝7フィートから8フィート（2.3メートル－2.6メートル）が、銃撃の瞬間の距離であったはずだ。ムーア氏は、そう反証した。同氏は、法廷でピアーズ被告に銃撃の実際の体勢を再現させた上で、みずから巻き尺で距離を図った。実際そのとおりだった。

　これは、「異常に近くまで接近してきたので、撃った」という主張を突き崩す鮮やかな反証だった。まだあった。刑事裁判でピアーズ被告は「カーポート内の照明と道路の街灯が暗かったので、だれだかわからなかった」と主張していた。しかし、民事裁判の被告人質問で、服部君が片手にカメラを持ち、もう一方の手には何も持っていなかったことに、気づいていたと証言した。つまり、照明は暗いどころか、十分に明るかった。彼は服部君が武器を持っておらず、危険な侵入者ではないということを十分認識できた。にも関わらず、撃ったのである。

　まだある。彼は「撃つ前に『フリーズ』と1回だけ叫んだ」と言っていたが、実は「ストップ」という言葉を3回発していた。法廷でムーア氏に突っ込まれ、この事実が明らかになった。初めは「ストップと1回言った」と証言したが、「2回だったかもしれない」と変わり、最後に「3回言った」と明言した。

　撃つまでに彼には、相当の余裕があったのだ。彼は、全然慌てていなかったのである。これらの証言の矛盾点は刑事裁判では追及されず、見過ごされたが、ムーア氏の炯眼によって初めて白日の下にさらされた。同氏は「ピアーズ被告の証言は、矛盾点が多く信用できない」と訴えた。要するに彼の証言はうそだらけだ、ということである。

ピアーズ完敗の理由

　「事実認定」の項（本書36頁）で説明したように民事裁判では、証拠の

優越性の法則が機能している。「おそらくそうであっただろう」という程度の水準の証明があれば良い。必要なのは、相手の主張の矛盾点を突き、被告の示した証拠に比べ、より説得力のより大きい証拠を提示することである。

原告側が、独自に調査したり、関係者にインタビューしたりすることによって、新事実、新証拠を発掘すれば、民事裁判で勝つことは十分可能なのである。それには、優秀な弁護士を雇い、プロの調査員を動員することが、必要になる。

服部夫妻は、そうすることによって、証明力がより強い証拠を法廷に提示した。一方、刑事裁判の主張をそのまま民事でも援用し、原告側の提示した新事実に反論できなかった被告側は、なすすべがなかった。ピアーズ被告は、「証拠の優越性」というルールが貫徹する民事裁判で、負けるべくして負けたのである。

憲法は、同じ犯罪について二度裁かれることはないと規定しているが、それは刑事責任に関する規定であり、民事責任を免責するものではない。彼は同じ事件で二度裁かれ、刑事裁判で完勝、民事裁判では完敗した。

シンプソンの場合

刑事裁判で無罪になったO.Jシンプソン被告も同じ目に遭った。ロナルド・ゴールドマンの遺族らから不法死で損害賠償訴訟を起こされ、敗訴した。1997年2月カリフォルニア州サンタモニカ地裁の陪審が出した評決はシンプソン被告に、補償的損害賠償850万ドル、懲罰的賠償2500万ドル、合計3350万ドル（33億5000万円）の支払いを命じるものだった。翌3月、同地裁のヒロシ・フジサキ判事は一個人に対する賠償としては天文学的ともいえる賠償を減額することなく、評決通りの判決を出した。

この裁判で判事は、テレビカメラの法廷への立ち入りを制限、弁護士、検事、証人に対してメディアに裁判の内容について情報提供することを厳禁する命令（Gag Order）を出したほか、人種問題を争点にすることも禁じるなど刑事裁判とは違った厳しい訴訟指揮をとった。法廷には刑事裁判とほぼ同じ証拠が提出されたが、12人の陪審は「警察の証拠ねつ造は、考えられない」という判断で一致し、「シンプソン被告は被害者ふたりの死に責任があ

る」と認定した。シンプソンも民事裁判では、完敗した。

　普通ならこの時点で身ぐるみ剝がされ、自己破産を宣言するところだが、シンプソンは州高裁、州最高裁と次々と上訴して、巨額賠償の支払いを逃れてきた。上訴期間中は原則として、賠償金を全額払う義務はないからだ。自宅を強制的に競売にかけられ、賠償金の一部を払わされたが、2006年現在、それ以外は、ほとんど支払っていない。

　彼の主要な収入源は全米フットボール協会からの年金400万ドル（4億円）だ。年金は損害賠償支払いの強制徴収の対象にならず、全額もらえるのである。彼は裁判を引き伸ばす一方、フロリダ州マイアミに引っ越し、家を買った。同州は、人が住んでいる家屋を民事賠償の強制徴収の対象から免責しており、マイアミでは強制競売にかけられることはない。シンプソンは、現行制度を極限まで悪用して、賠償金の支払いを逃れ、安逸な生活を過ごしている。彼を支持したり、同情したりする声は、もはやない。

第 5 部

アメリカ法の諸相
Characteristic of American Law

32 憲法

> われわれの憲法は、その時々の政治的風向きに応じて変わる新任の判事によって洗い流されてしまうような砂の上に書かれたものではない。
> **ヒューゴ・ブラック米連邦最高裁判事（在任 1937〜1971 年）**

言論の自由が国是

合衆国憲法修正1条が、国教を禁じ、言論、出版、集会の自由と請願の権利を保障していることは有名である。修正1条は、米国が何よりも言論と報道の自由を尊重する国であることの証左として喧伝され、多くの歴史家が米国という国の本質は、修正1条に表れている、と説く。実際、その通りである。

近代世界が獲得した基本的人権の輝ける象徴としての「言論の自由」を、憲法修正条項の第1条に掲げたこと自体、米国という国の本質を明確に示している。この国は、独立してまもなく、市民が自由に政府権力を批判できること、さらに権力は、言論、出版による人民の批判に対して物理的な報復をしてはならないということを最高法規に盛ったのである。実質はともかく建前上は、言論の自由を至上の価値とし、それを国是であると、世界に向かってはっきりと宣言したのである。

武装する権利

修正2条が武装する権利をうたっていることも米国という国の本質を表している。個人が銃を持ち、外からの攻撃に対して反撃することが当然であるという意識がここに表現されている。（修正2条は銃武装の権利を規定しているとする解釈が優勢である。詳しくは銃規制の項〔本書252頁〕参照）。修正1条のソフトさと修正2条のハードさが一体化し、ふたつの原則

が、この国の司法制度そのものに反映している。

　ビル・オブ・ライツ以外の修正条項である11～27条は、政治、社会情勢の変化に合わせて随時追加されたものだ。このうち南北戦争（1861～1865年）の結果、奴隷制が廃止されたことにともなって追加された修正13、14、15条を南北戦争修正条項（Civil War Amendments）と言う。米国の法制史上最も重要な憲法条項は、ビル・オブ・ライツ（修正10カ条）と、南北戦争修正条項に含まれる修正14条（法の下の平等）である。これらの新条項が米国の政治、社会改革のエンジンとして機能し、米国を絶えず革新的方向に向かわせたパワーの源泉である。

　これらの修正条項が、米国の歴史において決定的な役割を果たしたことは、いくら強調してもしすぎることはない。今日の米国をつくった基盤、つまり米国を米国たらしめた数々の歴史的な判決は、これらの条項から生み出されたからである。この国の時代の節目で起きた政治、社会の革命的変化は、これらの修正条項に規定されたさまざまな人権規定を法的に援用することによって実現したともいえる。修正1条に次いで影響力があったのは修正14条である。

修正14条の重要性

　修正14条は3節から成るが、重要なのは第1節である。「米国に生まれ、または帰化し、その管轄権の下にある者は、すべて米国の市民であり、かつ、それぞれが居住する州の市民である。いかなる州も米国市民の特権または免責を軽減する法律を制定し、強制してはならない。いかなる州も、法のデュー・プロセスによらず人から生命、自由、財産を奪うことはできない」。

　修正14条は、一般に平等保護条項（Equal Protection Law）と呼ばれるが、同条項の歴史的意義は、修正5条で規定されたデュー・プロセスの原則が州の立法にも強制され、州政府がデュー・プロセスに抵触する法律を制定した際、連邦最高裁判所に、それを違憲と断じ、廃案にする権限を与えたことにある。つまり、連邦レベルで禁じられることは、州レベルでも自動的に禁じられるという至極簡単な原則を憲法化した条項なのである。これは後世の憲法解釈によって生じた権限であり、制定当時は、これが連邦最高裁に

州法に対する審査権を与えた条項と理解した人はおそらくひとりもいなかっただろう。あまつさえ、修正14条が、米国の政治、社会の改革を促す法的根拠になるなどと予想した人も、いなかったと思われる。

　同条項の趣旨は、南北戦争を経て米国が奴隷制を廃止したことに伴い、黒人に白人と同等の権利があるとうたうことだった。米国の連邦議会は南北戦争後、修正13条で奴隷制の廃止を宣言した。修正14条は奴隷制を維持していた南部諸州に、この規定を徹底させるための具体策としてあえて制定された。修正14条は、白人に与えられてきた法的保護を黒人にも平等に与えることを確認した条項であり、修正14条の制定趣旨はそれ以上でも、以下でもなかった。

人権擁護のチャンピオン

　修正14条が「米国市民の定義」から始まり、黒人もその一員であることを、明確に規定したのはそのためである。それ以前の黒人は、人間とされなかった。黒人は法的に白人有産者の所有物、即ち財産でありモノだった。修正14条は、そのような意識を米国人から除去するために制定されたのだが、当初の制定趣旨をはるかに越えて成長、発展し、米国憲法における人権条項のチャンピオンになった。

　「法の平等保護」は黒人だけではなく、あらゆる少数派の市民におよぶことになったからである。

　修正14条が画期的なのは修正5条で連邦機関に義務付けられ、保障されたことは、すべて州にも適用されるということを明確に規定しただけではなく、州や郡、市町村などの地方自治体がデュー・プロセスに基づかない法律、規則を制定、施行した場合、連邦最高裁が判決を通じてそれらを無効とし、廃止することができる根拠となったことである。

　州の立法行為は州固有の権利とされ、連邦政府は一部の例外を除いて、干渉、介入することに消極的だった。州立法への介入に根拠を与えている条項としては、連邦法の優位を定めた憲法6条、複数の州にまたがる商行為を連邦政府が規制できることを定めた憲法1条などがあるが、修正5条と同14条は、より明確な形で連邦政府の州政府に対する優位を説き、介入、規

制に法的根拠に与えている。連邦政府は、両条項をいわば硬貨の裏表とすることによって州立法へ介入した。

修正5条を連邦のデュー・プロセス条項とすれば、修正14条は州レベルのデュー・プロセス条項である。理論的には、修正5条と同14条を同時に援用すれば、女性、少数民族など社会的弱者、マイノリティへの差別を容認するあらゆる法律を憲法判断に持ち込み、廃止に追い込むことができる。修正5条、同14条は、憲法を武器に権利要求を勝ち取ろうとする米国市民にとって「伝家の宝刀」であり、「魔法の杖」になった。実際、戦後に澎湃(ほうはい)として起こったさまざまな少数派の権利獲得要求は政治とメディアの力によって実現できたという印象が強いが、両条項に依拠した法廷闘争によってもたらされた成果も少なくない。

選択的組み込み論

ビル・オブ・ライツの1～8条に盛られた内容が修正14条によって、すべて自動的に全州に適用されるという理論を「全面組み込み論」(Total Incorporation Theory)という。これに対して、部分的にしか適用されないとする考え方を「選択的組み込み論」(Selective Incorporation Theory)という。

連邦最高裁がこれまで採用してきた理論は、選択的組み込み論である。すなわち、修正4条、6条については全面的に州にも効果がおよぶが、修正5条、7条、8条については必ずしも、そうではないというのが、現在の米国憲法解釈の通説である。

具体的には、不合理な捜索・逮捕や、令状によらない逮捕の禁止を規定した修正4条、(軽犯罪を除き)すべての刑事裁判は陪審裁判で行われなければならないことなどを規定した第6条は、全面的に全州に適用される。したがって修正4、6条は全州の刑法を拘束しているのである。

同じ第5条の自己負罪拒否特権、二重の危険の防止、デュー・プロセスの規定については、州にも全面的に適用される。

一方、修正7条は訴訟額が20ドルを越すコモン・ローの訴訟については、陪審裁判の権利が保持されねばならないと規定しているが、この規定に

拘束されるのは、連邦裁判所における民事裁判であって、州の裁判所は、必ずしもこれに従う必要はない。現在の連邦裁判所で 300 ドル以下の損害賠償の民事裁判が陪審裁判で行われることは、ありえない。修正 7 条の制定趣旨は民事裁判も連邦レベルでは、陪審裁判が原則であるということである。

　合衆国憲法は米国の最高法規であるが、あらゆる州の法律、法制度を 100％拘束しているわけではない。ただ、ビル・オブ・ライツの最も重要な部分は、州にも適用されており、その意味で、連邦の憲法は、根幹部分で州の憲法・法律に常に優越している。

33

制定法とコモン・ロー

> アメリカでは毎年、連邦、州、市町村の各レベルで合計150万の新しい法律が制定され、200万の新しい規則、条例ができる。
>
> **アイザック・アシモフ**

英米法と大陸法

　米国の法律は歴史的に英国の深い影響下にあり、英国法の子どものようなものだと言えなくもない。が、建国から200年以上たった米国の法律は、英国法を起源としながら、独自の発展を遂げ、今や自立した法体系を樹立している。

　英国法の特徴は、成文憲法や制定法（Statutory Law）を持たず、裁判所の判決の集成である判例法と、地域ごとにある古来からの慣習法を法体系の中心に置いていることだ。判例法と慣習法をひっくるめてコモン・ロー（Common Law）という。コモン・ローはフランスやドイツのヨーロッパ大陸諸国の法律とは違って「非制定法」である。つまり、英国は憲法、民法などの成文化された法律（制定法）を設けず、過去から積み重ねられた膨大な判例によって個々の事例を判断する。過去の判例が法執行の基準なのである。

　これに対してドイツ、フランスなどのヨーロッパ大陸諸国は成文憲法を持ち、刑法、民法、商法などあらゆる法律を成文化している。つまり制定法中心の法体系である。制定法中心の法体系を総称して大陸法（Civil Law）という。Civil Lawは民法を意味する英語だが、大陸法という意味もある。それは、近代民法の模範といわれるフランスのナポレオン法典に由来する。ローマ法を下敷きにしたナポレオン法典は民法の模範であると同時に大陸法を代表する法律であることからCivil Lawという言葉が大陸法の意味を併せ持

つようになった。

　英国の判例中心のコモン・ローと制定法に基づく大陸法は対照的であり、互いに反対語である。近代法は大きくコモン・ロー（判例法）と制定法（大陸法）に分かれるが、20世紀の国際社会では制定法が主流であり、多数派である。米国法は英国法の相似形とされ、大陸法との違いを強調する意味で「英米法」と総称され、コモン・ローの法体系の一国という扱いを受けてきた。したがって英米法は、世界では少数派であり、「異質」な法体系である。

衡平法

　しかし、米国は英国と違い、独立後に成文憲法を持ち、その後刑法、民法、商法など多くの分野で制定法が整えられており、20世紀に入ってからは、むしろ大陸法に近くなっている。その一方米国の裁判所で集積された膨大な判例が、米国独自のコモン・ローとして機能しており、判例法の伝統は根強く生きている。

　英国は、いまだに成分憲法を持たず、頑固にコモン・ローの伝統を維持しているが、コモン・ローは主として民法の分野に限られている。現代の英国では制定法の刑法が施行されており、昔のように判例法万能とは言えなくなってきている。とはいえ、今も判例と慣習法が法体系の中心にあり、世界的にみて特異な国であることに変わりはない。

　日本は、明治時代にドイツとフランスとの影響を受けて憲法、刑法、民法などを制定したから大陸法の一国といえる。しかし、第二次大戦後、米国の占領下に置かれ、米国の指導で新憲法をつくり、刑事訴訟法にも米国の刑訴法が一部取り入れられるなど内容面では米国法の影響が大きい。

　コモン・ローと並んで英国法を構成するもうひとつの要素に衡平法＝エクイティ・ロー（Equity Law）がある。中世の英国では、遺産相続土地の分割、贈与などをめぐる紛争で緊急に救済を必要とする臣民が、国王の法律顧問でその代理人である大法官（Load Chancellor）に請願を出した。大法官がそれを認めれば、紛争当事者に命令を発し、特定の行為をやめさせたり、既成事実の原状回復が図られたりした。

　大法官のオフィスが大法官府（Chancery）として機構化し、これが市民

の緊急救済請願を専門に扱う法廷 Court of Chancery として発展した。また長年にわたり様々な命令が積み重ねられることによって、その基準ができ、衡平法が形成された。衡平法による命令は、既に起きた事件、事故の刑事罰や民事賠償を扱うコモン・ローの裁判とは別立てになり、英国法の柱を形成するほどの大きな要素になった。

米国は独立前の植民地時代からコモン・ローと衡平法を取り入れており、独立後もコモン・ローと制定法に基づく通常の法廷と、衡平法の法廷（Chancery Court）が別々になっていた。衡平法の法廷から出されていたのが各種の差止命令である、しかし、次第に両者は統合され、同一の裁判所が2つの機能を果たすようになった。衡平法の法廷は1970年代まで数州に残っていたが、2000年までに、ほぼ全廃された。

一審裁判所である州地裁、連邦地裁が刑事、民事裁判を実施するとともに各種の差止命令を出している。つまり現代の米国法においてはコモン・ローとエクイティ・ローは事実上、統合されているのである。現代の英国においても衡平法の法廷は廃止されている。

米国版六法全書

米国の連邦法は United States Code という名前で集大成されている。USC と略称する。これは連邦議会で可決され、大統領の署名を経て発効した主要な連邦法を集めたもので、日本の六法全書に相当する。全部で50の法律で構成され、順番に「タイトル1」「タイトル2」などと呼んで区別する。タイトル6＝Surety Bonds（抵当法）とタイトル34＝Navy（海軍法）は他の法律と統合され、廃止となったので、有効タイトルは48である。このうちタイトル18が Crime and Criminal Procedure で犯罪の定義と刑罰及び刑事訴訟手続が規定されている。タイトル28は Judiciary and Judicial Procedure で民事訴訟手続、刑事、民事裁判の証拠規則、司法の管轄、上訴の仕組み・手続などが書かれている。両方を含めるとほぼ日本の刑法、刑事訴訟法と民事訴訟規則の一部を含んだ法律である。したがって現代の米国では、連邦レベルの刑法と刑事訴訟法に関する限り、完全に制定法が機能している。これは州レベルでも同じだ。

USC には Arbitration（連邦調停法＝タイトル9）、Bankruptcy（連邦破産法＝タイトル11）、Copyrights（連邦著作権法＝17）など民法に関わる分野の制定法もある。しかし民事訴訟においては、過去の判決が判事の判断を拘束したり（これを先例拘束という）、影響を与えたりすることがある。また、先例を根拠に判決が言い渡されることもあるので、民事訴訟においてはコモン・ローが依然機能しているといえる。これは州レベルでも同様である。

USC に収められた法律は、主要なものに限られ、連邦法としてはほんの一部だ。それ以外にも膨大な量の連邦法があり、加えて米国議会は毎年、各種の新しい連邦法案を審議、可決する。法案は大統領の署名を経て施行されるが、これらの連邦法を年別に収録したのが、Statutes at Large といわれる法令集である。あえて訳せば「連邦法令集」。これは法律専門の出版社によってまとめられる何十巻にもおよぶ加除式の分厚い法令集で、従来は大きな図書館に行かなければ見ることはできなかったが、今ではインターネットで検索できるようになった。

州法も制定法優勢

米国の50州はそれぞれ連邦法とは別の刑法典（Penal Code または Criminal Code）と民法典（Civil Code）を持っている。刑法典は州によって細部の規定に違いがあるが、大陸法の影響が強いルイジアナ州を除いて（同州が米国の州になるまでフランスの植民地だったことによる）、大差はない。州の犯罪は原則として州の刑法典に基づいて裁かれている。つまり刑法に関しては州レベルでも完全に制定法が機能しており、もはやコモン・ローの出る幕はない。

州の民事紛争も基本的に州の民法典によって解決が図られているが、訴訟になった場合は、先例拘束の原則が生きてくる。連邦と同様、民事訴訟では過去の判例（つまりコモン・ロー）が援用されることもあるから、民事に関しては州レベルでも、コモン・ローは生きており、制定法が万能であるとはいえない。

州の刑法典、民法典は19世紀後半のニューヨーク州の法律家デービッド・フィールドの影響が濃い。名前を冠してフィールド法典と呼ばれる。フ

ィールドが作成した刑法典はニューヨーク州に採用され、多くの州に影響を与えた。彼は民法典も書いた。これはニューヨーク州では採用されなかったが、その他の各州に広がり、ほぼ同一のものや、その修正版を採用した州が多い。

　州の刑法、民法典はそれよりも、さらに詳細な規定を設けている州も少なくない。州はそれぞれ連邦法令集に相当するものを持っている。たとえばミシガン州は Michigan Compiled Laws、ミネソタ州は Minnesota Statutes Annotated、ノースダコタ州は North Dakota Century Code といった具合だ。

　複数の州がほぼ同一の法律を自州のものとして採用した場合、それを統一法（Uniform Code）と呼ぶ。これは連邦法とは異なるが、連邦法と同一の効力を持つ。各州が著しく異なった法律を持つことによって生じる不都合をなくし、同一分野の法規制を平準化するのが統一法の趣旨である。著名なものにルイジアナ州を除くすべての州が採用している Uniform Commercial Code（統一商法典）がある。そのほかほとんどの州が採用している統一法として Uniform Consumer Credit Code（統一消費者金融法典）などがある。

34

安楽死

> 人間には自分の死を自分で選ぶ権利があり、憲法はすべてのアメリカ人にそれを保障している。
> ジャック・ケボーキアン

自殺ほう助と尊厳死

　安楽死は、高齢化、医師の倫理、宗教、プライバシーの権利と密接に絡んで、全米の論争の的になっている。1990年代後半の段階で、これまでタブーとされたこの問題が、公然と論議されるようになり、徐々に安楽死に対する冷静かつ現実的な論議が巻き起こってきた。ここではいわゆる安楽死の一般的概念の説明を導入部として、考察を進めていきたい。

　安楽死（Euthanasia）とは、ある人が不治の病にかかり、その症状が確実に進行し、生きていることが肉体的にも精神的にも著しく苦痛である状態が長期間続く場合、本人の意思、希望に基づき、苦痛から解放する目的で、他人が人為的に死期を早めたり、命を断つこと。「他人」は通常医師だが、必ずしも医師に限らない。

　安楽死は、自らの意思による自発的安楽死（Voluntary Euthanasia）と自らの意思によらない非自発的安楽死（Involuntary Euthanasia）のふたつに分かれ、安楽死は通常、前者を指す。

　安楽死を表す言葉として米国では自殺ほう助（Assisted Suicide）という言葉が使われる。ある人が不治の病にかかり、その病気が確実に進行して、苦痛が著しい場合、本人の意思、希望に基づき苦痛から解放するという趣旨で、他人が、自殺の手助けをすることだ。安楽死と自殺ほう助は、ほぼ同義語として使われる。

　自殺ほう助のうち、自殺を手助けする人を医師に限る場合を特に、「医師

による自殺ほう助」（Doctor Assisted Suicide）という。

　交通事故、薬物中毒などで自らの意思表示、意思行為ができない脳死状態、植物状態に陥り、生命維持装置なしでは生きられない状態に長期間置かれた人を、家族、後見人などの希望に基づいて医師が、人間らしく死なせることを普通、尊厳死（Death with Dignity）という。

　ある人が、きわめて近い将来に死ぬことが確実な状況にある時、苦痛を和らげる目的で、本人の同意なしに殺すことを慈悲殺（Mercy Killing）という。これは非自発的安楽死に近い概念である。

オレゴン州が合法化

　安楽死を合法化している国はオランダとベルギーである。欧州諸国、米国、日本、オーストラリアを含め主要国では現在、安楽死は原則として非合法である。例外は、米国のオレゴン州で、医師による自殺ほう助が州法により合法化されている。米国の場合、連邦レベルとオレゴン州以外の全州では、あらゆる形態の安楽死が、違法行為になり、全面的に禁止されている。医師といえども安易に安楽死を施すと、殺人罪などで起訴される。

　米国では通常、尊厳死については法律で罰せられることはない。1976年のいわゆるカレン・アン・クインラン裁判（ニュージャージー州最高裁判決）によって尊厳死が認められ、その後それを合法化する法律を多くの州が施行した。これを自然死法（Natural Death Act）という。尊厳死は自然死と同一とみなすというのが、同法の趣旨である。米国では基本的に脳死を人間の死とするという法律的基準があるから、これが可能になる。

　日本には、尊厳死を認める法律はない。脳死を人間の死とする明確な法律的規定がないからである。日本学術会議が尊厳死を医療行為と認めるよう提案しており、事実上行われているが、それは、おおっぴらではなく、患者、家族と医師の個別の問題として、ケースバイケースで医師が判断するという形態になっている。

元大統領の尊厳死

　1994年4月18日、ニクソン元大統領が脳梗塞で倒れ、ニューヨーク市内

の病院に運ばれた。当時81歳。4日間意識不明の状態が続き、死亡した。夫人に先立たれ、独り暮らしだったニクソン氏は、生前に「生命維持装置がなければ生きられないような状態になったら、生命維持装置は外してほしい」という内容を記した遺書を書き残していた。担当医師は、その遺書と娘などの家族の希望に基づいて、生命維持装置を外した。遺書には「植物状態になったり、脳死状態になった場合、不必要な治療はしないで、死なせてほしい」ということも記されていた。さまざまな尊厳死のケースを想定して、生前に法的に有効な遺書を残していたため、ことはスムースに行った。自分が病気になり、植物状態などの意思が表明できない状態になった時、必要以上の延命治療をしないことや、死後の扱いについて自分の意思を記した遺書をリビング・ウィル（Living Will）という。

　リビング・ウィルがある場合は、尊厳死が可能になる。それがない場合は、家族、近親者の同意が必要になる。本人の遺書は本人の意思と同等の効力を持ち、家族、近親者の同意はそれに次ぐ。いずれもない場合は、医師が生命維持装置を外すことは原則としてできない。

　1994年3月、ロサンゼルスで日本人留学生2人が強盗に襲われ、頭を銃で撃たれた。2人とも病院に運ばれたが、いずれも脳死状態となり、生命維持装置でかろうじて生き永らえる状態だった。24時間後、日本から2人の両親がかけつけ、医師から「蘇生する可能性はない」と告げられた。ひとりは、両親が生命維持装置を外すことに同意したため心臓が停止して死亡した。これも尊厳死の例である（もうひとりは両親が医師から説明を受けている間に心臓が停止して死亡した）。

　きちんとした手続を踏まないで医師だけの判断で、装置を外せば、その医師は刑事責任を問われるのが現状である。

安楽死の条件

　1994年オレゴン州で自殺ほう助を合法化する「提案16」（Measure 16）が、住民投票にかけられ、過半数（約52％）の賛成を得て合法化された。しかし、これに反対するグループが、違憲訴訟を起こし、法律はまもなく停止状態になった。1997年11月、提案16を修正する尊厳死法案（The Death with Dignity Act）が住民投票にかけられ、同年11月、賛成51％、反対49％で過半数の賛成を得て、成立し、98年から実施に移された。オレゴン州は米国で唯一、医師による自殺ほう助を認める州になった。「尊厳死法」と命名されているが、実質的には安楽死法である。発効から2004年までに208人が同法に基づき安楽死した。

　同法が安楽死を認める条件は以下の通りだ。

　①患者が18歳以上のオレゴン州の住民であること、②患者が現代の医療では治療が不可能な病気にかかり、医学的判断で約6カ月以内に死ぬと推定されることを少なくとも2人の医師が認めること、③耐えられないほどの肉体的、精神的苦痛があること、④患者が口頭で2回、書面で1回、自殺ほう助を医師に依頼すること。この依頼書には2人以上の証人が署名すること。そのうちのひとりは肉親・近親者のいずれか、もうひとりは肉親以外の公平な第三者。本人立ち会いの下で、署名することが条件。第三者は、患者が死ぬことによって金銭的な利害を得るような人物であってはならない、また、患者が入院している病院の関係者であってはならない。患者が、自殺ほう助を依頼した医師は、公平な第3の証人には、なれない、⑤患者が自分の病気について正確な知識と見通しを持ち、自分で自分の運命を決められる正常な判断力を持っている（Mentally Competent）ことが条件。つまり、うつ病などの精神病によって死の願望を持っている者ではないことが精神科医などの診断によって証明されなければならない、⑥医師が書いた致死薬の処方箋（Lethal Prescription）によって薬剤師がつくった致死薬（Lethal Drugs）の投与によって死ぬこと。自ら飲んでもいいし、医師が飲ませてもいい。⑦自殺ほう助を依頼した以後、薬を飲む直前あるいは飲んだ後の、どの段階でも、中止できること、⑧患者が自殺ほう助を口頭で依頼してから薬が届けられるまでに15日間の待機期間を設ける。文書が提出されてから致死薬を処方するまでに2日間の待機期間を設けるなどである。医師が立ち会うことは必ずしも要件になっていない。

　この法律による安楽死はあくまでも医師が処方した致死薬を飲むことによって行われなければならならず、致死注射（Lethal Injection）は許されない。

この法律は不治の病を「治療が不可能でかつ後戻りできない病気、同時に、合理的な医学的判断によって6カ月以内に死亡することが確実な病気」と定義している。

　違憲訴訟後、致死注射による安楽死は認められなくなった。致死薬を飲む場合、飲んだ直後に、やめたいと思ったら吐き出すことができるし、胃洗浄などの手もある。だが致死注射は、いったん薬を血管に注入したら後戻りできず、途中で中止することができないという欠点がある。それを考慮し、禁止したのである。

　米国の36州では、自殺ほう助を殺人に準ずる犯罪としている。たとえば、ニューヨーク州は、刑法で自殺ほう助を第2級殺人と同じ扱いにしている。州によっては、刑法に自殺ほう助を禁じる規定がないところもある。これまでに州レベルでは1991年ワシントン州（46％）、1992年カリフォルニア州（46％）で、同種の法律が住民投票にかけられたが、賛成が過半数に達せず成立していない。連邦法レベルには自殺ほう助を明確に禁じる規定はないが、自殺ほう助は医療行為とはみなさず、国の医療保険の適用を禁じている。

ケボーキアンによる自殺ほう助

　ミシガン州在住の元医師ジャック・ケボーキアン（Jack Kevorkian）は1990年以降、死を望む末期患者に対し自殺ほう助を始めて以来、8年余りで約130人の自殺ほう助を実施した。彼が考案した自殺装置（Death Machine）を使った自殺ほう助である。最初に睡眠薬で知覚を麻痺させ、その次に二酸化炭素のガスを口内から肺に送り込む。死ぬまでに3〜4分で終わり、苦痛はないとされる。4件について殺人罪など同州オークランド郡の検察に起訴されたが、1994年、1996年、相次いで無罪になった。

　私は2度目の無罪評決が出た後、デトロイトでケボーキアンにインタビューした。彼は末期患者への自殺ほう助について、①患者の主体的な要望に基づいている（死の前のビデオインタビューと書面契約）、②無料で行い、報酬はとっていない（社会的に意義のある慈善事業であると確信して自殺ほう助を行っている）、③末期患者の耐え難い苦痛を除去する行為である──

などと訴えた。公判でも同様のアピールをしたが、陪審はこれらをすべて受け入れ、無罪の評決を出したのである。

彼はミシガン州立大学医学部を卒業し、デトロイトのフォード財団病院で長い間解剖医を務めていたれっきとした医師であるが、自らの信念で自殺ほう助を始めてから州当局に医師の免許を剥奪された。

彼の信念に基づく自殺ほう助が全国に「死を選ぶ権利」をめぐる論議を巻き起こし、安楽死が末期医療の現実的対応策のひとつとして、国と州が真剣に取りあげるひとつのきっかけをつくった。「死を選ぶ権利」は憲法修正1、4条などで保障されたプライバシーの権利に含まれるというのが、肯定派の主張だ。しかし、法理論としては、確立されておらず、賛否が拮抗している。

メディアはケボーキアンを「死のドクター」と非難する全否定派から、救世主、英雄とたたえる肯定派までさまざまだ。地元では彼の「善意」を認め、その行為をたたえる人が多かったが、「殺し屋」と非難する人も少なからずいた。

1988年に共和党の候補として検事長選挙に出馬し当選したオークランド郡のリチャード・トンプソン検事長は、無罪評決後まもなく行われた再任選挙の予備選挙で無罪評決を招いた「責任」を追及され、同じ党の候補に敗れた。この検事長選挙では、自殺ほう助が大きな争点のひとつになり、対立候補は「必ずケボーキアンの有罪を勝ち取る」と訴え、現職を破ったのである。これ以後、キリスト教右派のキャンペーンもあって自殺ほう助について批判的世論が高まった。

1998年、ケボーキアンは、筋萎縮性側索硬化症の男性の自殺をほう助し、自ら収録した薬物注射の場面をCBSで全国放映した。検察は、これを証拠として同氏を殺人罪で起訴。ミシガン州オークランド地裁の陪審は、一転して有罪評決を出した。1999年4月、同地裁の判事は、禁固10年から25年の不定期刑を言い渡し、同氏は収監された。

全国的にみると、キリスト教的価値観が根強い米国では、総じて安楽死を否定する声が上回っている。ケボーキアンの行為は一石を投じたものの、支持の声が地元を超え、大きなうねりとなって全国に伝播することはなかっ

【安楽死】第2級殺人罪で実刑判決を受け、法廷から連れ出されるケボーキアン元医師。1999年4月13日ミシガン州オークランド地裁で（写真提供：ロイター＝共同）。

た。特に安楽死を全面的に否定するブッシュ政権の登場で、運動は後退を余儀なくされた。

医学界の見解

　米国の医学界で最も権威ある雑誌のひとつとされるニューイングランド・ジャーナル・オブ・メディスン（New England Journal of Medicine）という雑誌の調査（1998年4月発表）によると、米国の医者の16人にひとりは「患者の自殺を手助けしたことがある」と回答している。これは米国のあらゆる州で、医師が末期患者の安楽死に手を貸しているという現実を示している。安楽死はひそかに行われているのである。その数は年間数千人といわれている。

　多くの州の医師は、公然と自殺ほう助を行ったら刑事訴追され、医師免許を失うから、患者との信頼関係に基づいて、ひそかに安楽死を実施している。しかし、米国の医学界は「自殺ほう助は最後まで患者の命を救うことに努力するという医師の倫理に反する行為である」という原則を依然崩していない。建前としては安楽死全面否定の立場である。

　変死もしくは不審死は、行政解剖または司法解剖され、刑事事件として司法当局の捜査の対象になる。しかし、医者が死に立ち会い、自然死、病死と

認めて死亡診断書を書けば、当局はそれ以上を追及しない。医者が、よほどの作為をすれば別だが、患者本人と家族らの希望に基づいて安楽死を施し、死亡診断書に自然死、病死と書けば、それですべてが丸くおさまる。安楽死を望む側（患者の家族または代理人）からすれば、それができる人間関係を医者との間に築いていれば、問題は発生しない。医師の安楽死をめぐるトラブルは場合によっては刑事事件にエスカレートすることがあるが、その大半の理由は、両者の間に十分なコミュニケーションがなかったことである。意思疎通が十分あれば、問題は生じにくい。

　ただし、これは闇の世界、ウラの世界である。オモテに出して公然とやり始めたのが、個人ではケボーキアン、それを広く唱道した組織としてはヘムロック協会がある。

ヘムロック協会

　ヘムロック協会（Hemlock Society）をつくったのはイギリスのジャーナリスト、デレク・ハンフリー（Derek Hamphry）である。元々は英国で新聞記者をしていた。米国に移住してロサンゼルス・タイムズの記者になった。癌にかかって末期状態となった母と妻の自殺をほう助し、その体験を"Final Exit"（邦訳『ファイナル・エクジット――安楽死の方法』〔徳間書店、1992年〕）という本にまとめた。著書は、米国だけで75万部、米国以外で25万部売れた。

　その後、新聞社をやめ、安楽死を合法化する運動のリーダーになり、ワシントン州において1980年、協力者とふたりでヘムロック協会を設立した。その後、ハンフリーは、スキャンダルで辞任、協会も分裂したが、組織は生き残っている（2005年3月現在、会員は約2万5000人）。

　オレゴン州の尊厳死法が実現した背景には、ヘムロック協会の地道な努力があった。住民投票による安楽死法案は、最初にカリフォルニア州、次いでワシントン州で実施されたが、過半数に達しなかったり、違憲訴訟が起きたりして両州では、安楽死法が施行されることはなかった。オレゴン州でようやく、その努力が結実したのである。

連邦政府の対応

　1996年、米国のニューヨーク連邦高裁とサンフランシスコ連邦高裁が相次いで、死を選ぶ権利を認め、医師の自殺ほう助を禁じた州法は憲法に違反するとの判決を下した。しかし1997年7月、連邦最高裁は、この高裁判決を棄却、州が自殺ほう助を禁止することは憲法に違反せず、死ぬ権利は憲法で保障されていないとする逆転判決を出した。

　高裁は、安楽死と尊厳死は同じであり、両者に差を設けることは修正14条（法の下の平等）の精神に抵触するという論理で違憲判決を出した。これとは反対に、最高裁は「一方は治療行為、もう一方は殺人行為だから両者に差を設けるのは当然であり、修正14条には違反しない」という論理で、自殺ほう助禁止法は合憲であるとの判断を下した。

　この最高裁判決に照らせば、オレゴン州の尊厳死法は違憲のはずだが、1998年6月、クリントン政権のリノ司法長官は、オレゴン州が州内で尊厳死法を実施することについては、干渉しないとの見解を発表した。つまり、オレゴン州の医師が尊厳死法に基づいて同州の住民の末期患者に自殺ほう助を行う限り、起訴はしないが、他の州および連邦レベルでは、許さないとはっきり宣言したのである。オレゴン州に限って連邦政府が「超法規的措置」を認めたともいえ、極めて異例の対応である。これは住民の直接投票で制定された法律の重みを考慮したものであろう。

　しかし、共和党のブッシュ政権に変わった後、アシュクロフト司法長官は2005年2月、オレゴン州の尊厳死法に対して「使われる致死薬の使用方法は、規制物質法（連邦法）で定められた『正当な医療目的』とはいえず、尊厳死に関わる同州の医師は連邦法に違反しており、これを黙認する尊厳死法は違憲であると」として訴訟を起こした。これは尊厳死の本質を問わず、からめ手から行う嫌がらせの訴訟だったが、一審、二審とも敗訴。最高裁も「医師の身分は州法で規制されており、その処方箋を連邦法で規制することはできない」として、請求を棄却した。この判決は尊厳死そのものを認めたわけではないが、司法省の嫌がらせが一蹴されたことで、今後、オレゴン州に続く州が出てくることも予想される。

35

銃規制

> 人民が武装する権利を持つ最大の理由は、政府の圧政に対し最後の手段として、自らを守るためである。
> **トマス・ジェファーソン**

ブレイディ法

　1997年6月5日に公表された司法省の調査によると、警察、軍隊の使用を除いて、米国で出回っている銃の数は約1億9200万丁である。主な内訳は短銃（ピストル）が6500万丁、ライフル7000万丁、ショットガン4900万丁。それに加え毎年200〜300万丁の新しい銃（国内製造および輸入製品）が市場に供給されている。この調査によると、3世帯に1世帯が銃火器を家庭に置いている。日常的に銃を携帯している人が100万人、車のトランクなどに銃を積んでいる人は200万人もいる。

　2000年の短銃を中心とする銃製造産業の売上は約90億ドル（9000億円）で、米国の産業に確固たる地位を占めている。

　米国の銃規制はきわめて緩く、ざる法といってもよい。伝統的に銃の規制は、州ごとに違ってきたが、1993年11月、連邦規制法であるブレイディ法（Brady Law）が施行された。対象は短銃（ピストル）で、銃砲店が個人に銃を売る場合、5日間の待機期間を設け、身元調査をすることを義務づけた。1993年以前は、ニューヨーク州のように最長6カ月の待機期間を設けていた州もあれば、ワイオミング州のように何の規制もないところもあり、ばらばらだった。

　ブレイディ法の画期的な点は、待機期間を全国一律、最低5日間にしたことに加え、購入希望者の犯罪歴、病歴をチェックすることを義務づけたことである。銃砲店は地元警察や保安官事務所、場合によってはATF（アルコ

ール・たばこ・火器局）やFBI（米連邦捜査局）に依頼して、身元調査をする。

　銃砲店は財務省に登録して認可をもらうが、厳重な審査があるわけではない。登録料を200ドル払えば、3年間、犯罪者を除けばだれでも開店、営業できる。3年経過した後は、よほどのヘマをしない限り、自動更新である。

　18歳未満の未成年者による短銃の購入を認めていた州（テキサス、アリゾナ、ネバダなど）があったが、ブレイディ法によって未成年者短銃購入は認められなくなった。

　カリフォルニア州のある保安官は、ブレイディ法が銃規制に関して州法に不当に介入し、憲法に違反するとして訴訟を起こした。1997年夏、連邦最高裁は原告の主張の一部を認め、身元調査をATF、FBIなどの連邦機関が肩代わりするのは、州の行政に対する介入であり、州が独自に身元調査をする機関を設立しなければならないという命令を出した（Pritz V. United States）。

　このためブレイディ法は、1998年11月、以下のように改正された。まず50州はFBIなどの連邦捜査機関の情報を共同で利用し、即時に身元が確認できるシステムをつくった（実際は連邦政府がシステムを構築、費用も負担した）。この結果、5日間の待機期間は廃止され、銃砲店が客の身元をその場でチェック（Instant Check）し、犯罪歴などがないと確認できれば、銃を売ることができるようになった。その際、短銃に加え、ライフル銃、ショトガンの購入希望者に対しても身元調査を義務づけた。

　この改正でブレイディ法は議会による5年ごとの更新手続が必要な暫定法から永続的な連邦法になったが、骨抜き状態になったことは否めない。2001年1月に就任したブッシュ大統領は、銃規制反対の姿勢を強調したが、銃購入者に対する全国一律の身元調査の必要性を認め、同法を尊重する立場を表明した。

全米ライフル協会

　FBIの統計によると、2003年に起きた殺人事件1万4408件のうち9638件に銃火器が使われている。その比率は66％で、凶悪事件と銃は、密接に

結びついている。

　National Center For Injury Prevention And Control という非営利の団体の調べによると、1994年、銃火器（Firearm）に関連して3万8505人が死亡した。このうち殺人による死者は約1万7800人、自殺者が約1万8700人、事故死が約1300人である。「米国の銃による死」について同センターは次のような統計を明らかにしている。①殺人の70％は銃火器によるものである。②殺人の被害に遭った19歳以上の女性は4211人だったが、このうち54％が銃火器で殺された、③銃火器による致命傷が25～34歳の年齢層における死因の第3位を占めた（1位は交通事故、2位は病死と思われる）、④家に銃火器を常備している人が自殺する可能性は、常備していない人の5倍に達する。銃・火器による死者は2004年に2万9569人まで減ったが、毎年3万人前後が銃で死んでいるというのが現実である。

　銃による無差別大量殺人が起こるたびに銃規制を求める世論が巻き起こるが、いつも線香花火のように消えてしまう。銃規制反対の先導隊は全米ライフル協会（NRA）である。連邦上下両院議員の3人に1人がNRAの影響下にあるといわれている。厳しい銃規制法案が出されると、ほとんどが骨抜きか廃案になるのは、そのためだ。州レベルでも、NRAの影響力は強く、銃規制の法律が上程されることは、非常にまれである。全米ライフル協会は米国最大の銃火器擁護団体である。1871年に設立され、本部はバージニア州フェアファックスにあり、そこで働いているフルタイムの職員は約300人である。2005年現在、会員は約350万人。1年会員の会費は35ドルだ。3年会員は90ドル、5年会員は140ドル。750ドル払えば、終身会員になれる。

　76人から成る理事会が意思決定機関である。理事会の会長が最高トップ、副会長がナンバー2である。俳優のチャールトン・ヘストンが1998年から5年間、会長を務めた。映画「十戒」「ベンハー」などに出演しアカデミー主演男優賞をとったヘストンはNRAの長年の幹部で、その広告塔となってきた人物だ。

　NRAは銃の講習会、射撃大会などの行事を主催する。もっとも重要な任務は、銃規制の動きを監視、州レベル、連邦レベルを問わず、銃規制の法

【銃社会】NRA大会で展示されたライフルを手に取り照準を合わせる少年（2004年4月18日。© AP Images）。

案・規則を徹底的につぶすことである。

そのために NRA Institute for Legislative Action（NRA-ILA）という組織（立法行動局とでも訳せようか）をつくり、銃火器擁護の立法活動、反NRAの法案つぶし、銃規制反対の世論を起こすなどのロビー活動を行っている。NRAの年間予算は1億2000万ドル（120億円、2005年）だが、このうち2000万ドル（20億円）はILKの活動に充当されている。銃規制に反対する地方・連邦議員及び首長選挙の応援や政治献金、規制賛成の政治家に対する反キャンペーン費用もILAの活動資金から支出される。NRAは米国で最も強力な圧力団体のひとつである。

修正2条の解釈で議論

NRAがキャンペーンの論拠にしているのが、憲法修正2条だ。全文は以下のとおり。

A well-regulated militia being necessary to the security of a free state, the right of the people to keep and bear arms shall not to be infringed.

直訳すると「よく統制された民兵は自由な州（国家）の安全にとって必要であるから、人々が武器を保有し、武装する権利は、これを侵してはならない」となる。
　州が組織した民兵を連邦機関が解散させてはならないというのが、この規定の趣旨とされている。米国は州の連合体である。米国には、連邦政府は、州を支配する機関ではなく、単なる利害の調整機関でなければないという牢固とした思想があり、連邦政府が暴走することを防ぐために州が独自の軍隊を持つことを憲法で保障した。さらに、英国との独立戦争の際、連邦の正規軍だけでは、戦争を遂行できず、州レベルの民兵が不可欠だったという歴史的事実がある。独立後も、民兵は維持され、連邦軍の指揮下に入っていた。それが発展したのは、現在の州兵である。
　客観的にみて、憲法草案がつくられた当時、米国には、戦力として正規兵のほかに民兵が必要だった。その民兵が敵と戦うのに武器は必須であり、彼らが武装する権利は当然認められなければならなかった。
　修正2条は、歴史の一時期を背景にした臨時的、一時的な規定の色彩が強いが、それが最高規範として修正されないまま今日まで残ったことが尾を引いている。
　英語の語法上、Militia と People は同格であり、People は Militia を拡大、敷衍したものだという解釈が成り立つ。その場合は、People に武装の権利が与えられているという解釈になる。憲法学者の間でも、この解釈が優勢である。
　一方、リベラル派は連邦議会と政府の権限が明確ではなかった時代の規定であり、武装する権利は「よく統制された民兵」にだけ認められる、と解釈すべきだと反論する。この解釈によれば、条文の趣旨は個人に対し武器携帯の権利を保障したものではなく、当時の民兵だけに認めたもので、一般の米国民に認めたのではないということになる。
　銃規制の反対派も推進派も、それぞれの主張の憲法的根拠を、修正2条に求めている。条文後半の「人民が武装する権利は侵してはならない」という一節だけを取り出せば、憲法が、米国民に武装する権利を認めていることは明確である。

確かに全文を読めば、どちらにも解釈できる曖昧さがあるが、その曖昧さは、規制派より銃擁護派を有利に立たせている。

規制派がこの条文を根拠にして銃規制運動を進めても、限界がある。「憲法は米国の市民に武装する権利を認めている」という解釈が優勢の中、これを否定する法案が連邦や州議会で成立することは、考えられない。さらに修正２条がある限り、当局が民間人から強制的に武器を回収することを規定した法律を施行することはできない。

銃の所持を「全廃」するためには、憲法修正２条を改正し、市民の武装を非合法化するしかない。既に述べたように、憲法改正のハードルはきわめて高い。近い将来、修正２条が改正されたり、廃止されたりする可能性は、限りなくゼロに近いといえるだろう。

百年前の法律が復活

NRAが1987年以来、進めているのがRight to Carry Movementである。これは、一般市民に主としてピストルの携帯を許可する法律を施行する運動である。1987年時点で、24州が登録制と許可制を前提に銃の携帯を合法化していたが、それ以外の州には広がらなかった。1994年以降、NRAは運動を再開し、14州の州議会で、ピストルの携帯を合法化する法案を上程、可決させることに成功した。ピストル携帯許可制を新たに実施した14州は、アラスカ、アリゾナ、テネシー、ワイオミング、アーカンソー、ノースカロライナ、サウスカロライナ、オクラホマ、テキサス、ネバダ、ユタ、バージニア、ケンタッキー、ルイジアナの各州である。

各州の法律は、携帯銃（ピストル）をだれにも分からないように隠し持って良いと規定している。これをConcealed Weaponという。テキサス州では1995年5月26日、当時のブッシュ知事（2001年1月以降大統領）が、署名して新法が発効したが、一般市民が銃を持ち歩くことは1870年以降、禁止されていた。100年以上前の法律が復活したのである。テキサス州は西部劇の時代に逆戻りした。

施行後、約1年で、約11万5000人に許可が出た。テキサス州では、約150人にひとりがピストルを隠し持って街を歩いていることになる。銃を携

帯する者は許可証も同時に持ち歩かなければならない。この許可証は、事故や犯罪を起こさなければ、2年から4年で自動更新される。手数料は数十ドル。車の免許証並である。

既に同法を実施しているワシントン州は、許可証の保持者に限って、身元調査を免責し、銃砲店で自由に銃を買える権利を与えた。

自衛のメリットを強調

NRAが繰り返し主張するのは、銃規制を強化しても銃犯罪は減らないということである。逆に、一般市民が銃で武装することによって初めて凶悪犯罪を抑止し、撃退することができると主張している。

この主張の傍証としてNRAは次のような調査を引き合いに出す。1986年、司法省の協力を得て2人の大学教授が、重罪で収監中の受刑者1800人に対する調査を行った。その結果、①81％が侵入しようとした家に銃があるかどうか事前に調べた、②銃があると思われる家には74％が侵入しなかった、③34％が侵入した際、銃撃されるか銃で撃退された、④57％が警察官に撃たれるより一般に市民に撃たれる可能性が高いと思っていた——などが分かった。

犯罪者は銃を持たない弱い市民を狙う。だから、銃を持って犯罪者から狙われないようにすればいいではないか、というのがNRAの主張だ。

NRAの資料によると、毎年1500〜2800人の犯罪者が犯罪の過程で武装した市民に殺されている。強盗、傷害の被害にあった市民が、正当防衛で被疑者を殺したというケースである。同様の状況で、警察官に殺される犯罪者は年間300人から600人である。この数字をどう見るか。

NRAは、こう言う。米国の警察官は社会を守る義務はあるが、特定の個人を保護する義務はない。警察官はあてにならないのだ。だから、自分で自分を守るしかない。最も効果的で、安上がり、かつ簡単な防衛法は、個々人が銃で武装することである。このアピールを支持する米国市民は、意外に多い。米国の警察のパフォーマンスを勘案すると、正面切ってこれに反論することは難しいのである。

36 法廷テレビ

> 裁判のテレビ中継は、教育目的で使用されれば価値あるものだが、ある種の裁判のテレビ中継は単なる見世物（サーカス）になってしまう危険性がある。
> ジェラルド・ウェルマン

36 州が裁判の中継を許可

　米国に法廷テレビ（Court TV）という番組がある。裁判を生中継し、裁判に関する討論会、解説、特集番組を 24 時間放映するケーブル・テレビである。

　放映を開始したのは 1991 年 7 月。テレビの視聴率調査の専門会社ニールセンによると、2200 万人余りが毎日、法廷テレビを見ているという。全体を統括するのは元ニューヨーク・タイムズの司法担当記者、フレッド・グラハム編集局長で、その下に 6 人のアンカーがいる（グラハムもアンカーを務めるから合計 7 人）。ひとりを除きロースクール卒で弁護士資格を持ち、半数がキャスターになる前は弁護士をしていたという経歴の持ち主だ。

　そのひとり、レイモンド・ブラウンは 1996 年 12 月、私とのインタビューで「多くの視聴者は、最初にエンターテインメントとして法廷テレビを見る。そして次第に興味がわき、引きつけられていく。私の仕事は、そういう視聴者の要望にこたえ、個別のケースについて詳しい解説をするほか、司法制度全体について啓蒙することだ」と語った。

　解説などなくても裁判を見ているだけで、十分わかるし、面白い。新聞報道などで裁判の概要が分かっていれば、なお良い。別に法律の知識がなくても心配ない。「事実は小説より奇なり」を地でいくような奇妙・奇怪な事件が多いからである。

連邦裁判所は禁止

　日本の裁判所は、マスコミが注目する裁判の初公判の冒頭に限ってスティール写真とテレビカメラの撮影を許しているが、それ以外の法廷内での撮影は禁止されている。米国では50州のうち36州と首都ワシントンDCの州裁判所が裁判のテレビ中継を許可している。第一審の地裁の裁判のテレビ中継を許可していることが多い。ただ、州が一律に許可しているのではなく、判事に自分が主宰する裁判のテレビ中継について許可・不許可の裁量権を与えるという形をとっている。連邦地裁は、一時期、試験的に中継を認めていたが、その後禁止にした。裁判の冒頭など一部に限ってテレビカメラの撮影を認めるが、生中継は認めていない。

　裁判はしばしば、人間の野心と欲望が凝縮されたドラマになる。並みのテレビ・ドラマや映画よりはるかに面白い。法廷テレビが多くの人に見られる一番の理由である。

　ニューヨークにいた頃はよく見ていた。今でも思い出すのは、女優ジョーン・コリンズが出版社ランダム・ハウスを訴えた損害賠償訴訟の実況中継だ。ニューヨーク州マンハッタン地裁で行われた公判の一部始終は、その都度実況中継され、コリンズ自身もロンドンからニューヨークに来て、証言台に立った。「ランダム・ハウスは契約違反をしただけではなく、私を未熟なライターと非難した。名誉棄損でも訴えたいくらいだ」と目に涙を浮かべながら証言した。彼女は2冊の小説を書く契約を同社と結んでいた。原稿料は合計400万ドル（約4億円）で、前渡し金として130万ドルを受け取った。

　ランダム・ハウス社はコリンズが作品の締めきりを守らず、その質も出版に値する水準を満たしていないとして、前渡し金の返却を求めたほか、残りの原稿料も払わないと通告した。コリンズは、契約違反で同社を訴えた。私は証拠として提出された作品の抜粋を新聞報道で読んだ。とうてい小説とはいえない代物だったので、同社の主張が通ると予想していた。しかし1996年2月、陪審はコリンズの言い分を認め、①前渡し金は返却しなくて良い、②ランダム・ハウス社は契約違反の代償として一定の賠償金を払うべきだ——という評決を下した。これを受けて、判事は賠償額を130万ドルと算

定し、同社に支払いを命じる判決を言い渡した。

両者の契約に「コリンズが締め切りに間に合うか否かにかかわらず、ランダム・ハウス社は原稿料を払う」という一項があり、これがコリンズ勝訴の決定的根拠となった。どんな凡作であろうと、コリンズは契約通り二作品を提供したのだから、原稿料は払うべきだというのが、陪審の評決であった。

シンプソン裁判が視聴率加速

視聴率が高かったのは、1993年のボビット事件である。これは、夫の暴力に耐えかねた妻のロレーナ・ボビットが夫のペニスをナイフで切断し、傷害罪などで逮捕されたという事件だ。この事件の裁判を実況中継した法廷テレビの視聴率は実に、4.7％を記録、その当時人気の連続ドラマを上回った。

この裁判が異常な関心を呼んだのは、家庭内暴力、セックス、移民、人種（彼女はヒスパニックの移民だった）、女性差別など、現代の米国社会の病理が集中的に反映されているとともに、性器切断というセンセーショナリズム、スキャンダリズムが多くの人々の下世話な好奇心を刺激したからである。

なぜ、そんな事件が起きたのか。彼女はどうなるのか。ペニスを切断された男は、どうなったのか。こんな好奇心から、普段、裁判など見向きもしない人々が、こぞって見たのである（彼女は結局、軽い罪で済み、夫もペニス接合手術を受け、社会復帰した）。

1995年のシンプソン裁判がこれに輪をかけた。これを詳細かつ徹底的にカバーし、多くの視聴者を獲得した法廷テレビは、米国のメディアの一角に確固とした地歩を築いた。

シンプソン裁判は、裁判のテレビ中継を一般に認知させる上で、大きなきっかけをつくったが、その功罪もあらためて浮かび上がらせた。功は「百聞は一見にしかず」という教育的効果。罪は、裁判のサーカス化である。すべてが中継されると、検察側も弁護側もテレビ視聴者を意識して派手なパフォーマンスを行い、真実の発見という裁判の本質が脇に追いやられ、勝ち負けのゲームに力点を移すようになる。このため、ただでさえ時間がかかる大型裁判が、さらに長期化することが多い。

中継はガラス張りだから、検察、弁護側が公表したくない情報も表に出る。それを新聞やテレビが追加取材して、微に入り、細に入り報道すると裁判があらぬ方向に行ったりする。またテレビのワイドショーやタブロイド紙が、うわさにすぎない未確認情報を特ダネ仕立てで報道して混乱させたり、証人とし陳述をした人に法廷外でメディアが一斉にコメントを求めたり、場合によっては個人攻撃したり、いろいろな弊害が起こる。こうした副次効果によって、時間がかかるのである。実際、連邦裁判所が、テレビ中継を許可していないのは、こうした弊害が裁判の公平性を揺るがすという判断からである。シンプソンの弁護人のひとり、ジェラルド・ウェルマンは、その著書で、裁判は選んで中継するべきだという考えを述べている。

　法廷テレビも実は、中継画面を数秒間遅らせて中継しており、陪審の名前や顔が特定されたりしないようにするなどプライバシーに配慮はしているが、基本的には、法廷における口頭のやりとりはすべて無修正で中継される。そしてそれを延々と見る視聴者が全国にいる。そんな国は米国だけだ。それがビジネスになるのも、この国だけであろう。

　その源は「言論・出版の自由を制約する法律をつくってはならない」という憲法修正１条にある。法廷で展開される出来事をテレビ中継するという行為は、れっきとしたジャーナリズムである。米国ではこれを大幅に規制する法律をつくることはできないのである。

37

弾劾

> 私の夫に対する弾劾がアメリカの右翼勢力による陰謀だったことは間違いない。
> ヒラリー・クリントン

弾劾は政治手続

　弾劾（impeachment）とは、議会が公務員の不法行為を罰することである。連邦憲法2条4節に次の規定がある。

The President, Vice President, and all civil officers of the United States shall be removed from office on impeachment for, and conviction of treason, bribery or others high crimes and misdemeanors（大統領、副大統領、そしてすべての公務員は反逆罪、収賄罪とその他の重罪や軽犯罪で弾劾され、有罪となった時、解職される）。

　弾劾は政治的な手続であって、刑事手続ではない。国民に奉仕する公務員が、その職にふさわしくない言動、行動をとった時に、彼または彼女をその職から除くためにつくられた制度である。公務員が弾劾によって罷免されても、それを理由に刑務所に収監されるわけではない。

　憲法は弾劾を提起できるのは下院だけであると規定している。手続の第1段階は、下院司法委員会が過半数採決で弾劾するかどうかを決める。その次は下院本会議に回され、過半数で弾劾を進めるかどうかを決める。第3段階としては下院司法委員会が関係者を召喚し、公聴会など必要な追加調査を行い、弾劾告発状（Articles of Impeachment）を作成する。そしてこれを上院に送るべきかどうか下院本会議が採決し、過半数の賛成があれば、上院に送られる。上院での裁判は、連邦最高裁長官が裁判長となり、双方の当事者を呼び、審理を行う。当事者とは、この場合、弾劾する側の下院議員の代表

と被弾劾者（もしくはその代理人）になる。100人の上院議員は、審理を傍聴し、最終的に評決を行う。憲法によると、被弾劾者を罷免するには、3分の2以上の賛成が必要。したがって評決で100人の上院議員のうち67人以上が賛成すると、有罪になり、罷免される。

220年で7人が弾劾で罷免

　米国史上、上院が弾劾裁判にかけたのは大統領1人、閣僚1人、上院議員1人、連邦最高裁長官1人、連邦裁判事11人の計15人。このうち最終的に有罪と認定され、罷免されたのは連邦裁判事7人である。建国以来、約220年でたったの7人である。しかも弾劾で罷免された大統領、閣僚はひとりもいない。そもそも下院が弾劾の必要ありとして調査をしたのは合計約70件。大半が、下院で否決されるか、本人が辞任するなどして決着が付いた。下院の弾劾から上院の裁判、さらに罷免にまで至ったのは、極めて少なく、それ自体、例外的な現象である。

　弾劾裁判にかけられた最初の大統領は第17代のアンドルー・ジョンソン（在任1865年～1869年）である。リンカーン大統領暗殺後の1865年4月、ジョンソンは副大統領から大統領に昇格した。共和党のリンカーンが、民主党のテネシー州上院議員として南部の分離独立に反対したジョンソンを副大統領に指名し、その後、大統領に当選したことが、弾劾騒動の遠因である。

　ジョンソンが大統領に就任した当時、議会の多数派は共和党で、南北戦争に破れた南部諸州に対して極めて厳しい態度をとった。しかしジョンソンは南部出身者として、議会の強硬路線に反対し、融和政策を採用した。これに怒った共和党指導部が嫌がらせで「大統領は議会の承認を得なければ閣僚を解任できない」という趣旨の任期法（Tenure of Office Act）を可決した。

　ジョンソンは、同法が憲法違反であると批判し、これを無視してスタントン陸軍長官を解任、共和党主導の議会と全面対決に陥った。下院は1868年2月、任期法違反など11の容疑を記した弾劾訴追状を承認、これを上院に送り、弾劾裁判が始まった。容疑の1つに「ジョンソン大統領は、大声で議会の悪口を言った」などという難癖に近いものもあり、両者の対立は完全に感情的だった。

裁判は3カ月続き、結局1票差で無罪という評決が出た。当時、上院の定数は54、勢力比は共和党42、民主党12だった。3分の2以上、即ち36人以上の賛成があれば弾劾が成立するという状況だったが、共和党に7人の造反者が出たことから評決は35対19となり、ジョンソンは辛くも罷免を免れたのである。

違法だった弾劾裁判

　このケースは、1866年の選挙で上下両院とも3分の2以上の多数を握った共和党が、数の力を背景に民主党の大統領を追い落とそうとした政治的陰謀であり、政治家としてのモラルを問うという本来の弾劾の趣旨から逸脱した暴走行為だった。事実、任期法は1926年、最高裁によって違憲と認定され、廃棄された。つまり、ジョンソン大統領に対する弾劾の根拠が「不法」とされたのだから、弾劾そのものが不法だったということになる。ただし、その時は既にジョンソン大統領は死去しており、これによって何らかの補償や修復が図られたわけではない。

　罷免を免れたとはいえ、ジョンソン大統領が受けた衝撃は強く、その後は任期が終わるまで議会と対立を避け、共和党多数派の言いなりになった。民主党の大統領の権力と権威を奪うという共和党の所期の目的は十分達せられたのである。

ウォーターゲート事件

　ニクソン大統領は1974年7月30日、下院本会議が弾劾訴追状を上院に送ることを決める前に辞任、史上初の「弾劾裁判で罷免された大統領」という不名誉を免れた。いわゆるウォーターゲート事件の捜査を妨害し、CIAを使って隠ぺい工作を指揮したという容疑だが、これは弁解の余地のない司法妨害罪、権力濫用罪に当たる。このほかに大統領執務室の会話をひそかに録音していたという盗聴容疑なども含まれるが、現職大統領としては前代未聞の悪質な犯罪である。

　上院は当時、民主党が過半数を握っていたが3分の2には達していなかった。しかし、弾劾裁判が開かれれば、一部の共和党上院議員が賛成票を投

じることが確実な情勢になり、両党合わせて定数100の3分の2、67人以上の賛成で弾劾が成立する可能性が極めて高かった。ニクソン大統領は自党の共和党に見捨てられたことを察知して辞任したのである。ニクソン大統領の行為が弾劾に相当する犯罪だったことに議論の余地はない。彼に対する弾劾は民主党の党派的行為だったが、一部の共和党議員がそれに合流、協力したという事実は、この弾劾が党派的利益を超えた国民の普遍的支持があったことの証明である。

弾劾相当の犯罪

弾劾に相当する犯罪として憲法は、戦争中の利敵行為、国家機密漏洩などのスパイ行為（treason）と汚職以外は明確に規定していない。問題は憲法が挙げている high crimes and misdemeanors が、どんな犯罪を指すか、ということである。この表現は弾劾を規定した18世紀の英国のコモン・ローの文言をそのまま拝借したもので、非常にあいまいである。

当時の英国の規定は High Crimes とは Great Offenses を意味し、Misdemeanors は Bad Behaviors という想定だったとされる。この解釈によれば、「高度な犯罪と不良行為」が弾劾相当の行為とされるということになる。

High Crime は Felony（重罪）、Misdemeanor は軽犯罪だから、すべての犯罪が、弾劾に相当する行為の範疇に入るという解釈もある。

しかし、これではあまりにも恣意的かつ乱暴だということで、1974年に起きたウォーターゲート事件に絡んで当時のニクソン大統領を弾劾した下院司法委員会は、弾劾相当の行為について次のようなガイドラインを出した。①憲法が公務員に付与した権力の限界を逸脱し、②公務の機能と目的にふさわしくない方法で行動し、③不純な目的と個人的利益のために公権力を発動した場合に弾劾にかけられる。

これは、ウォーターゲート事件におけるニクソン大統領の権力濫用を意識したガイドラインである。このガイドラインの眼目は、憲法が公務員の職に付与した機能、目的から著しく逸脱した行為があった場合、特にその特権を利用して私的利益を追求した場合に、弾劾という鉄槌が下されることを規定

したことである。

　これは、対象者が大統領の場合は、かなり大がかりな犯罪的行為が立証されなければ、弾劾し、罷免に追い込むことができないことを示している。とはいえ、この規定によっても弾劾相当の行為は明確化されず、解釈の余地が残る。

不倫で追いつめられた大統領

　民主党のクリントン大統領は、不倫をめぐる「違法行為」で弾劾された。弾劾訴追を決めた下院司法委員会が、弾劾相当の行為として挙げたのはホワイトハウスの実習生モニカ・ルインスキーとのセックスに関して①セクハラの民事裁判（ポーラ・ジョーンズ訴訟）で偽証、②ワシントンの連邦大陪審で偽証――という偽証容疑のほか、③ポーラ・ジョーンズ訴訟で召喚されたルインスキーにうそをつくよう教唆、④ルインスキーとの親しい関係を示す贈り物などを廃棄するよう指示――などの司法妨害である。焦点は、これが、大統領の権限を濫用し、私的利益を追求した行為といえるかどうかということである。

　コロンビア特別区（ワシントン市）の刑法は、夫婦が配偶者以外の男女とセックスをすることを犯罪と規定し、最高で禁固180日、罰金500ドルの罰則を設けている。しかし、少なくとも20世紀以降、特別区の検察当局がこの法律に基づいてだれかを起訴したという例はなく、この法律は死文化していた。また、連邦法には、不倫罪というのはないから、不倫で大統領を弾劾することはできなかった。

偽証は弾劾相当の罪

　しかし偽証は別だ。偽証は最高禁固5年の犯罪である。裁判の証人として宣誓した上で、うそをついたのだからその犯罪性は重大である。しかし、クリントン大統領の罪は「実習生とセックスをしたかどうか」ということに関し事実を明らかにしなかったというだけであって、そのことに高度な政治性や、国家の安全保障にかかわる重大性はない。しかし、モラル的にも米国民の模範となる大統領が、公判でうそをついたことは責められるべき行為で

ある。したがって偽証は弾劾に相当する罪になるが、上院で裁判を行い、罷免するかどうか審理をするほど重大な犯罪であるかどうかは疑問である。

偽証教唆や司法妨害罪についてはどうか。これもそれぞれ最高禁固5年の重罪である。大統領はルインスキーとの不倫を隠すためにそれなりの工作をしたが、隠すべき犯罪があまりに「形而下的」なので、隠ぺい工作はご愛敬のようなものだ。

厳密に言えば、「浮気の件は、黙っていてくれ」と相手に依頼することは、偽証教唆になるし、贈り物を廃棄しろと命令したことは、司法妨害罪になる。しかし、この程度のことは常識的に言って許容範囲であり、一国の大統領を罷免する理由にはなり得ない。

そもそもクリントン大統領は、ルインスキーとの行為がオーラルセックスにとどまり、「不適切な性的関係」を持ったことは事実だが、セックス（性交）はしていない、ゆえに不倫はしていないし、偽証もしていない、という論理で反論している。クリントンは「聖書はオーラルセックスをセックスに含めていない」と主張し、ルインスキーとの間には、元々何もなかったと強引に言いくるめようとした。屁理屈以外のなにものでもないが、クリントン大統領は、法律論では弾劾容疑を全面的に否認したのである。

クリントン大統領の弾劾をめぐる論争は、最初からこうした低級レベルで推移した。一連のスキャンダルは1997年暮れから1998年11月まで、米国の政治を席巻し、大統領を本来の仕事から遠ざけた。大統領が若い女と浮気をし、どのようなセックスをしたのか、という詮索が議会の最大の仕事になり、新聞が連日一面トップで伝えるという現象は、異常であった。

クリントン大統領の罪は、議会が超党派で、「譴責決議」を採択し、大統領に警告を与えればそれで済む問題だった。が、これを無視し、強引に弾劾にまで持ち込んだのは共和党の暴走であり、露骨な党派的行為であった。1999年12月12日、上院は偽証罪については賛成55対反対45、司法妨害罪については50対50でそれぞれ否決し、罷免は不発に終わった。賛成に回った民主党議員はひとりもいなかった。当時共和党の上院議員は55人いたが、無罪に投票した共和党議員がそれぞれ10人、5人いた。

最も高価な捜査報告書

　独立検察官のスターが2年以上かけて捜査し、その結果をまとめた報告書は約4500頁。かかった費用は4000万ドル（約40億円）である。クリントン大統領が、モニカ・ルインスキーというホワイトハウスの実習生とセックスをしたかどうかを解明するために、これだけの時間と費用とエネルギーが使われた。

　スター報告書は人類史上最も高価な公文書といえるだろう。と同時に有史以来最も下等で無意味かつ無駄な報告書であった。ニューヨーク・タイムズの女性コラムニスト、モーリン・タウドは、スター報告書について「大統領を弾劾する証拠にはなり得ないが、ヒラリー夫人が離婚訴訟を起こした場合、夫の不倫を証明する証拠として使うことはできる」と皮肉っぽく書いた。

アメリカの司法制度を学ぶための文献

辞書・辞典類

Law Dictionary.
Gifis, Steven H.
Barron's Educational Series, Inc, 1991

難しい法律用語を簡潔、明瞭に定義している。米国のロースクールで必携の法律辞典。ある程度法律の知識があることを前提にした辞典で、解説はやや平板。

Dictionary of Law.
Merriam Webster's
Merriam Webster Inc: Springfield Massachusetts, 1996

ロースクール学生のレベルからもう一段さげて一般向けに易しく、丁寧に解説された法律辞典。語彙1万語と必要十分。

英米法辞典
田中英夫
東京大学出版会、1991年

英米法に関する日本語で書かれた辞典としては最も項目数が多く、説明、解説も詳細。日本の代表的な英米法の研究者である田中英夫氏が編集した珠玉の辞典。

現代英米情報辞典
飛田茂雄
研究社、2000年

米国の政治、経済、社会のキーワードを選んで、それぞれ平易に解説した労作。この中の法律用語を解説は一般読者向けに具体的に書かれていて分かりやすい。著者は、英米文学の専門家で、優れた翻訳者としても著名だが、専門外の法律についての造詣の深さ、博覧強記には驚く。

英語の単行本

Federal Rules of Criminal Procedure.
Federal Rules of Civil Procedure.
U.S. Government Printing Office

米下院の司法委員会が編んだ連邦刑事訴訟規則および連邦民事訴訟規則の解説パンフレット。いずれも60頁ほどの小さなパンフレットだが、内容は豊富で充実している。米国の法律制度の入門書として最適。定期的に改訂版が出ている。本書で使用したのは2000年版。

Plea Bargaining in the United States.
Miller, Herbert S. McDonald,
William F, James Cramer A.
Government Printing Office. Washington: 1978

司法省が3人の大学教授に委託して行った司法取引の全国調査の報告書。連邦と州の検事、判事、弁護士に直接インタビューして、それぞれの立場から司法取引の利点と欠陥を率直に語らせている。具体例が豊富に紹介されているので、連邦、各州によって司法取引のシステムに違いがあることが良く理解できる。司法取引についての唯一の包括的調査で、歴史的にも重要な文書といえる。絶版で入手できないが、国立国会図書館に一冊所蔵されている。

In the Hands of the People:
The Trial Jury's Origins, Triumphs,
and the Future in American Democracy.
Dwyer, L. William
New York: Thomas Dune Books, 2002

連邦地裁判事から刑事事件の法廷弁護士に転じた著者は、米国の民主制の形成過程で、陪審制度が大きな役割を果たしてきたと主張し、権力の一元化を阻止するために陪審制は不可欠であると説く。陪審制度の廃止を求める一部世論に反論するために書かれた本で、タイトルの通り、一般の人々の手に権力を分散させるのが陪審制度の趣旨であるとの自説を展開している。

Guilty:
The Collapse of Criminal Justice.
Rothwax, Harold.
New York: Random House, 1996

著者はニューヨーク州地裁のベテラン判事。訴訟指揮、量刑に厳しく「暗黒の王子」の異名をとる。陪審裁判の形骸化によって米国の刑事裁判は、真実を発見する場でなく、単に勝ち負けを争うゲームの場と化したと批判。陪審の評決は全員一致ではなく、多数決にするべきだと説き、ミランダ・ルールの廃止や警察による被疑者の取り調べに弁護士を同席させる権利は認めるべきではないと主張するなど大胆な提言をしている。現役の判事が書いた優れた本の中で五指に入るだろう。専門語の使用を最小限に抑え、自分の体験を具体的に書いている。文章は、分かりやすい。

A Trial by Jury
Burnett, Graham.
New York: Vintage Books, 2002

評議のもようを詳述した最近では珍しい体験記。それまで全く陪審員の経験がなかった少壮学者が感じた戸惑いや疑問が正直に綴られている。陪審員の選考過程から評議の進め方、議論などが具体的に紹介されていて、陪審員の入門書としても読める。文章は格調高いが、学者らしいペダンティズムと気取りが多く、難しいのが唯一の難点。『ある陪審員の四日間』（河出書房、2006年）は、邦訳。

Reasonable Doubts.
Dershowitz, Alan.
New York: Simon & Schuster, 1996

シンプソン裁判でなぜ無罪評決が出たかを包括的に解説した本。著者はハーバード・ロースクールの教授でシンプソン弁護団のひとりに名を連ねた。裁判で証言する警察官にいかに偽証が多いかを取り上げ、それを黙認している検察や判事の事なかれ主義を批判。同裁判の無罪評決は、検察側の立証に合理的疑いを払しょくできなかった陪審が出した当然の判断だったと結論付けている。普通の読者を意識して書かれているので、文章は分かりやすい。学者としても法廷弁護士としても超一流のダーショウィッツ氏のような人に、こうした本をたくさん書いてほしいと、私はいつも思っている。

The Real War on Crime:
the Report of the National Criminal Commission
Donziger, Steven R, eds.
Harper Collins, 1996

大学教授を中心に民間の有識者が司法制度の問題点を挙げた論集。項目別にまず歴史と現状の説明があり、問題点が挙げられ、改革の方向性が示されている。焦点がどこにあるのか体系的に理解できる．

Crime and Punishment in American History.
Friedman, Lawrence.
New York: Harper Collins, 1993

植民地時代から20世紀にかけてのアメリカの司法制度の変遷を書いた本。著者はスタンフォード・ロースクールの教授。19世紀のアメリカでは検事はパートタイムの職業だったことや、検事が、処理事件の多さから一部を執行停止状態にしたことによって保護観察制度が生まれたなど興味深い話が多い。

Crime Scene.
Ragle, Larry.
New York: Avon Books, 1995

指紋、血液、DNA鑑定について具体的な事件を例に分かりやすく説明してくれる。現代では、殺人などの凶悪事件は法医学の助けなしには解決できない。著者は35年の経験を積んだ法医学者。単にラボにいて検査をやる法医学者ではなく、自ら犯行現場におもむいて、鑑識活動をしてきた。「へーえ」と思うような面白い話がたくさん出てくる。

Hard Evidence.
Fisher, David.
Dell Publishing

FBIのサイエンスラボの検査・調査によって解決した難事件を挙げ、物的証拠の確保が被疑者逮捕にいかに重要かを例証したノンフィクショ

ン。事件ものを手がける作家が書いている。英語は分かりやすく、一気に読める。

The FBI.
Kessler, Ronald.
Pocket Books, 1993

やや古いがパンナム機爆破事件、ウォーターゲートビル侵入、パティー・ハースト誘拐事件などに FBI はどう対処し、解決したか、が書かれている。ウィリアム・セッション長官が職権濫用で辞任に追い込まれる顛末にも触れている。著者は元ワシントンポスト記者で、スパイものを得意にするジャーナリスト。

What Cops Know:
Today's Police Tell The inside Story of Their Work On America's Streets.
Fletcher, Connie,
New York: Pocket Books, 1992

シカゴ市警の警察官 170 人へのインタビューを基に女性の学者が書いた本。脚色も誇張もなく、きわめて冷静に、正確に、米国の警察官の職務事情を描いている。米国の代表的なハードボイルド作家のエルモア・レナードが「内容は、ほんもの。引き込まれる」と読後の感想を寄せている。この本を書いた当時、著者はロヨラ大学のジャーナリズム学科の助教授をしていた。

The War Against the Mafia.
Shawcross, Tim.
Harper Paperbacks, 1994

ニューヨークのマフィア「カンビーノ・ファミリー」とニューヨーク市警、検察の戦いを描いたノンフィクション。首領ポール・コステロを追いつめ、その後継者であるジョン・ゴッティを連邦刑務所に送り込むまでの壮絶な戦い。当局をあざわらい、大胆な犯行を重ねるマフィアは、一時的にマスコミすら身方につけ、全盛を誇ったが、やがて裏切りと内ゲバによって崩壊していく。その過程が豊富なエピソードとともに描かれている。マフィア同士の会話を引用句でくくり、第三人称スタイルで書かれている。それを可能にしたのは、豊富な当局の盗聴テープと万巻の裁判記録、それに著者の直接取材を有機的に加えた結果だ。著者は、マフィアなど

事件ものを専門にしているテレビ・ドキュメンタリーのプロデューサー。

Crime on Deadline.
Pulitzer, Lisa, Beth, eds.
The Berkley Publishing Group, 1996

米国には True Crime(トゥルー・クライム) と区分けされるノンフィクションの分野がある。これもそのひとつで、犯罪報道を担当する 10 人の新聞記者が書いた。各地の未解決、迷宮入り殺人事件のルポである。記者が現場を再訪し、関係者に再取材し、被疑者にじかにあたって事件を推理する。すべて実話。「事実は小説より奇なり」を地でいくストーリーの展開に、引き込まれる。新聞記者は、時として警察官や検察官より調査能力があることが分かる。

Heart Full of Lies:
A True Story of Desire and Death.
Rule, Ann.
New York: Pocket Books, 2003

夫を殺害したとして起訴され、無罪を主張、公判も終盤を迎えて突然、司法取引で有罪を認めた妻を描く。2度目の結婚で理想の男性と出会い、幸福な生活を送っていたリサは、温厚で子ども好きという顔の下に、自分の野望を達成するため殺人も辞さない冷酷さを持っていた。その隠された過去を関係者とのインタビューで丹念に洗い、周到に計画された犯行であったことを暴く。著者のアン・ルールは、現代の米国におけるトゥルー・クライムの最高の書き手のひとり。

A Civil Action
Harr, Jonathan.
Vintage Books. New York: 1995

工場から垂れ流された廃液と異常に多い幼い子どもたちの白血病との因果関係を立証しようと巨大企業に挑んだ弁護士の物語。ボストン郊外の村を舞台に起きた実話を描いた作品。同名のタイトルで、ジョン・トラボルタの主演により映画化された。民事訴訟はどのように起こされ、いかに進行し、どう決着するか、が描かれている。著者は、ジャーナリスト。新潮文庫から『シビル・アクション』(上・下)のタイト

ルで邦訳が出ている。

日本語の単行本

英米法概説（再訂版）
田中和夫
有斐閣、1997 年

米司法制度については、やや平板。具体的な説明があまりなく、初心者にはやや分かりにくい。ただ、米国法の起源となる英国法の歴史が簡潔かつ明瞭に書かれていて、英米法全体の理解に役立つ。

陪審裁判を考える
丸田隆
中公新書、中央公論社、1990 年

著者は陪審裁判の数少ない専門家。研究者として実際に米国の裁判を自ら取材し、その成果を分かりやすく紹介している。初心者には、この本が最適であろう。

訴訟亡国アメリカ
高山正之、立川珠里亜
文芸春秋、1995 年

訴訟が多発、頻発する米国の社会状況を活写し、典型的な諸例について分かりやすくかつ面白く書かれている。ジャーナリストと弁護士の共著なので、法律の説明、解説も正確。英米法の入門書としても読める秀逸の作品。

合理的疑いを超えた証明
刑事裁判における証明基準の機能
中川孝博
現代人文社、2003 年

米司法界おいて「合理的疑い」や「有罪証明の基準」は、必ずしも明確に定義されていない。著者は連邦最高裁の判決などを取りあげ、この問題をあらゆる面から徹底的に論じている。博士論文を単行本化したものだが、高度な内容を、難解な法律用語をあまり使わずに、専門家外の読者にも理解できるように分かりやすく書いている。易しい内容が、ことさら難しく書かれている法律書が多い中で、同書は新鮮である。

学術雑誌・論文

「司法取引を考える」判例時報
宇川春彦
判例時報 1584 号～1627 号

現役検事としてニューヨーク州の検察局に研修留学した筆者が自らの体験を基に司法取引の実態をまとめた論文。解説は、実証的で分かりやすい。司法取引について日本語で書かれた最良の文献であると思う。

インターネットによる検索

文献と並んでアメリカの司法制度を知る簡便な方法としてインターネットによる検索がある。コーネル大学の法律教育のデーターベース（http://www.law.cornell.edu/）が代表的だ。米連邦法は、ここですべて全文を検索できる。さらに、アメリカ連邦政府の各省庁のホームページは、きわめて充実していて、有用である。司法省、FBI、などが独自に膨大な情報を提供している。そのほか、裁判関係では、連邦最高裁、高裁、地裁のホームページで最近の判決全文が検索できる。州の裁判所にもそれぞれ独自にホームページがある。

エピタフ出典一覧

1. **陪審裁判**｜ハーバート・スペンサー　Quotation Page（Webで公開されている引用句辞典）
2. **なぜ陪審制度なのか**｜ウィリアム・ドワイヤー著　In the Hands of People から引用
3. **大陪審**｜著者の取材
4. **評決と判決**｜アガサ・クリスティ　Quotation Page
5. **説示**｜セントルイス連邦高裁のホームページから引用
6. **事実認定**｜アーサー・コナン・ドイル　Quotation Page
7. **評議**｜バーナード・ショー　引用句辞典　Quotation for Our Time から引用
8. **陪審裁判の具体例**｜ジョニー・コクラン著　Journey to Justice から引用
9. **刑事手続の原則**｜アール・ウォーレン米連邦最高裁長官　Quotation Page
10. **司法取引**｜ハロルド・ロースワックス著　Guilty から引用
11. **逮捕から起訴まで**｜スティーブン・ドンジンガー編　The Real War on Crime から引用
12. **裁判の進行**｜クリフォード・アービング　Quotation Page
13. **犯罪の類型**｜ローレンス・フリードマン著　Crime and Punishment in American History から引用
14. **死刑**｜ヘンリー・フォード　Quotation Page
15. **DV規制法**｜米国のNPO「STOP　VIOLENCE」のホームページから引用
16. **ストーキング規制法**｜ミネソタ州・反暴力・反虐待センターのホームページから引用
17. **少年法**｜ピーター・レインハーツ　Killer Kids, Bad Law から引用
18. **裁判所と判事**｜ジョン・ロバーツ氏の米上院指名承認公聴会での証言
19. **連邦最高裁判所**｜ニューヨーク・タイムズ　Quotation Page
20. **検察**｜ロバート・ジャクソン　Quotation Page
21. **弁護士**｜ジョン・グリシャム　Street Lawyer から引用
22. **FBI**｜ルイス・フリー　Quotation Page
23. **警察官と保安官**｜ルドルフ・ジュリアーニ　Quotation Page
24. **刑務所**｜ブッシュ大統領　2006年一般教書演説から引用
25. **法医学者**｜パトリシア・コーンウェル　Quotation Page

[26] **民事訴訟** | 1970年3月31日連邦最高裁判決　In RE Winship から引用
[27] **懲罰的賠償** | ウォルター・オルソン著　The Litigation Explosion から引用
[28] **差止命令** | ガビン・デ・ベッカー　リンデン・クロス著　To Have or To Harm から引用
[29] **セクシュアル・ハラスメント** | マレーネ・デートリッヒ　Quotation Page
[30] **独占禁止法** | ジョン・ロックフェラー　Quotation Page
[31] **服部君裁判** | 服部君射殺事件民事訴訟判決文から引用
[32] **憲法** | ヒューゴ・ブラック米連邦最高裁判事　Quotation Page
[33] **制定法とコモン・ロー** | アイザック・アシモフ　Quotation Page
[34] **安楽死** | ジャック・ケボーキアン著者取材
[35] **銃規制** | トマス・ジェファーソン Quotation Page
[36] **法廷テレビ** | ジェラルド・ウェルマン著 Lessons from the Trial から引用
[37] **弾劾** | 著者の取材

エピローグ

　私は今後の司法制度改革の過程で21世紀半ばまでに日本で以下に挙げたことが現実化すると予測している。
　刑事訴訟の分野では司法取引が広範に認められ、大型の贈収賄事件や組織犯罪の摘発を容易にするため刑事免責制が導入される。自白強要、誘導尋問による冤罪を防止するため警察が重罪で逮捕された被疑者を取り調べる際、尋問の内容が録音、ないしはビデオやDVDに撮影され、必要な場合、法廷に証拠として提出されるようになる。警察の被疑者取り調べに弁護士の立会いを認めることについても、広範な議論が巻き起こる。重罪の裁判では、公判前整理手続が頻繁に行われ、迅速な裁判が定着する。
　殺人罪の時効が廃止され、刑罰の一形態として、無期懲役より重い「終身刑」が導入される。それと並行して、死刑廃止論議が高まり、「仮釈放なしの終身刑」の導入とともに、究極的に死刑は廃止され、並行して尊厳死、安楽死の法制化が進む。犯罪の低年齢化、凶悪化が進み、少年法がさらに改正され、14歳以上の少年の重罪については原則として成人と同じ刑事手続がとられるようになる。銃、火器を使う犯罪が多発し、安価な麻薬が街にあふれ、児童を含むあらゆる階層への浸透が一層進み、「銃と麻薬」が、深刻な社会問題として浮上、その抜本的解決が焦眉の急になる。
　有期刑の長期化がさらに進み、刑務所が増設され、一部が民営化される。裁判所にテレビカメラが常設され、国民の関心が高い裁判の抜粋が、法廷を専門に扱うケーブルテレビによって放映される。民事訴訟の分野では訴訟件数が飛躍的に増加し、懲罰的賠償の概念が導入され、損害賠償も高額化、クラス・アクションが急増する。
　本書を読んだ読者には、その理由が分かると思う。死刑廃止を除いて、これらはすべて、米国が既に採用している制度であり、米国で現実となっている現象である。日本社会のさらなる米国化が、これらの変化をもたらすので

ある。

　日本の法体系は、明治時代に西欧近代、主としてドイツから直輸入した大陸法に、戦後、英米法を継ぎ接ぎした二重折衷の体系であることが、この本を書いて分かった。「民主化」された戦後の日本の刑事訴訟法は、米国法に範をとり、コモン・ローの良質な部分を刻印しているが、実態としては、その中途半端なコピーであった。戦後50年を越え、日本は、あらためてコモン・ローを基盤とする米国の司法システムにより多くを学び、そこに司法制度改革の軸足を据えることを決めた。

　日本がそれほど期待を寄せる米国の司法システムとは一体何なのか。そんな素朴な疑問から出発し、その全貌を自分なりに描いてみたいと思って本書を書いた。途中で後退したり、足踏みしたりして調査、執筆に10年以上かかったが、それだけの時間をかけるに値するテーマであったという思いを、今、かみしめている。

2007年5月　丸山　徹

著者プロフィール

丸山 徹　まるやま・とおる

1953年、長野県生まれ。
1977年、上智大学外国語学部英語学科卒業。同年、共同通信社入社。
1989年7月から1990年10月までニコシア局長。
1991年1月から3カ月間、湾岸戦争取材の移動特派員。
1993年10月より1996年12月まで共同通信ニューヨーク総局勤務。米国の社会問題などを担当。
現在、共同通信メディア局勤務。
著書に、『最近中東事情──特派員の見た500日』（丸善ライブラリー、1994年）がある。

入門・アメリカの司法制度──陪審裁判の理解のために

2007年6月20日　第1版第1刷
2008年6月10日　第1版第2刷

著者
丸山 徹

発行人
成澤壽信

発行所
株式会社 現代人文社
〒160-0004 東京都新宿区四谷2-10 八ッ橋ビル7階
振替 00130-3-52366　電話 03-5379-0307（代表）　FAX 03-5379-5388
E-Mail henshu@genjin.jp（代表）／hanbai@genjin.jp（販売）　Web http://www.genjin.jp

発売所
株式会社大学図書

印刷所
株式会社シナノ

ブックデザイン
Malpu Design（長谷川有香）

カバーイラスト
大塚砂織

検印省略　PRINTED IN JAPAN
ISBN978-4-87798-340-6 C0032
©2007 Toru Maruyama

本書の一部あるいは全部を無断で複写・転載・転訳載などをすること、または磁気媒体等に入力することは、法律で認められた場合を除き、著作者および出版者の権利の侵害となりますので、これらの行為をする場合には、あらかじめ小社また編集者宛に承諾を求めてください。